Geheimnisvolles Japan

Julian-Straße

Writat

Diese Ausgabe erschien im Jahr 2024

ISBN: 9789361465673

Herausgegeben von
Writat
E-Mail: info@writat.com

Inhalt

TEIL I

GEHEIMNISVOLLES JAPAN

Weit entfernt liegen die geheimnisvollen Inseln,
ohne einen einzigen Hafen dazwischen;
grün auf dem Gelb der Brust Asiens,
wie eine Halskette aus Turmalin.

KAPITEL I

Ein Tag geht über Bord – Ein Sonntagsschisma – Eine einsame Insel – Wasser, überall Wasser – Männer mit Schwänzen – Anekdoten über den Kaiser von Korea – Koreanische Reformen – Von Räubern geheilt – Der Mann, der nach Florida ging – Die schwarze Strömung – Weiße Klippen und bunte Segel – Fuji ahoi!

Der Pazifik ist ein eigenartiger Ozean. Ein großer und einsamer Ozean mit wenigen Schiffen und vielen ausgefahrenen Stellen, die ausgebessert werden müssen. Wenn man eine Woche lang westwärts über seine unruhige Oberfläche pflügt, gelangt man an die Stelle, wo Ost und West aufeinandertreffen, und es gibt einen Stoß, der den Kalender durcheinanderbringt. Es ist, als ob ein Kalenderblock in Ihrer Hand in Stücke geschlagen und die Tage über das Deck verteilt würden. Sie heben sie auf und setzen sie wieder zusammen, aber einer fehlt. Armer kleiner verlorener Tag! Er verfing sich mit dem 180. Meridian und wurde über Bord gezerrt, um nie wieder gesehen zu werden.

Bei uns an Bord der bewundernswerten *Kashima Maru* war der verlorene Tag zufällig ein Sonntag, was zu einer Spaltung auf dem Schiff führte. Im Raucherzimmer , wo Poker ein täglicher Zeitvertreib war, äußerte man Resignation, da man den Eindruck hatte, dass mit dem verlorenen Tag auch die üblichen Sonntagsgottesdienste verloren gingen. Doch bei dieser Schlussfolgerung hatte die Raucherzimmergruppe nicht damit gerechnet, dass Missionare an Bord waren. Die Missionare hielten eine hastige Konferenz im Gesellschaftssaal ab und kündigten, die respektlosen Streiche von Längengrad und Zeit ignorierend, einen Gottesdienst für den Tag nach Samstag an. Daraufhin wurde eine Gegenkonferenz am Pokertisch abgehalten, bei der man zu folgenden Schlussfolgerungen gelangte:

Dass an Bord der Wille des Kapitäns absolut ist und absolut gelten sollte; dass der Kapitän den Tag zum Montag erklärt hat; dass es in den Augen dieser gesetzestreuen, wenn auch Poker spielenden Gruppe daher Montag *war* ; dass der Vorschlag, am Montag einen Gottesdienst abzuhalten, einen Versuch bestimmter Passagiere darstellte, ihren Willen über den des Kapitäns zu stellen; dass ein solches Vorgehen nach Ansicht der Raucherzimmergruppe ein Verstoß gegen die Schiffsdisziplin war, wenn es nicht sogar eine Meuterei auf hoher See darstellte; dass Mitglieder dieser Gruppe daher nicht an dem vorgeschlagenen Vorgehen beteiligt sein könnten; dass sie es im Gegenteil als ihre klare Pflicht ansahen, sich in dieser Krise vom Kapitän fernzuhalten; und dass sie schließlich in Erfüllung dieser Pflicht den ganzen Tag über im Raucherzimmer bleiben sollten und würden und ihr reguläres Montagsspiel fortsetzen würden, selbst wenn andere es für angebracht hielten, ihr reguläres Sonntagsspiel woanders auf dem Schiff fortzusetzen.

Wäre dies die Atlantiküberquerung gewesen, hätten wir inzwischen auf der anderen Seite gelandet sein müssen. Doch hier lagen wir nun auf einer kalten, grauen Wüstenfläche wenige Meilen südlich der Beringsee und Yokohama war noch eine ganze Woche entfernt.

Doch das Land – eine Art Land – war nicht so weit entfernt, wie ich es mir vorgestellt hatte. Eines frühen Morgens, mitten auf der Reise, kam mein Steward Sugimoto in meine Kabine und weckte mich, damit ich es sehen konnte. (Ein prächtiger Kerl, Sugimoto; klein und rundlich, mit Fleisch, fest und elastisch wie ein harter Gummiball, und einem runden, süßen Gesicht, das Raphael als Engel hätte malen können, wenn er Japaner gewesen wäre.)

„Guten Morgen, Gentleman", sagte er. „Gentleman, schauen Sie durch das Bullauge, er sieht Land."

Ich stand auf und schaute.

Ein Schaumkronenstreifen, eine oder zwei Meilen entfernt, säumte den Rand eines dunklen Berges, der abrupt aus dem Meer ragte. Durch einen Nebel, der wie ein halb aufgezogener Vorhang aus grauem Gaze wirkte, sah ich einen winterlichen Gipfel, von dem lange Schneezungen herabhingen und Furchen und Schluchten markierten. Kurz gesagt, es war genau so eine Insel, wie sie ein schiffbrüchiger Walfänger im letzten Moment entdeckt, nachdem er ausgehungert und frierend in einem offenen Boot tagelang durch die sturmgepeitschten Seiten einer Seefahrergeschichte getrieben ist. Er landete in einer geschützten Bucht und entdeckte schnell eine Quelle und eine Höhle. Er erfand eine geschickte Methode , Robben zu töten, kleidete sich in ihre Felle und ernährte sich von ihrem Fleisch – vorher folgten die üblichen Muschel- und Fischgerichte. Drei Jahre lang lebte er auf der Insel und glaubte, allein zu sein. Dann wurde ihm plötzlich klar, dass das Leben an diesem Ort nicht mehr sicher war. In der Nähe des Eingangs zu seiner Höhle fand er die Spuren eines Raubtiers – frische Abdrücke von Stöckelschuhen im Schnee!

So karg die Insel auch aussah, wurde mir bei ihrem Anblick warm ums Herz; denn es gibt kein Land, das so trostlos wäre, dass es nicht dem Meer vorzuziehen wäre. Außerdem sah ich in diesem Land einen Vorboten. Ich wusste, dass das Kaiserreich Japan aus mehreren großen Inseln bestand – zu deren Hauptinsel wir unterwegs waren – und etwa viertausend kleineren, die sich in einer riesigen Kette erstreckten. Diese Insel musste also die erste der Kette sein. Von nun an würden wir zweifellos immer wieder an Inseln vorbeikommen. Der Rest der Reise würde wie eine Fahrt auf dem St. Lawrence River sein.

Beruhigt und ermutigt durch diesen angenehmen Gedanken und mit dem Wunsch, mich immer an diesen Außenposten des Inselreichs zu erinnern, fragte ich nach seinem Namen, Sugimoto.

„Diese Araska , Gentleman", antwortete er.

„Freust du dich, Japan wiederzusehen, Sugimoto?"

„Diese Araska ", wiederholte er.

„Ja. Ein Teil von Japan, nicht wahr?"

Sugimoto schüttelte den Kopf.

„Nein, Gentleman. Araska, amerikanisches Land."

„Diese Insel gehört zu den Vereinigten Staaten?"

„Ja, meine Herren. Diese Araska ."

Ich hatte noch nie von einer Insel dieses Namens gehört. Sicherlich irrte sich Sugimoto, als er sie für eine amerikanische Besitzung hielt.

„Könnten Sie es mir auf der Karte zeigen?", fragte ich.

Er nahm aus meiner Kommode eine Mappe der Dampfschifffahrtsgesellschaft, schlug eine Karte des Pazifiks auf und zeigte auf einen der vielen kleinen Punkte. „Aleuten" waren sie eingezeichnet. Sie baumelten weit, weit draußen am Ende dieser Halbinsel, die einer langen Zunge ähnelt, die aus dem Maul eines Hundes hängt, dessen Kopf durch die kartografischen Umrisse unseres nördlichsten Territoriums grob angedeutet wird. Wir waren eine Woche lang direkt von unserem Heimatland weggesegelt, nur um am Ende dieser Zeit festzustellen, dass wir immer noch in Sichtweite seiner Außenbezirke waren. Wie viele andere seiner Landsleute hatte der gute Sugimoto Schwierigkeiten mit seinen „*l* "s und „*r* ". Er hatte versucht, mir mitzuteilen, dass die Insel – der Name war Amatisnok – zu Alaska gehörte.

Ich begann, die Karte zu studieren und Statistiken über den Pazifischen Ozean nachzuschlagen. Das war ein großer Fehler. Es ist nicht angenehm, festzustellen, dass drei Viertel der Welt mehr als verwüstet sind, da sie vollständig dem Salzwasser ausgeliefert sind. Ebenso wenig angenehm ist es, weit draußen auf dem Pazifik festzustellen, dass mehr als ein Drittel der Erdoberfläche von diesem einen Ozean eingenommen wird. Jeder Gedanke, General Goethals dazu zu bringen, dieses Problem durch Aufschütten des Pazifiks zu lösen, ist zudem aussichtslos, denn alles Land der Welt würde, wenn man es über die Oberfläche des Pazifiks verteilen würde, nur eine Insel ergeben, die von zwanzig Millionen Quadratmeilen Meer umgeben ist.

Diese Tatsachen deprimierten mich und ich begann, nach wertvollen Punkten zu suchen. Denn uns wird gesagt, wir sollen versuchen, in allem das Gute zu finden. Und obwohl ich fürchte, dass ich diesem Grundsatz in meinem normalen Zustand an Land kaum Beachtung schenke, werde ich auf See zu einem anderen Menschen.

An Land habe ich das kindliche Gefühl, dass der Schöpfer keine Zeit hat, sich um mich zu kümmern, weil er sich um so viele andere Menschen kümmern muss; aber ein Schiff weit draußen auf See ist ein auffälliges Objekt. Ich habe das Gefühl, dass es Seine Aufmerksamkeit erregen muss. Ich fühle, dass Er mich ansieht. Und obwohl ich hoffe, dass Er mich mag, sehe ich keinen besonderen Grund, warum Er es tun sollte. Ich bin so voller Fehler, so kritisch, so voreingenommen. Denken Sie zum Beispiel daran, wie ich immer über Präsident Wilson und Josephus Daniels und WJ Bryan geredet habe. Ich fürchte, das war sehr falsch von mir. Anstatt ihre Fehler zu studieren, hätte ich meine eigenen beheben sollen. Ich hätte mehr für wohltätige Zwecke spenden sollen. Ich hätte meine Meinung sanfter äußern sollen. Ich hätte meiner Schwester oft schreiben sollen, die sich so sehr über Briefe von mir freut. Ich hätte in allem das Gute suchen sollen.

Sofort beginne ich, auf dem Schiff herumzulaufen und danach zu suchen. Und siehe da! Ich finde es. Das Schiff ist komfortabel. Es scheint so konstruiert zu sein, dass es auf dem Wasser bleibt. Der Tisch ist über jeden Zweifel erhaben. Die Passagiere sind interessant. Allein die Weite dieses Ozeans macht sie interessant. Statt alle einem Muster zu entsprechen, wie es die Mitpassagiere auf einem Atlantikdampfer wären, sind sie ein heterogener Haufen, der mit fremden Winkeln der Erde vertraut ist und voller kurioser Geschichten und Informationen steckt. Statt immer von Hotels in London, Paris, Venedig, Rom und Neapel zu sprechen, sprechen sie vertraulich von Seoul, Shanghai, Peking, Hongkong , Saigon und Singapur. Und unter ihnen sind einige, die Inseln und Städte so gut kennen, dass ihre Namen wie fantastische Lieder in den Ohren klingen. Wohlriechende Namen. Celebes und Samarkand!

Es war einmal ein kleiner Engländer, der für ein Museum Schmetterlinge jagte. Er erzählte mir von großen Spinnen, so groß wie zwei Hände, die ihre Netze zwischen den Bäumen im Dschungel von Borneo bauten – ich glaube, er sagte Borneo. Aber wie auch immer der Ort hieß, er fand dort Eingeborene mit Schwänzen von fünf bis zehn Zentimetern Länge – ich glaube, er sagte fünf bis zehn Zentimeter. Aber wie lang die Schwänze auch waren, er hatte Fotografien, die bewiesen, dass es dort Schwänze gab. Die neueste Theorie der Evolution des Menschen, erzählte er mir, sei nicht

Darwins Theorie, sondern besage, dass es vor langer Zeit ein Zwischenwesen zwischen Mensch und Affe gab, von dem beide abstammen – der Affe habe sich, so nehme ich an, nach oben in die Baumwipfel entwickelt, während der Mensch sich nach unten entwickelte – nach unten, nach unten, nach unten, bis schließlich der Jazz und Lenin und Trotzki kamen .

Ein anderer Mann hatte jahrelang in Korea gelebt. In den alten Tagen, bevor es von Japan erobert wurde, sagte er, war es ein perfektes Land der komischen Oper mit dem Kaiser als Hauptkomiker. Er kannte und mochte den Kaiser und erzählte mir lustige Geschichten über ihn. Als einmal die Zähne Seiner Majestät gefüllt werden mussten, musste die Arbeit warten, bis der amerikanische Zahnarzt in Seoul ein Instrumentarium aus Gold anfertigen konnte, denn das war das einzige Metall, das innerhalb der heiligen Grenzen des kaiserlichen Mundes erlaubt war.

Die Konzession zum Bau einer elektrischen Straßenbahn in Seoul wurde den Amerikanern unter der Bedingung erteilt, dass sie Lokführer aus den Vereinigten Staaten einführen und diese in Bereitschaft halten sollten, um dem Kaiser im Falle eines Problems zu Hilfe zu eilen. Eine private Leitung verband das Schlafzimmer des Kaisers mit dem des Leiters der Straßenbahngesellschaft, so dass dieser schnell benachrichtigt werden konnte, wenn Hilfe benötigt wurde. Über ein Jahr lang blieb die Leitung ungenutzt, bis es eines Nachts endlich klingelte. Der Leiter sprang aus seinem Bett und eilte zum Spezialtelefon. Aber es war keine Revolution. Der Kaiser hatte gerade von einem bestimmten Bürogebäude in New York gehört und wollte wissen, ob es tatsächlich so viele Geschichten gab, wie ihm berichtet worden waren.

Aus Angst vor einer Revolution oder Invasion ließ der Kaiser einen Palast neben der amerikanischen Gesandtschaft errichten. Und wenn es, wie es hin und wieder geschah, zu einem *Staatsstreich kam* , der seine persönliche Sicherheit bedrohte, holte er sich eine Leiter und kletterte über die Mauer, die den Hinterhof des Palastes von dem des amerikanischen Ministers trennte. Dies geschah häufig und brachte Letzteren so in Verlegenheit, dass er, um Seiner Majestäts Gewohnheit informeller Besuche ein Ende zu setzen, die Oberseite der Mauer mit unwirtlichem zerbrochenem Glas bedecken ließ.

Bis zur Annexion Koreas durch Japan, sagte mein Informant, waren die Koreaner völlig patriotisch, aber die Japaner unterdrückten sie so sehr, dass erst später ein starkes Nationalgefühl entstand. Dass die Japaner in Korea hart und brutal vorgegangen seien, sei unbestreitbar, sagte er, aber dies sei das Werk von Militaristen und widerspreche dem Willen des japanischen Volkes, das, als es von den Vorkommnissen erfuhr, mit solcher Gewalt protestierte, dass in japanischen Städten Zeitungen verboten werden mussten und die Polizei auf den Straßen Randalierer zusammenschlug. Dies führte zu sofortigen Reformen in Korea. Der brutale Generalgouverneur wurde abberufen und durch Admiral Baron Saito ersetzt, einen humanen und aufgeklärten Staatsmann, der sich ernsthaft um eine Verbesserung der Bedingungen bemüht hat, mit dem Ergebnis, dass die Koreaner heute besser ausgebildet und besser regiert werden als je zuvor in der Geschichte der Menschheit. Außerdem geht es ihnen gut. Derzeit werden erste Schritte unternommen, um ihnen die Teilnahme an ihrer eigenen Regierung zu ermöglichen, und wenn die Bedingungen eine Ausweitung ihrer Privilegien rechtfertigen, besteht die Hoffnung, dass sie letztendlich die Selbstverwaltung erlangen können.

Von einem anderen Passagier erfuhr ich die Geschichte eines Amerikaners, der in China von Räubern gefangen genommen wurde. Das Opfer war ein Bauingenieur, der sehr geschickt darin war, Eisenbahnlinien zu planen. Die American International Corporation wollte ihn nach China schicken, um dort eine Eisenbahnlinie zu planen, aber er lehnte ab, weil er bei schlechter Gesundheit war. Schließlich willigte er auf Druck der Gesellschaft ein, zu gehen, wenn sein Leibarzt mitgeschickt würde. Dies wurde vereinbart.

In China wurde der Bauingenieur von Räubern gefangen, der Arzt jedoch nicht. Sie hielten ihn lange Zeit fest. Er wurde von Ort zu Ort durch das unwirtlichste Land gebracht, musste die ganze Nacht wandern, schlief tagsüber in feuchten Höhlen und aß grobes und unzureichendes Essen. Schließlich wurde er freigelassen. Er kehrte in schlechtem Gesundheitszustand zurück. Das Leben als Räuber war genau das, was er gebraucht hatte.

„Hier draußen auf See, ohne Zeitungen in der Heimat", bemerkte ein nachdenklicher Reisender zu mir, „verlieren wir den Kontakt zur Welt und können nie ganz alles wiedergutmachen, was wir verloren haben. Wenn wir an Land gehen, hören wir von einigen Dingen, die geschehen sind, aber es gibt kleinere Ereignisse, von denen wir nie etwas erfahren oder von denen wir erst viel später eine große Überraschung erfahren. Ich erinnere mich an ein Beispiel aus meiner eigenen Erfahrung.

„In der Stadt in Neuengland, in der ich lebe, gab es einen Bankier, einen angesehenen alten Bürger, der den Ruf hatte, sehr skrupellos zu sein und bei der Wahl seiner Mittel zum Geldverdienen nicht allzu gewissenhaft war.

„Jahrelang war es seine Gewohnheit gewesen, jeden Winter nach Florida zu fahren, doch seine Tochter, die ihm den Haushalt führte, mochte den nördlichen Winter und blieb zu Hause.

„Vor einigen Jahren, als ich im Fernen Osten war, starb dieser alte Mann, aber ich war lange weg und hörte nichts davon. Als ich zurückkam, war es Winter. Eines Tages traf ich die Tochter und blieb stehen, um mit ihr zu sprechen. Es schneite und ein kalter Wind pfiff durch die Straße. Wir hatten Probleme mit der Heizung in unserem Haus und ich war voll davon. Als ich sie also traf, sagte ich:

„,Das Gute ist: An einem Tag wie diesem müssen Sie sich keine Sorgen um Ihren Vater machen. Dort unten, wo er ist, kommt es nie zu Ausfällen der Hochöfen.'

„Wenn ich jetzt unterwegs bin, habe ich die Zeitungen aufgehoben, und wenn ich zurückkomme, lese ich sie alle, auch wenn ich dafür eine ganze Woche brauche.“

Irgendwo in den Meeren zwischen den Inseln Formosa und Luzon entsteht eine breite, lauwarme Strömung, die als Schwarzer Strom bekannt ist und nach Norden fließt und das Klima von Hondo, der Hauptinsel Japans, mildert. „Diesem wohltuenden Strom“, bemerkt der Reiseführer, „verdanken die Küsten Nippons ihr üppiges Grün.“

Strom überquerten, erschien auch auf meinem Gesicht ein gewisser Grünton. Ich empfand den Strom überhaupt nicht als wohltuend. Er war jedoch nur etwa 300 Kilometer breit, und am Morgen war das Schlimmste vorbei. Ich kam an Deck und sah, wie die *Kashima Maru* wie ein ruhiger, massiger Wasservogel auf einem freundlichen, sonnenbeschienenen Meer dahintrieb. Und weit weg am Horizont lag ein Nebelstreifen, das war Japan.

Nach ein oder zwei Stunden wurde der Nebel dichter. Er war wie ein farbiges Dia, das langsam scharf wurde. Jemand zeigte mir einen weißen Punkt im Schatten eines Hügels und sagte, es sei ein Leuchtturm, und jemand anderes erkannte ein Dorf in einem kleinen gelbbraunen Fleck, wo Land und Wasser aufeinandertrafen. Möwen kreisten um uns – Möwen mit dunklen, gezackten Flügelrändern; kleiner als die, die wir am Puget Sound gesehen hatten. Ausländische Möwen!

Seit wir Victoria verlassen hatten, hatten wir nur ein Schiff gesichtet, aber diesmal einen unbeladenen Frachter, der hoch hinausragte und einen breiten Streifen roten Unterbodens zeigte, der wie ein lustiger Betrunkener vorbeitaumelte, und kaum war er nach achtern gegangen, als wir auf dem anderen Bug eine schaukelnde, gedrungene Karavelle mit einem hoch aufragenden Achterdeck wie das der *Santa Maria* entdeckten – ein Schiff, von dem ich nie geglaubt hätte, es bei nüchternem Ernst segeln zu sehen. Und kaum war sie weg, überholten wir eine kleine Flotte von Fischerbooten in der schönen Farbe von unbemaltem Holz und den schlanken, anmutigen Linien von Wikingerschiffen . Alle bis auf eines hatten an jedem Mast ein quadratisches weißes Segel, aber dieses hatte drei Masten und drei Segel, von denen zwei gelb waren, während das dritte von einem zarten, verblassten Indigoblau war. Es versprach viel, dieses Boot mit den farbigen Segeln!

der Ferne riefen weiße Klippen, hoch und gespenstisch wie die von Dover, Erinnerungen an ein anderes Inselreich wach, weit weg am Ende der Welt, dessen Bewohner in diesem Moment ihren Mitternachtsschlaf schliefen – *letzte Nacht* . Bald verschwanden die weißen Klippen und machten einer Hügelwand mit kegelförmigen Gipfeln und hellgrünen Seiten Platz, die mit blaugrünen Kiefernwäldern übersät waren. Und als ich die Pinselführung auf diesen faltigen, kegelförmigen Hügeln sah, die so anders waren als alle anderen Hügel, die ich je gesehen hatte, wusste ich, dass Hokusai und Hiroshige, weit davon entfernt, bloß dekorative Künstler zu sein, „die Natur so gemalt hatten, wie sie sie sahen".

Die Dörfer entlang der Küste waren nun deutlicher zu erkennen: Reihen einstöckiger Häuser, deren Farbe dem gelben Holz entstammte, aus dem sie gebaut waren, und dem gelben Strohdach ihrer Dächer, beides durch die Witterung gemildert.

Dann, als ich auf ein Dorf auf einer Landzunge blickte, das uns entgegenkam, rief jemand :

"Fuji! Komm und sieh dir Fujiyama an!" Und ich lief vorwärts und blickte mit angestrengten Augen über das Meer und die Berggipfel hinweg, wo, weiß schimmernd am fernen Himmel, hing - war es tatsächlich der berühmte fächerförmige Kegel oder nur ein leuchtender Wolkenfleck? Oder war es überhaupt etwas?

„Wo ist Fuji?"

„Genau da. Siehst du es nicht?"

„Nein. Ja, jetzt denke ich –"

"Es ist weg. Nein! Da ist es schon wieder!"

So muss der Refrain für immer verschwinden. Denn der Fuji, der schönste aller Berge, ist auch der schwer zu fassende. Als mich später in Tokio jemand anrief, um ihn mir anzusehen, verschwand er, während ich auf dem Weg nach oben war.

So prächtig der Vesuv auch erscheint, wenn er in opaleszierendem Nebel über der Bucht von Neapel schwebt und seine Rauchwolke über ihm herabzieht, ist er im Vergleich zum Fuji nur ein gelbbrauner kleiner Rüpel. Der Vesuv ist 1200 Meter hoch, während der Fuji dreimal so hoch ist. Und obwohl die Spitze des Pikes Peak etwa 600 Meter höher ist als der heilige Berg Japans, hat der Vesuv, ausgehend von einer Ebene eine Meile über dem Meeresspiegel, ein enormes Handicap, während der Fuji bei Null beginnt. So kommt es, dass man, wenn man den Pikes Peak von der Ebene aus betrachtet, tatsächlich einen Berg sieht, der 2700 Meter hoch ist, während man vom Meer aus den ganzen 3600 Meter und mehr des Fuji sieht.

Neben seiner Größe sind es die Perfektion seiner Kontur, der Schnee auf seinem Kegel und die Atmosphäre Japans, die ihn schöner machen als den Vesuv – die Quelle so vieler Enttäuschungen für Reisende, die Schnappschüsse machen und den Zeitpunkt ihrer Aufnahmen so wählen, wie sie es zu Hause tun würden.

Ein japanischer Freund auf dem Schiff erzählte mir, dass der Fuji zwar schon seit deutlich mehr als einem Jahrhundert ruhig ist, in einigen seiner dampfenden Spalten aber noch genug Hitze vorhanden ist, um Eier zu kochen. 18.000 bis 20.000 Menschen klettern jährlich hinauf, sagte er, und einige fromme Frauen von siebzig Jahren und älter kämpfen sich langsam den Hang hinauf, wobei sie für den Aufstieg eine Woche oder länger brauchen, während kräftige Männer ihn in einem halben Tag oder weniger schaffen.

Die Bauern der Region sprechen von Fuji nicht beim Namen, sondern lediglich als *O Yama* , „der ehrenwerte Berg", doch mein japanischer Freund fügte hinzu, dass der von seinen Landsleuten so häufig verwendete Ehrentitel *O zwar im Englischen wörtlich mit* „ ehrenwert " übersetzt werde, für das japanische Ohr jedoch keinen solch ausgefallenen und schwerfälligen Wert habe, sondern automatisch und oft nur der Kadenz halber ausgesprochen werde.

Die Bauern der Region sprechen vom Fuji nicht beim Namen, sondern nur als _O Yama_, den „ ehrenwerten Berg".

„Wir sagen O, ohne nachzudenken", erklärte er, „genauso wie Sie mit ‚Sehr geehrter Herr' beginnen, wenn Sie an einen Fremden schreiben, der Ihnen überhaupt nicht lieb ist."

Was Fuji betrifft, gefällt mir jedoch die englische Mehrsilbenform des Respekts. Es ist in der Tat ein „ ehrenwerter Berg". Der große Vulkankegel, der, wie es manchmal scheint, in dünner blauer Luft hängt, hat ein ätherisches Aussehen, das Reinheit und Spiritualität suggeriert, so dass es für den Betrachter aus einem anderen Land nicht schwierig ist, seine Heiligkeit zu spüren und seine Eignung als Wohnort jener wunderschönen Göttin zu erkennen, deren japanischer Name „Prinzessin, die die Blüten der Bäume zum Blühen bringt" bedeutet.

"Es gibt zwei Arten von Narren", sagt ein japanisches Sprichwort: "Diejenigen, die den Fuji noch nie bestiegen haben, und die, die ihn zweimal

bestiegen haben." Zu dieser Kategorie würde ich noch eine dritte Art von
Narren hinzufügen, die größte von allen: den Narren, der das Spektakel des
Fuji nicht zu schätzen weiß. Ein Geschöpf, das vom Fuji enttäuscht wäre,
wäre von jedem Spektakel enttäuscht, wie großartig es auch sein mag - sei es
der Grand Canyon , der Grand Canal oder die Grand Central Station.

KAPITEL II

Der Pier in Yokohama – Die Blumenmenschen – Ein himmlischer Vorort – Französische Küche und Gehröcke – Aus einem Autofenster – Elfengärten – „Das Land der kleinen Kinder"

Das Befriedigende an Japan ist, dass es immer genau wie Japan aussieht. Es könnte kein anderer Ort sein. Die Möwen sind japanische Möwen, die Hügel sind japanische Hügel, die Bucht von Tokio ist eine japanische Bucht, und wenn die vor dem Hafen von Yokohama vor Anker liegenden Dampfer nicht alle japanisch sind, haben viele von ihnen mit ihren absurd dicken roten Schornsteinen oder ihren schmalen blauen zumindest ein exotisches Aussehen. Sogar die kleinen Barkassen, von denen aus die Hafenbehörden Sie an Bord holen, während Sie im Hafen liegen, sind nicht ganz wie die Barkassen, die man anderswo sieht, und obwohl der große Steinpier, zu dem Sie schließlich hineingezerrt werden, an sich dem Bild eines britischen Seehafens entsprechen könnte, sind die Frauen und Kinder, die auf dem Pier warten, neben dem Schiff hertrotten, während es langsam zu seinem Liegeplatz fährt, und den Freunden an Deck zuwinken und zulächeln, unweigerlich in der Anmutung großer, leuchtender Blumengärten gekleidet, die vom Wind bewegt werden. Zwischen diesen Frauen und Kindern in ihren bunten Gewändern geht die schmuddelige europäische Kleidung der Männer fast verloren, sodass Japan trotz aller Pantalons und Derbyhüte immer noch Japan ist.

Durch diesen Garten aus schwatzenden, lachenden, flatternden Menschenblumen gelangten wir zu - ein Punkt für Neu-Japan - einer Limousine und wurden in diesem Gefährt durch die Menge davongewirbelt: ein Wirrwarr blau gekleideter Kulis mit breiten Pilzhüten und dem Abzeichen ihrer Arbeitgeber auf dem Rücken, aus Rikschas und Tourenwagen und Lastwagen und in Röcken gekleideten Schuljungen auf Fahrrädern und merkwürdigen kleinen Karren mit winzigen Rädern, die von zottigen kleinen Pferden gezogen wurden, die immer geführt werden und deren Vorderbeine, wenn man sie stehen lässt, mit Stricken gefesselt sind. Wir fuhren über eine Brücke, über die spitzen Reisstrohplanen zahlloser hölzerner Frachtboote hinweg; dann eine schmale Straße hinauf, die mit braunem Sand bedeckt war, zwischen Reihen entzückender kleiner Holzhäuser, die übereinander lagen, mit Zäunen aus Brettern oder Bambus, die winzige Gärten nur teilweise verbargen, und Schiebetüren aus Papier und Holzgitter, von denen einige, wenn man sie zurückschob, den Blick auf mit Strohmatten ausgelegte Böden freigaben, aus denen uns vielleicht mehr blumenähnliche Frauen und Kinder ansahen – die Frauen und die größeren Kinder hatten Babys auf dem Rücken festgebunden. An einigen Türen standen Töpfe mit Zwergbäumen oder blühenden Sträuchern, an anderen hingen leichte Vogelkäfige aus Holz, aus denen ein Liedfetzen erklang, und vor jeder Tür war ein niedriger, flacher Stein, auf dem Reihen kleiner Holzschuhe standen. Hunde mir unbekannter Rassen saßen friedlich vor den Türen ihrer Herren – braune Hunde, passend zu den Häusern, schwarze und weiße Hunde, keiner von ihnen sehr groß, alle rundlich und mit gütigem Ausdruck. Keiner von ihnen verließ seinen Platz, um zu unserem Auto zu rennen und es anzubellen. Es waren die höflichsten Hunde, die ich je gesehen habe. Sie saßen einfach nur da und lächelten. Und die Frauen lächelten, und die Kinder lächelten, und die Kirschblüten lächelten von den Zweigen über ihnen, und die Sonne lächelte durch sie hindurch und warf ein schönes Spritzer aus Licht und Schatten auf die braune Straße und die braunen Häuser und braunen Menschen.

Und bei all diesen Dingen, einem flüchtigen Blick auf ein *Torii* und einen Schrein, dem musikalischen Geräusch von Holzschuhen, die auf dem Bürgersteig scharren, und dem schwachen, allgegenwärtigen Duft, der an eine Mischung aus frischem Kiefernholz, Weihrauch und Gewürzen erinnerte - für mich ist das der Geruch Japans, auch wenn feindselige Kritiker mich schnell an den Geruch von Reisfeldern erinnern würden -, bei all diesen Anblicken, Geräuschen und Gerüchen, die so verführerisch und gegensätzlich waren, begann ich zu glauben, wir würden mit unserem Auto durch eine himmlische Vorstadt fahren, auf die Tore des Paradieses zu.

Aber statt weiter den Hügel gen Himmel zu erklimmen, bogen wir durch einen Garten voller weißer, violetter, rosa und lachsfarbener Azaleen ab und hielten vor einem netten Clubhaus. Dort aßen wir zu Mittag; und es ist erwähnenswert, dass sowohl das Menü als auch die Küche, obwohl von Japanern zubereitet, in tadellosem Französisch waren. Die japanischen Herren in diesem Club waren Bankiers, Beamte und prominente Geschäftsleute aus Yokohama. Ein oder zwei von ihnen trugen den anmutigen und würdevollen *Hakama* und *Haori* – den seidenen Rock und Mantel der formellen einheimischen Tracht –, aber die weitaus größere Zahl war europäisch gekleidet: einige der jüngeren Männer trugen Cutaways, aber die Mehrheit trug Gehröcke, in Japan noch immer weithin beliebte Kleidungsstücke , ebenso wie Gamaschenschuhe – ein äußerst praktisches Schuhwerk in einem Land, wo man die Schuhe auszieht, wenn man ein Haus betritt.

Nach dem Mittagessen fuhren wir zum Bahnhof der elektrischen Eisenbahn, die parallel zur Dampfeisenbahnstrecke vom Seehafen in die Hauptstadt verläuft. Die Hauptstadt wird übrigens selbst ein Seehafen, wenn der geplante Kanal in der Bucht von Tokio ausgebaggert ist, die jetzt nur mit kleinen Booten befahrbar ist.

Aus dem Wagenfenster setzten wir unsere Beobachtungen fort, während wir dahinrasten. Die Spurweite der Dampfeisenbahn ist schmaler als die der Eisenbahnen in Amerika und Europa; die Lokomotiven ähneln europäischen Lokomotiven und die Wagen sind im Vergleich zu unseren klein und leicht. Die Lokomotivpfeifen sind schrill und statt zwei Männern werden drei in jedem Führerstand befördert. Das ist, wie wir gleich feststellen werden, charakteristisch für Japan. Sie beschäftigen mehr Leute als wir für eine bestimmte Arbeit – eine Entdeckung, die ziemlich überraschend ist, nachdem wir so viel über die japanische Effizienz gehört haben. Aber Japans Ruf der Effizienz beruht schließlich größtenteils auf seinen militärischen Heldentaten. Vielleicht ist seine Armee effizient. Vielleicht ist es auch seine Marine. Sicherlich würden die Disziplin und der Service auf der *Kashima Maru* denen auf einem erstklassigen englischen Schiff standhalten. Aber warum drei Männer auf einer Lokomotive? Warum mehrere Schaffner auf einer Straßenbahn? Warum drei Bedienstete in einem gewöhnlichen Mittelklassehaus, das in Amerika oder Europa von einem oder zweien geführt würde? Warum fünfzehn Bedienstete in einem Haus, das wir mit sechs oder acht führen würden? Warum so viele Autos mit einem Assistenten auf dem Sitz neben dem Chauffeur? Warum so wenige Motoren? Warum ziehen Männer und Frauen schwere Karren, die viel besser von Pferden gezogen oder mit Benzin angetrieben werden könnten ? Warum diese schlecht gepflasterten schmalen Straßen? Warum werden die Straßen mit Schöpfkellen oder kleinen, von Männern gezogenen Handkarren bewässert? Warum bedienen ein Dutzend oder mehr Kulis einen handbetriebenen Rammbock und heben das Gewicht mit Seilen an, wenn zwei Männer und ein wenig Dampf die Arbeit so viel schneller und besser erledigen würden? Warum, wenn wir schon dabei sind, diese entzückenden Rikschas , die ein Spaßvogel früherer Zeiten „Ziehwagen" nannte? Warum diese Arbeitsverschwendung überall ?

Kann es sein, dass es in diesem dicht besiedelten kleinen Land mehr willige Hände gibt als Arbeit für willige Hände? Muss die Arbeit dünn verteilt werden, damit jeder eine Aufgabe und einen Lebensunterhalt hat? Aber andererseits: Wenn das der Fall wäre, würden die Menschen dann so hart arbeiten, wie diese Menschen es zu tun scheinen? Würden Frauen neben ihren Männern arbeiten, knietief im Schlamm und Wasser der Reisfelder graben, schwer beladene Karren ziehen und sperrige Boote handhaben? Und wären die Arbeitszeiten so lang? Dies muss untersucht werden. Aber nicht jetzt.

Japan ist ein Land der Handstickerei, obwohl die Stickereien mit feinen Stichen ungewohnter Art ausgeführt werden. Die ländliche Landschaft ist so gestaltet, gepflegt und kultiviert, dass sie manchmal wie ein hübscher kleiner Garten aussieht, so wie die englische Landschaft manchmal wie ein großer

Park aussieht. Hier wird viel mehr als in England jeder verfügbare Zoll Land genutzt. Wo die Hänge so steil sind, dass sie weggeschwemmt würden, wenn sie nicht geschützt wären, werden ordentliche Mauern aus rautenförmigen Steinen trocken davor errichtet; aber wenn möglich, werden die Hänge terrassiert, sodass sie an Weinberge entlang des Rheins und der Mosel erinnern, wodurch eine Reihe regalartiger kleiner Felder entsteht, von denen jedes sein Möglichstes tut, um das Nahrungsmittelproblem zu lösen.

Es ist schwer zu sagen, ob die Städte entlang dieser Eisenbahnlinie durch Gruppen von Bauernhöfen getrennt sind oder ob die Gruppen von Bauernhöfen durch Städte getrennt sind, so gleichmäßig ist die Aufteilung. Die Bauernhöfe sind sehr klein, sodass das offene Land mit kleinen Häusern übersät ist – denselben niedrigen, zierlichen Häusern aus Holz und Papier, die uns entzückten, als wir sie zum ersten Mal sahen, und die uns immer entzücken werden, wenn wir vom anderen Ende der Welt aus an sie denken. Denn der Anblick eines hübschen kleinen japanischen Hauses mit seinem wenige Meter großen Garten hat etwas, das unsere Vorstellungskraft und unser Gefühl seltsam anregt. Es ist alles so hell und schön, und doch alles so sorgfältig konstruiert, so hochwertig verarbeitet. Für das westliche Auge – zumindest für meines – hat es etwas Fantasievolles an sich. Ich habe das Gefühl, dass es nicht ganz real sein kann und dass die Menschen, die darin leben, nicht ganz real sein können: dass sie zum Teil – sagen wir zu einem Viertel – Feen sind. Und ich frage Sie: Wer außer Menschen, in deren Adern zumindest ein wenig Feenblut fließt, würde sich die Mühe machen, eine Reihe Schwertlilien entlang der Dachfirste zu pflanzen?

Auch die Häuser stehen oft an elfenhaften Orten. Eines steht auf dem Kamm einer kleinen Klippe, hinter der sich ein winziges Tafelland mit Garten befindet; ein anderes schmiegt sich halb verborgen in ein kleines, geschütztes Becken, wo es zusammen mit den Bäumen und Sträuchern, die es umgeben, aus dem Boden gewachsen zu sein scheint – den blühenden Hecken und den Kiefern mit Ästen wie ausgestreckten Armen in herabhängenden grünen Kimonoärmeln; ein weiteres erhebt sich am Rand eines Teichs, der so klein ist, dass er in einem weniger spielzeugartigen Land kaum als Teich gelten würde; hier jedoch ist er mit grotesk schönen Felsen und überhängenden Blättern und Blüten geschmückt, und in der Mitte befindet sich wahrscheinlich eine Insel, die kaum größer ist als ein Wagenrad, und auf dieser Insel steht eine Steinlaterne mit einer Pilzspitze, und vom Ufer aus führt eine zarte, gewölbte Holzbrücke dorthin, unter der schläfrige Karpfen und Goldfische mit wechselnden Flossen und rollenden, nachdenklichen Augen kreuzen.

So wie man Hokusai und Hiroshige besser versteht, wenn man die Küstenhügel gesehen hat, versteht man sie auch besser, wenn man diese zauberhaften kleinen Häuser gesehen hat, deren Umgebung so bezaubernd jenen Miniaturlandschaften aus Moos, Kies, kleinen Felsen und Zwergbäumen ähnelt, die ein japanischer Gärtner in Porzellanbecken arrangiert hat, der manchmal so freundlich ist, uns seine Werke in einem Fenster an der Fifth Avenue zeigen zu lassen. Oft hat man das Gefühl, dass Japan selbst kaum mehr als ein solcher Garten in größerem Maßstab ist. Immer wieder begegnet man im größeren Garten der Vollkommenheit und fantastischen Schönheit des kleineren Gartens. Und wenn man ihn tatsächlich sieht, vergisst man gern die Politik und die Probleme Japans und stellt sich das ganze Land als eine seltsam perfekte Tischdekoration für das Wohnzimmer der Welt vor.

Und die Kinder! Kinder überall! Kinder der Kinder, über die Kipling vor dreißig Jahren schrieb, als er Japan nannte

„... das Land der kleinen Kinder, wo die Babys die Könige sind."

Mit seiner Trommel und seinem Affen ist er Japans Äquivalent zu unserem alten Drehorgelspieler

Natürlich hatten wir von den Kindern gehört. Jeder, der über Japan schreibt oder nach Hause kommt und über Japan spricht, erzählt einem von ihnen. Doch irgendwie muss man das Phänomen selbst erleben, bevor man die Tatsache ihrer erstaunlichen Zahl begreift. Selbst die Statistiken, die zeigen, dass die Bevölkerung Japans jedes Jahr um 400.000 bis 700.000 wächst, zeichnen kein genaues Bild, obwohl sie deutlich machen, dass es mehrere Millionen Kinder im Alter von zehn Jahren oder jünger gibt – von denen etwa zwei Drittel in Holzschuhen herumklappern, während der Rest auf dem Rücken ihrer Eltern, Großeltern und Brüder und Schwestern reitet. Und das alles in einem Land, das kleiner ist als der Staat Kalifornien.

Kinder allein, Kinder in Dreier- oder Vierergruppen, Kinder in Dutzenden Gruppen. Kinder in allen Größen, Hautfarben , Verhaltensweisen und Lebensumständen. Kinder, die die Straßen blockieren, unter oder in Bäumen spielen, auf Wegen herumtollen, über kleine Erdhaufen schwärmen wie Bienen über glockenförmige Bienenstöcke. Kinder, die den vorbeifahrenden Autos zuschauen, Kinder in winzigen Booten, Kinder, die in Teichen waten. Kinder, die man durch das offene Holz- und Papier- *Shoji* ihrer Streichholzschachtelhäuser erblickt, wie sie über saubere, mattierte Böden huschen oder friedlich zu Abend essen – die größeren von ihnen hocken vor Tabletts und bedienen flinke Essstäbchen, die kleineren saugen an der Brust der Mutter. (Manchmal sind die gestillten Kinder gar nicht so klein – das ist der Grund, warum so viele Japaner übermäßig hervorstehende Zähne haben.) Braun gekleidete und nackte Kinder, zerlumpte Kinder, Kinder in Indigo oder bunt geblümten Kimonos und weißen Schürzen. Sittsame Kinder, wilde, randalierende Kinder, Kinder mit rasierten Köpfen, Kinder mit pechschwarzen Mähnen, die beim Laufen um ihre Ohren und Gesichter wackeln. Pausbäckige Kinder mit fröhlichen Augen und Wangen wie rosige rotbraune Äpfel. Kinder, die das Unmögliche schaffen: trotz ihrer schmutzigen kleinen Nasen eine Augenweide darstellen.

Kann es sein, dass sie die Kinder einander auf den Rücken stapeln, sodass sie zwei Schichten bilden, weil auf dem Boden nicht genug Platz für alle auf einmal ist? Babys, die auf dem Rücken ihrer Mütter reiten, reisen vergleichsweise würdevoll und sicher. Unter ihren weichen kleinen Pilzhüten verschlafen sie vieles – Straßenbahnfahrten, Einkaufstouren und schnatternde Partys in den Teestuben der Kaufhäuser. Aber diejenigen, die auf den Schultern ihrer älteren Brüder reiten, führen ein Leben voller wilder Abenteuer. Ihre Anwesenheit darf den Fortschritt des jungen männlichen Lebens nicht beeinträchtigen. Der Bruder klettert auf Bäume, geht auf Stelzen und spielt sogar Baseball, scheinbar ohne sich des Gewichts und der Zerbrechlichkeit des kleinen Schützlings bewusst zu sein, der durch Bande aus Blut und Baumwolle an ihm befestigt ist. Wenn der schläfrige Babykopf nach unten fällt und im Weg ist, ändert der Bruder seine Position durch einen

Stoß mit dem Hinterkopf. Wenn der kleine Reiter zu weit nach unten rutscht, egal ob auf dem Rücken eines Kindes oder eines Erwachsenen, bückt sich sein Träger und bäumt sich wie ein Broncho auf , um das Baby wieder an seinen Platz zu bringen. Während all dem schläft das Baby normalerweise. Man fragt sich, ob seine Träume gestört werden, wenn der große Bruder auf die zweite Base rutscht? Ich bezweifle es. Das japanische Baby kennt keine Wiege und keinen bequemen Kinderwagen und ist von Anfang an an ein aktives Leben gewöhnt. Es scheint ein Fatalist zu sein. Und tatsächlich scheint es, als würde ein besonderer Gott das Baby beschützen, denn es scheint immer unversehrt davonzukommen.

Manchmal sind die Kinder auf der Straße doppelt oder dreifach zahlreicher als die Älteren. Wenn man sie betrachtet, könnte man leicht zu dem Schluss kommen, Erwachsene seien bloße Hilfspersonen, die nur dazu da sind, die Kinder zu waschen, darauf zu achten, dass sie Schürzen tragen und ihnen das Essen zu geben.

KAPITEL III

Das wachsende Tokio – Architektur und Bildhauerei – Die Verwestlichung Japans – Die Geschichte der Kostüme – Die Kleidung der Frauen – Vorteile standardisierter Stile – Auswahl und Ablehnung

Wenn Sie die Außenbezirke von Tokio erreichen, glauben Sie, in eine weitere Kleinstadt zu kommen, aber die Stadt zieht sich endlos weiter, und schließlich, wenn der Zug sich dem Stadtzentrum nähert, informieren Sie große Gebäude, die hier und da über die im Allgemeinen zweistöckige Ziegeldachlinie hinausragen, in gewissem Maße über die Bedeutung des Ortes. 1917 belegte Tokio den fünften Platz unter den Städten der Welt, mit einer Bevölkerung, die fast der von Berlin entsprach, und es ist anzunehmen, dass wir, wenn wieder zuverlässige Statistiken für die Welt verfügbar werden, feststellen werden, dass die Bevölkerung von Berlin bestenfalls unverändert geblieben ist, während die von Tokio aufgrund außergewöhnlicher Industrietätigkeit und des Zustroms russischer Flüchtlinge, deren Anwesenheit in großer Zahl in Japan ein Wohnungsproblem geschaffen hat, sogar noch schneller als üblich gewachsen ist. Es wird mich auch nicht überraschen zu hören, dass Tokio Chicago im Bevölkerungsrennen überholt hat und die drittgrößte Stadt der Welt ist.

Der Hauptbahnhof ist ein Beispiel für den modernen Architekturtrend der Hauptstadt. Er ist zweckmäßig angelegt und beeindruckt durch seine Größe, wenn man den offenen Platz betrachtet, auf den er blickt, aber damit endet sein Wert. Wie die meisten großen Gebäude im ausländischen Stil in Japan ist er architektonisch hässlich. Wenn man am Tor der Hauptstadt Japans steht, hat er nichts Japanisches an sich. Seine Fassade ist pompös und bedeutungslos, und wenn man ihm den Rücken zukehrt und andere große neue öffentliche Gebäude sieht, ist man traurig über die Entdeckung, dass die Japaner, obwohl sie sich oft als geschickt in der Anpassung erwiesen haben, es offensichtlich versäumt haben, die Anforderungen, Methoden und Materialien des modernen Bauens an ihre alten nationalen Architekturlinien anzupassen. Eines ist jedoch sicher: Es wird keine neuen öffentlichen Gebäude geben, die unansehnlicher sind als die bereits bestehenden. Dieser Architekturstil in Japan hat seinen Tiefpunkt erreicht.

Ich glaube, in etwa zwanzig Jahren wird den Japanern die Hässlichkeit dieser modernen Bauten klar werden. Dann wird ihnen klar werden, dass sie sich für architektonische Motive nicht nach Europa oder Amerika begeben müssen, sondern sich die Burg von Nagoya, die Wachtürme über dem Graben des Kaiserpalastes, die Palasttore und die Tempel und Pagoden überall ansehen müssen.

Wenn diese Zeit kommt, werden die Japaner auch erkennen, wie schlecht die meisten Bronzestatuen von Staatsmännern und Militärführern in aller Welt sind und wie schlecht insbesondere ihre eigenen Abenteuer auf diesem Gebiet der Kunst sind.

Bis ich Tokio sah, war ich der Meinung, die schlimmsten Bronzestatuen der Welt seien in der Gegend der Mall im Central Park in New York zu finden. Doch in Tokio gibt es die Statue eines Staatsmannes im Gehrock mit einem Seidenhut in der Hand, die alles übertrifft, was ich sonst an Furchtbarkeiten in Bronze gesehen habe.

Wenn man sich solche Dinge ansieht, wundert man sich, dass sie in einem Land geschaffen und geduldet werden können, das so viel winzige Schönheit in Keramik, Elfenbein und Holz hervorgebracht hat und immer noch hervorbringt. Wie können diese Leute, die noch fließende seidene Vorhänge kennen, es ertragen, ihre Helden in Prinz-Albert-Mänteln und -Pantalons gegossen zu sehen? Und wie können sie den europäischen Stil der Bildhauerei annehmen, wenn sie an so vielen Orten nur auf den Straßenrand schauen müssen, um ein antikes Denkmal zu sehen, das aus einem einzigen riesigen Stein mit unbehauenen Kanten und einer flachen Vorderseite besteht, die nur mit einer Inschrift geschmückt ist – einfach, würdevoll, eindrucksvoll.

Alle Nationen haben jedoch ihre Perioden der Innovationsverehrung, und wenn Japan bei seiner Auswahl manchmal einen Fehler gemacht hat, ist seine Entschuldigung dafür gut. Es hat nicht aus eigenem Antrieb westliche Lebensweisen angenommen. Es wollte eine einsiedlerische Nation bleiben. Es verlangte von der Welt nichts weiter, als dass sie es in Ruhe ließ. Es beschoss sogar ausländische Schiffe, um sie von seinen Küsten zu vertreiben – was ihm jedoch weit davon entfernt war, sein Ziel zu erreichen, sondern ihm nur ein Bombardement einbrachte. Dann, im Jahr 1853, kam unser Kommodore Perry und „klopfte an Japans Tür", wie wir es heute höflich ausdrücken. Für die Japaner hatte dieses „Klopfen", unterstützt von einer Flotte „großer schwarzer Schiffe", einen lauten und bedrohlichen Klang. Die klügeren ihrer Staatsmänner erkannten, dass dieser Ruf nicht ignoriert werden durfte. Japan musste ein Teil der Welt werden, und wenn es sich vor der Gier der Welt retten wollte, musste es schnell lernen, das Spiel der Welt mitzuspielen. Vierzehn Jahre nach Perrys Besuch fiel das Shogunat , das sieben Jahrhunderte lang die kaiserliche Familie unterdrückt und selbst über das Land geherrscht hatte. Der verstorbene Kaiser, heute als Meiji-Tennō bekannt – was „Kaiser der Aufklärung" bedeutet – kam aus seiner ehemaligen Hauptstadt, der schönen Altstadt von Kyoto, dem Boston Japans, und übernahm die Regierungsgeschäfte in Yedo – das später in Tokio oder „Östliche Hauptstadt" umbenannt wurde – und bezog den ehemaligen Palast des Shoguns, der heute die kaiserliche Residenz ist.

Die Meiji-Ära wird zweifellos als die bedeutendste Epoche in die japanische Geschichte eingehen und als eine der bedeutendsten Epochen in die Geschichte jeder Nation. Präsident Roosevelt schrieb Viscount Kaneko, der mit der Vorbereitung der offiziellen Aufzeichnungen der Herrschaft für die Veröffentlichung betraut ist, seine Meinung darüber, wie ein solches Buch aussehen sollte.

„Kein anderer Kaiser in der Geschichte", erklärte er, „hat erlebt, wie sein Volk einen so außergewöhnlichen Wandel durchmachte, und der Bericht über die Rolle des Kaisers bei diesem Wandel, über sein eigenes Leben, über das öffentliche Leben seiner großen Staatsmänner, die seine Diener waren, und über das Volk, über das er herrschte, wäre ein Werk, das für alle Zeiten Vorbild sein würde."

Unter Kaiser Meiji beeilte sich Japan mit atemloser Eile, sich zu verwestlichen, denn es war entschlossen, sich vor ausländischer Vorherrschaft zu retten. Kein Wunder also, dass es in seiner Eile blindlings nach jeder Innovation aus dem Ausland griff. Kein Wunder also, dass es sich manchmal das Falsche schnappte. Kein Wunder, dass es das manchmal bis heute tut. Denn es ist immer noch eine Nation im Wandel; man scheint zu spüren, wie sie sich unter den eigenen Füßen verändert.

Aber nur weil Japan etwas akzeptiert hat, heißt das nicht, dass es das für immer akzeptiert hat . Seine Geschichte veranschaulicht diese Tatsache in großen und kleinen Angelegenheiten. Ein typisches Beispiel hierfür ist die Geschichte der europäischen Kleidung.

Vor mehr als dreißig Jahren, als die Begeisterung für alles Fremde ihren Höhepunkt erreichte und das gesamte gesellschaftliche Leben in der Oberwelt im Umbruch war, kam europäische Kleidung nicht nur bei Männern, sondern auch bei Frauen in Mode. Nachdem die vornehmen Damen sie eine Zeit lang getragen hatten, übernahmen ihre bescheideneren Schwestern sie, und man hätte meinen können, die so bezaubernde Nationaltracht sei dem völligen Verschwinden bestimmt.

Für die Männer in Regierungsbüros, Banken und anderen Institutionen, die bei der Konstruktion und Ausstattung ihrer Gebäude eher dem europäischen Stil verpflichtet sind, gab es eine gewisse Entschuldigung für den Wechsel, da die feine Seide Japans nicht so strapazierfähig ist wie robuste Wollstoffe und die weiten Ärmel dazu neigen, an Türklinken und anderen Vorsprüngen hängen zu bleiben, die im japanischen Baustil nicht zu finden sind.

Doch in Japan gilt mehr als in jedem anderen Land: „Der Platz der Frau ist zu Hause", und so wie die japanische Tracht nicht gut zum europäischen Baustil passt, so passt die europäische Tracht nicht gut zum japanischen Haus und seinen Bräuchen. Denn in einem japanischen Haus hockt man nicht auf einem Stuhl, sondern auf einem Kissen, und Korsetts, Strümpfe und enge Röcke sind nicht zum Hocken gedacht. Ebenso wichtig ist, dass man im Winter wie im Sommer Holzschuhe und Schuhe vor der Tür japanischer Häuser lässt, und da es im Winter oft sehr kalt ist, da es keinen Keller und nur kleine Kohlenbecken, sogenannte *Hibachi* , gibt, die für Wärme sorgen, ist es sehr angenehm, die Füße mit den Röcken einer japanischen Tracht zu bedecken. Darüber hinaus erklären die Japaner selbst, dass europäische Kleidung ihren Frauen nicht steht, da sie weder zu ihrer Figur noch zu dem kleinen, nach innen gerichteten Gang passt, der unter den Röcken eines Kimonos so reizvoll ist.

Was war das Ergebnis von all dem?

Die Männer, die ausländische Kleidung nützlich fanden, trugen sie weiterhin im Geschäftsleben, obwohl diejenigen, die es sich leisten konnten, auch eine japanische Garderobe beibehielten. Aber die Frauen, für die europäische Kleidung nur eine Belastung war, legten sie vollständig ab, so dass es heute in Japan keinen selteneren Anblick gibt als den einer Japanerin, die eine andere als die einheimische Tracht trägt.

Wenn eine Japanerin mit einem scheußlichen Geschmack verflucht ist, gibt es praktisch keine Möglichkeit, das herauszufinden, ganz gleich, wie viel Geld sie für ihre persönliche Ausstattung ausgibt. Das Schlimmste, was sie tun kann, ist, sich weniger hübsch zu kleiden als andere Frauen ihrer Klasse. Die Linienführung kann sie nicht ändern. Die Stoffe sind vorgeschrieben. Die Farben sind ihrem Alter entsprechend beschränkt. Ihre Kleidung unterliegt, wie fast jedes andere Detail ihres täglichen Lebens, einem strengen Kodex. Wenn sie mittleren Alters und dick ist, kann sie sich nicht lächerlich machen, indem sie sich wie eine Debütantin kleidet. Wenn sie dünn ist, kann sie kein Abendkleid tragen, das hinten ausgeschnitten ist und ihre Wirbelsäule wie eine Holzperlenkette zeigt. Ebenso kann sie nicht ein Vermögen für Ohrringe, Armbänder oder Halsketten ausgeben. Sie kann ein paar hübsche Zierkämme für ihr schwarz lackiertes Haar haben, eine Nadel für ihren *Obi* , eine Uhr und vielleicht, wenn sie sehr amerikanisch ist, einen Ring und eine Netztasche. Sie muss einen Friseur haben, damit dieser ihr die umwerfende und wirkungsvolle Frisur macht und ihr den neuesten Klatsch erzählt (denn in Japan wie auch anderswo ist der Friseur als Medium zur Weitergabe pikanter Neuigkeiten bekannt, die besser nicht weitergegeben werden sollten). Ihre Brieftasche ist jedoch vor den Angriffen der Hutmacher geschützt. Hüte hat sie nicht, nur eine drapierte Kapuze, wenn es kalt wird.

Die weibliche Kleidung wird durch drei Dinge bestimmt: erstens durch das Alter der Trägerin; zweitens durch die Jahreszeit; drittens durch die Erfordernisse des Anlasses. Die leuchtendsten Farben werden von Kindern getragen; die besten Kimonos der Kinder aus wohlhabenden Familien sind aus Seide mit leuchtenden Blumenmustern. Ihre hängenden Ärmel sind sehr lang. Junge, unverheiratete Frauen tragen ebenfalls leuchtende Farben und Ärmel mit einer Länge von einem Meter. Doch der jungen Ehefrau ist der Gebrauch von Farbe zwar nicht untersagt , sie verwendet sie sparsamer und in relativ gedämpften Tönen; und die taschenartigen Ärmelanhänger sind nur halb so lang wie die ihrer jüngeren, unverheirateten Schwester. Je älter sie wird, desto kürzer werden die Ärmelanhänger und desto dunkler und schlichter wird ihr Kleid.

Bei heißem Wetter tragen gut gekleidete Frauen einen Kimono aus leichter Seide, oft weiß mit einem bunten Muster. Darunter befindet sich ein weiterer leichter Kimono, der als Unterwäsche gilt – obwohl darunter noch andere Unterwäsche getragen wird. Japanische Unterwäsche ist überhaupt nicht wie unsere, aber man bemerkt, dass viele Herren in der Nationaltracht das westliche Flanellunterhemd tragen und es bei kaltem Wetter unter ihrer Seide tragen – eine Tatsache, die sich zeigt, wenn man einen Blick auf das nützliche, aber unschöne Kleidungsstück wirft, das in die V-förmige Öffnung ragt, die der Kragen des Kimonos bildet, wo er sich am Hals umschlägt.

Wie bei uns ist auch hier die Temperatur nicht das Maß dafür, wann man von der Kleidung einer Jahreszeit zur anderen wechselt. Der Sommer kommt am 1. Juni, egal wie das Wetter ist. An diesem Tag blüht der Tokioter Polizist in weißen Hosen und weißer Mütze auf, und am 15. Juni bestätigt er die Ankunft des Sommers, indem er seinen blauen Mantel gegen einen weißen tauscht. So ist es auch bei den Damen der Mode. Ihr Sommer dauert vom 1. Juni bis zum 30. September; ihr Herbst vom 1. Oktober bis zum 30. November; ihr Winter vom 1. Dezember bis zum 31. März; ihr Frühling vom 1. April bis zum 31. Mai. Im Frühling werden die leuchtendsten Farben getragen. Die Farben für Herbst und Winter sind im Allgemeinen gedämpfter.

Junge Damen tragen leuchtende Kimonos als zeremonielle Kleidung, aber die zeremonielle Kleidung verheirateter Frauen besteht aus drei Kimonos, von denen der äußere schwarz ist, während die darunterliegenden, die nur dort sichtbar sind, wo sie einen V-förmigen Rand am Hals zeigen, aus hellerer Seide sein können . Auf dem äußeren Kimono erscheint das Familienwappen – ein Emblem, das im Allgemeinen kreisförmig ist, wie beispielsweise ein herkömmliches Blumen- oder Blattmuster mit einem Durchmesser von etwa einem Zoll – fünfmal in Weiß: auf der Brust auf beiden Seiten, auf der Rückseite eines Ärmels an einer Stelle in der Nähe des Ellbogens und in der Mitte des Rückens zwischen den Schulterblättern. Wegen dieser Wappen müssen die Waren, aus denen der Kimono hergestellt wird, auf Bestellung gefärbt werden, wobei die Wappen auf der ursprünglich weißen Seide mit Wachs ausgeblendet werden, damit die Farbe nicht durchdringt. Sogar die

Unterkimonos modebewusster Damen haben auf diese Weise hergestellte Wappen.

Zu einem Kimono trägt eine japanische Dame immer ein Halsstück, das *Eri* (ausgesprochen „airy") genannt wird, ein langes, gerades Band, das in einem schmalen V-förmigen Rand im Nacken des inneren Kimonos sichtbar ist. Das Eri variiert in Farbe , Material und Design je nach Alter der Trägerin, Anlass und Jahreszeit, und es kann bemerkt werden, dass bestickte oder mit Schablonen verzierte Eri in leuchtenden Farben sind ein attraktives Souvenir zum Mitbringen und Verschenken für die Dame, die sie als Gürtel oder als Band für den Sommerhut tragen kann.

Wenn das Wetter kalt ist, wird über dem Kimono der Haori getragen, ein gefütterter Seidenmantel, der bis zu den Knien oder etwas darunter reicht. Dieser ist schwarz, mit Wappen oder in einer anderen einfarbigen Farbe , die nicht zu bunt ist. Der Haori einer jungen Dame besteht manchmal aus geblümter Seide. Männer tragen ebenfalls den Haori , aber der Haori des Mannes ist immer schwarz; und während ein Mann bei den förmlichsten Anlässen einen Haori mit Wappen trägt , trägt eine *Frau Die Frau von Grande Tenue* vermeidet es, ihren Mantel wenn möglich zu tragen, da dieser bis auf einen winzigen Teil des Kleidungsstücks, auf das sie ganz stolz ist, nämlich die Schärpe oder den Obi, alles verdeckt.

Der beste Obi einer modebewussten Dame besteht aus einem Streifen schwerer Brokat- oder handbestickter Seide, der der Länge nach gefaltet und an den Rändern vernäht ist, sodass ein steifes Doppelband von etwa 33 cm Breite und 3,3 m Länge entsteht. Dieses wird zweimal um die Taille gewickelt und hinten mit einem großen flachen Knoten gebunden. Die Art des Bindens hängt vom Alter der Trägerin ab und unterscheidet sich je nach Ort etwas. Der Durchschnittspreis eines schönen neuen Obis beträgt, glaube ich, etwa 200 Dollar, und ich habe von Obis gehört, die bis zu 1.000 Dollar kosten. Einige der weniger teuren Obis sind auch sehr hübsch, und so manche arme Frau wird als ihren größten Schatz einen Obi im Wert von 40 oder 50 Dollar besitzen, den sie nur zu großen Anlässen mit ihrem besten Seidenkimono trägt.

Eine Dame aus Tokio, die für die ausnahmslos schöne Schönheit ihrer Kostüme bekannt ist, gibt mir auf die Frage nach den Kosten für die Kleidung die folgende Auskunft.

"Da sich unser Stil nie ändert", schreibt sie, "müssen wir nicht jede Saison neue Kleider kaufen, wie das unsere amerikanischen Schwestern tun. Wenn ein Mädchen heiratet, statten ihre Eltern sie, je nach ihren Möglichkeiten, mit kompletten Kostümen für alle Jahreszeiten aus. Manchmal umfassen diese Sets mehrere hundert Kimonos und können zwischen zweitausend und zwanzigtausend Yen kosten. [Ein Yen entspricht etwa einem halben Dollar.]

„Wenn ein Mädchen also gut ausgestattet ist, muss sie nach ihrer Hochzeit nicht viel Geld für Kleidung ausgeben. Ein paar Hundert Yen können ihre gesamten Ausgaben für Kleidung im Jahr ausmachen, aber wenn sie reich ist und großen Wert auf Kleidung legt, kann sie natürlich mehrere Tausend ausgeben.

„Unsere Mode unterscheidet sich nur in der Farbe und den Mustern, die auf den Waren zu sehen sind. Daher ist sie bei weitem nicht so ‚aufwändig‘ wie Ihre Mode. Und wir können einen Kimono jederzeit in Stücke reißen, ihn färben und neu machen.“

Einige andere Dinge, die ich von dieser Dame bekomme: Wenn ein japanisches Mädchen heiratet, ist es Tradition, dass die Familie der Braut den Damen der Familie des Bräutigams einen Obi überreicht. Bei einer Beerdigung ist das gesamte Kostüm, einschließlich des Obis, schwarz, mit Ausnahme der weißen Wappen. Die Damen der Familie der Verstorbenen tragen weiße Seidenkimonos ohne Wappen und einen weißen Seidenobi. Das Kostüm japanischer Damen ist, wenn man es richtig zur Geltung bringt, nicht so bequem, wie es aussieht. Es sitzt so eng wie möglich über der Brust, um ein flaches Aussehen zu erwecken, und ist außerdem in der Taille eng gebunden, um es in Position zu halten. Der Obi ist außerdem sehr steif und muss, um gut auszusehen, ebenfalls eng sein.

Den erleseneren *Geishas* wird nachgesagt, dass sie den Stil mit höchster Vollkommenheit erreichen; das bedeutet wahrscheinlich lediglich, dass sie als professionelle Unterhaltungskünstlerinnen, deren einzige Aufgabe darin besteht, Männern zu gefallen, mehr Wert auf ihre Kleidung legen und mehr Zeit vor dem Spiegel verbringen als andere Frauen.

Die Geschwindigkeit, mit der die Frauen nach ihrem kurzen Experimentieren mit ausländischer Mode wieder zum schönen Kimono zurückkehrten, mag zum Teil auf die in den Köpfen japanischer Männer lauernde Angst zurückzuführen sein, dass ihre Frauen zusammen mit der Tracht schädliche ausländische Verhaltensweisen annehmen und aggressiv und widerspenstig werden könnten, wie amerikanische Frauen, die nach japanischer Vorstellung von ihren Männern verwöhnt werden – genauso wie nach unserer Vorstellung japanische Männer von ihren Frauen verwöhnt werden.

Was auch immer die Gründe sein mögen, Tatsache bleibt, dass die Japaner ein gutes praktisches Urteilsvermögen bewiesen. Sie behielten, was sie brauchten, und verwarfen den Rest. Es ist ihr erklärtes Ziel, diese Regel in allen Situationen zu befolgen, in denen es um die Annahme oder Ablehnung westlicher Neuerungen geht. Ihr Ziel ist es, die nationalen Bräuche zu bewahren, wo immer diese nicht im Widerspruch zu den Anforderungen des abscheulichen Drangs stehen, den wir gerne als „modernen Fortschritt" bezeichnen. Dies ist eine gute Regel, und wenn wir nur die Geschichte der Zeit kennen würden, als die chinesische Zivilisation vor fast vierzehn Jahrhunderten nach Japan gebracht wurde, könnten wir vielleicht interessante Parallelen zwischen den beiden Epochen des Wandels finden.

KAPITEL IV

Erdbeben und das Bauproblem – Große Erdbeben – Demokratie in der Architektur – Enge Straßen und winzige Läden – Der majestätische kleine Polizist – Die Angst vor Einbrechern – Was tun bei einem Erdbeben? – Der Mann, der nach Hause ging – „Feuer!" – Eine Rikschafahrt zur falschen Adresse – Ein Bad auf der Veranda

Habe ich den Eindruck erweckt, dass Tokio für jemanden, der rein japanische Dinge sucht, eine enttäuschende Stadt ist? Wenn ja, dann deshalb, weil ich mich zu lange im Viertel der Bahnhöfe und Großunternehmen aufgehalten habe. Darüber hinaus muss dieser Teil der Stadt für den praktischen kommerziellen Blick aufgrund der breiten Straßen und der Neubauten in der Tat vielversprechend aussehen. Und es ist eine Art von Bau, der den Kaufmann anerkennen wird, denn bei seinen neuen Gebäuden setzt Tokio auf Stahlrahmenbauweise.

Dass sie erst jetzt beginnt, auf diese Weise zu bauen, liegt nicht an der Trägheit, sondern an der Tatsache, dass Erdbeben ihre Bauprobleme verkomplizieren. Das höchste ihrer derzeitigen Bürogebäude ist, glaube ich, nur sieben Stockwerke hoch, und ich habe gehört, dass beim Bau doppelt so viel Stahl verwendet wurde wie bei einem ähnlichen Gebäude, bei dem Erdbeben in den Berechnungen des Architekten keine Rolle spielen.

Man kann kaum überschätzen, welche Rolle Erdbeben bei der Prägung des Charakters japanischer Städte spielen. In Japan wird es nie Wolkenkratzer geben oder Apartmenthäuser, in denen Familien hoch oben in der Luft hocken. Die Familie, nicht das Individuum, ist die soziale Einheit des Landes, und das Privathaus ist das Symbol der Familie. Sogar in den überfüllten Slums japanischer Städte oder in den Vierteln, die der bemitleidenswerten Klasse der Ausgestoßenen, den *Eta , überlassen sind* , hat jede Familie ihr eigenes Haus, auch wenn dieses nur aus einem einzigen Raum besteht, der nicht größer ist als ein Holzschuppen, und eine erschreckende Zahl von Menschen beherbergen kann , die so elend und überfüllt sind wie die ärmsten Slums der USA.

Obwohl der Seismograph im Durchschnitt etwa vier Erdbeben pro Tag registriert, sind die meisten davon zu schwach, um sie zu spüren. Tokio hingegen verzeichnet etwa fünfzig Erdbeben pro Jahr. Seit 1894 hat es dort jedoch kein verheerendes Erdbeben mehr gegeben und seit 1855, als der größte Teil der Stadt zerstört oder niedergebrannt wurde und 100.000 Menschen umkamen, auch keine größere Katastrophe.

Kleinere Erdbeben werden kaum beachtet. Viele sehen sie sogar positiv , da sie den Druck im Kesselraum verringern und so heftige Erdbeben verhindern. Gelegentlich treten sie jedoch auf und an der Küste werden sie manchmal von Flutwellen begleitet, die lange Küstenabschnitte verwüsten und Städte und Dörfer auslöschen.

Erdbeben werden manchmal von furchterregenden unterirdischen Geräuschen begleitet. Wissenschaftler haben ihre eigenen Erklärungsansätze für all diese Dinge, aber der Mann, der es wirklich weiß, ist der alte Bauer aus dem Küstendorf. Er kann Ihnen sagen, was die Erde wirklich zum Beben bringt. Es sind die Zappelei eines Paares riesiger Fische namens *Namazu* , schnurrbärtige Wesen, die ein wenig an Welse erinnern, die im Inneren der Erde leben und die japanischen Inseln auf ihrem Rücken tragen.

Auch wenn die Erdbeben nur geringfügig sind, sorgen sie dafür, dass die Menschen gewisse unangenehme Möglichkeiten im Kopf behalten. Und diese Möglichkeiten werden, wie ich bereits sagte, in der Bauweise japanischer Häuser berücksichtigt. Zwei Stockwerke sind die maximale Höhe eines Wohnhauses, und selbst Teehäuser und Hotels sind selten höher als drei Stockwerke. Dies und die Tatsache, dass jeder, der es sich leisten kann, einen Garten hat, führt dazu, dass sich japanische Städte enorm ausdehnen.

Andererseits benötigt der Japaner weniger Räume als wir; sein Privatleben ist einfach und er ist weniger Sklave seines Besitzes als jeder andere zivilisierte Mensch. Die Durchschnittsfamilie kann ihre Haushaltsgegenstände in einem Handkarren transportieren. Selbst die Häuser der Reichen sind nicht auffällig, außer in einigen wenigen Fällen, in denen sich eine blumige europäische Architektur versucht hat. Der Unterschied zwischen den Häusern der Reichen und der Armen ist gradueller, nicht artgerechter Natur. Wie bei der japanischen Tracht variieren die wesentlichen Linien nicht.

Der Japaner ist kein Sklave seines Besitzes. Die durchschnittliche Familie kann ihre Haushaltsgegenstände in einem Handkarren transportieren

Diese demokratische Architektur ist eine Wohltat für Auge und Sinne. Sie verleiht den Straßen Tokios – mit Ausnahme der wichtigen Durchgangsstraßen – das Aussehen einer Kleinstadt. Auch die alten, engen Straßen mit ihren basarartigen Ladenfronten, ihren fahnenartigen Markisen in Blau und Weiß und ihren bunten Auslagen mit Fisch, frischem Gemüse, Obst, Holzschuhen, Kuriositäten und vielen anderen weniger eindeutigen Gegenständen, deren mögliche Verwendung den fremden Reisenden zu Spekulationen oder Nachforschungen anregt, lassen nicht auf eine große Metropole schließen.

Ich konnte nie genug davon bekommen, durch die engen Gassen Tokios zu streifen, in Läden (und manchmal, fürchte ich, in Häuser) zu starren, verschiedenen Handwerkern bei der Ausübung ihrer Heimarbeit zuzusehen und mich zu fragen, was die in chinesischen Schriftzeichen auf Markisen, Bannern und lackierten Schildern dargestellten Legenden waren; bald stolperte ich über einen alten Schrein am Wegesrand, bald über einen Laden voller „Zweieinhalb-Puff-Pfeifen", Tabakbeutel für die männlichen und weiblichen Benutzer solcher Pfeifen und *Netsuke* (große Knöpfe zum Befestigen von Pfeifenetuis und Beuteln an der Schärpe), die in herrlich phantasievolle Formen geschnitzt waren; bald über einen Teeladen voller hoher bunter Tonurnen, die die Form der Amphoren des alten Roms hatten und mit verwirrenden schwarzen Ideogrammen versehen waren. Bald entdeckte ich ein Teehaus am Ufer eines Baches, auf dessen Balkonen kleine Geishas wimmelten, deren Portale durch drei kleine Salzhaufen vor Unreinheit geschützt waren; bald befand ich mich in einem Geisha-Viertel und hörte Trommeln, Flöte und *Samisen* ; oder ich entdeckte ein kleines Geschäft, das japanische Drucke zum Verkauf anbot, ging hinein und trank grünen Tee mit dem in eine Seidenrobe gekleideten Besitzer, wobei ich mir die Knie meiner Hose ausbeulte und meine Beine verkrampften, weil ich eine Stunde lang in der Hocke saß und mir seine Waren ansah.

Beim Bau der engen Straßen Tokios wurde an den schweren Verkehr mit Rädern nicht gedacht. In den schmalsten Straßen werden Autos und Kutschen automatisch aufgrund ihrer Größe ausgeschlossen, in anderen durch den Polizisten, der in dem weißen Kiosk an der Ecke sitzt. Der Polizist hat Ermessensspielraum, und wenn Sie gute Gründe haben, eine enge Straße entlangfahren zu wollen, lässt er Sie das manchmal tun, erteilt Ihnen die Erlaubnis aber kühl. Er ist eine majestätische kleine Gestalt. Er trägt ein Schwert und wird wie eine Persönlichkeit behandelt.

Natürlich ist Flexibilität die erste Überlegung beim Bau eines japanischen Hauses. Bei einem Erdbeben sollte ein Haus schwanken. Erdbeben sind somit für die allgemeine Verwendung von Holz verantwortlich, was wiederum für die Häufigkeit von Bränden verantwortlich ist. Und neben Erdbeben werden Brände von den Japanern als ihre größte Bedrohung angesehen.

An dritter Stelle auf der Liste der gefürchteten und verabscheuten Dinge steht der Einbrecher. Ich bezweifle, dass es in Japan mehr Einbrecher gibt als anderswo oder dass der japanische Einbrecher mörderischer ist als der durchschnittliche Gentleman seines Berufs in anderen Ländern, aber aus irgendeinem Grund beachtet man ihn mehr. Das mag an dem gefährlichen Messer liegen, das er bei sich trägt, oder daran, dass man so leicht in japanische Häuser eindringen kann. Tagsüber braucht man nur die Hand durch das Papier-Shoji zu stecken und den Riegel zu öffnen, der etwa so stark ist wie eine Haarnadel. Nachts braucht man vielleicht einen Zigarrenkistenöffner. Auf jeden Fall verbarrikadiert sich der japanische Hausbesitzer nach Einbruch der Dunkelheit aus Angst vor Einbrechern hinter einer Schicht ungelochter Holzläden, die in Rillen außerhalb derer geschoben werden, in denen das Shoji gleitet. Wenn die Läden Einbrecher fernhalten, halten sie auch die Luft draußen; und selbst wenn Sie bereit sind, das Eindringen des einen mit dem anderen zu riskieren, wird Ihnen die Polizei nicht erlauben, Ihre Fensterläden offen zu lassen — nicht, wenn sie Sie dabei erwischt.

Ich habe mich erkundigt, wie im Falle eines Einbruchs, eines Brandes oder eines schweren Erdbebens vorzugehen ist.

Bei Erdbeben verhalten sich die Menschen anders. Ich fragte unser Hausmädchen Yuki, was sie tat, und erfuhr, dass sie sich in Häusern im ausländischen Stil neben einen Kleiderschrank oder ein anderes schweres Möbelstück hockte, von dem sie glaubte, es würde sie schützen, falls die Decke einstürzen sollte.

„Aber was ist, wenn der Kleiderschrank auf dich fällt?", fragte ich.

Yuki hatte jedoch nicht mit einem solchen Erdbeben gerechnet.

In einem japanischen Haus muss man sich um die Decke keine Sorgen machen, da diese aus Holz ist; und tatsächlich sind die meisten Decken in Häusern im ausländischen Stil aus Blech.

Meiner Ansicht nach ist es bei einem Erdbeben am intelligentesten, sich in den Türbogen zu stellen; aus dem Haus zu rennen, ist sicher keine gute Idee, denn viele Menschen sind bei diesem Versuch durch herabfallende Trümmer getötet worden.

Eines Nachts bekam ich einen Brief von einem Freund aus der Heimat. „Versuchen Sie, bei einem kleinen Erdbeben dabei zu sein", schrieb er. „Sie bauen ihre Häuser für sie, nicht wahr?"

Mitten in derselben Nacht ereignete sich wie auf Einladung ein kleines Erdbeben. Die Bettfedern schwangen, Türen und Fenster klapperten.

Beim Frühstück am nächsten Morgen fragte ich meine Gastgeberin, eine Amerikanerin, die den größten Teil ihres Lebens in Japan verbracht hat, ob sie das Beben gespürt habe.

„Ich spüre sie immer", sagte sie. „Sie stören mich immer mehr. In den letzten Jahren habe ich mir angewöhnt, ein oder zwei Minuten vor Beginn der Schocks aufzuwachen."

„Was machst du dann?", fragte ich.

„Ich liege still", sagte sie, „bis das Zittern aufhört. Dann wecke ich meinen Mann und schimpfe mit ihm."

Der Ehemann dieser Dame erzählte mir von einem Mann, den er kannte, einem Amerikaner, der vor einigen Jahren geschäftlich nach Japan kam und vorhatte, längere Zeit dort zu bleiben. Nach seiner Landung in Yokohama ging er direkt zum Büro der Firma, mit der er verbunden war, und war kaum hineingegangen, als die Stadt heftig erschüttert wurde.

Als der Schock vorüber war, hatte er alle seine Pläne geändert.

„Nichts könnte mich dazu bewegen, in einem Land zu bleiben, in dem solche Dinge passieren", sagte er. „Ich werde das nächste Boot zurück nach San Francisco nehmen."

Das tat er – und kam gerade rechtzeitig zum großen Erdbeben in San Francisco an.

Das Vorgehen im Brandfall ist weltweit gleich: Rufen Sie „Feuer!" in der Landessprache und versuchen Sie, das Feuer zu löschen.

Wenn Sie jedoch einen Einbrecher in Ihrem Zimmer vorfinden, rufen Sie nicht das japanische Wort für „Einbrecher", selbst wenn Sie es kennen – was bei mir nicht der Fall ist. Sie sollten „Feuer!" rufen – das rät mir ein japanischer Freund, der, da bin ich mir sicher, mein Wohl im Sinn hat. Wenn Sie nämlich mitten in der Nacht „Feuer!" rufen, eilen Ihnen die Nachbarn zu Hilfe, weil sie befürchten, dass das Feuer auf ihre eigenen Häuser übergreifen könnte; wenn Sie hingegen „Einbrecher!" rufen, bekommen sie im Bett nur Gänsehaut.

Rikscha -Kuli , wenn ich mit einem bestimmten Auftrag irgendwohin unterwegs war, meilenweit von meinem eigentlichen Ziel entfernt absetzte. Dafür gab es drei Gründe. Erstens ist es sehr schwierig, sich in Tokio zurechtzufinden. Zweitens werden Adressen in Tokio nicht immer mit Straßennummern angegeben, sondern mit Bezirken und Distrikten, und mit manchen Adressen sind Tricks verbunden, so liegt beispielsweise die Adresse Shiba Park 22 gar nicht im Shiba Park, sondern ein oder zwei Blocks vom Rand des Parks entfernt. Und drittens: Obwohl ich dem Chauffeur oder dem *Kurumaya* in guter Absicht gesagt hatte, wo er hinfahren sollte, war die Sprache, in der ich ihm den Weg beschrieben hatte, in neun von zehn Fällen nicht Japanisch, sondern eine tote Sprache - eine Sprache, die tot war, weil ich sie selbst ausgelöscht hatte.

In einer anderen Stadt hätte ich mich vielleicht darüber geärgert, an die falsche Adresse geliefert zu werden. Aber in Tokio war es mir ziemlich egal, wohin ich ging, ich fand alles so charmant.

Einmal trabte ein Kurumaya mit mir drei Stunden durch die Stadt, um einen Ort zu erreichen, den er in einer Stunde hätte erreichen sollen. Ich wusste, dass ich Stunden zu spät zu meinem Termin kommen würde. Ich wusste, ich sollte mir Sorgen machen. Aber tat ich das? Nein! Wegen all der Dinge, die ich sah.

Ich sah den Tofu-Mann die Straße entlang joggen, mit einer langen Rute über der Schulter, an deren beiden Enden eine Schachtel *Tofu hing* , die er in Abständen mit einem Stoß auf ein kleines Messinghorn ankündigte: „Ta-ta: teeya ; *tee-e- e* -ta!" Ich sah ein Bambusdickicht. Ich sah ein winziges Bauernhaus mit Lehmwänden und einem tiefen Strohdach, und in der Tür saß eine gebeugte alte weißhaarige Frau an einem hölzernen Webstuhl und webte karierte Seide. Und hinter dem Bambuszaun und der blühenden Hecke stand ein blühender Kirschbaum.

Es begann zu regnen. In jedem anderen Land hätte ich mich über so viel Regen geärgert. Aber nicht in Japan. Japan könnte nicht düster aussehen, selbst wenn es es versuchte. Regen macht die Landschaft grüner und die Blumen frischer. Er bringt die Kulis dazu, struppige Umhänge aus Stroh anzuziehen, die das Wasser abperlen lassen wie Vogelfedern und den Träger in ein riesiges gelbes Stachelschwein verwandeln. Er bringt die Leute dazu, ihre kleinen Baumwollschuhe, *Tabi genannt*, auszuziehen und barfuß in ihren Holzschuhen zu laufen. Er bringt sie dazu, ihre üblichen Holzschuhe gegen hohe, auf zehn Zentimeter hohen Stelzen stehende Holzschuhe einzutauschen; und wenn sie über das Pflaster scharren, geben diese ein musikalisches „ Clotch-Clotch " von sich, das manchmal seltsamerweise in zwei Tonarten gestimmt ist, eine für jeden Fuß. Er bringt riesige bunte japanische Regenschirme aus Bambus und geöltem Papier zum Vorschein, mit schwarzen Bullaugen in der Mitte und einem Kranz aus kleinen Spitzen an den Außenrändern. Und während du mit deinem Kurumaya , der sein Glöckchen läutet, an ihnen vorbeiplanschst , drehen die Frauen ihre großen Regenschirme zur Seite und legen die Ränder auf die Straße, damit ihre Kimonos nicht bespritzt werden. Und selbst dann sehen sie dich nicht streng an. Sie verstehen, dass du nichts dagegen tun kannst. Und bist du nicht außerdem dieses herrschaftliche Geschöpf, Mann, während sie bloß Frauen sind?

All diese Dinge sah ich, als ich an jenem Nachmittag verloren war. Und dann, gerade als ich mich zu fragen begann, ob ich mein Ziel jemals erreichen würde, was sah ich?

Unter dem Dach eines strohgedeckten Hauses nebenan stehen eine bronzene junge Mutter und drei Kinder, alle ohne Kleidung und ohne Schamgefühl, und bereiten sich darauf vor, in ein großes Holzfass von Badewanne zu steigen. Sie haben noch nie ein schöneres Familienbild gesehen! ... Ja, die Japaner sind eine ausgesprochen saubere Rasse. Das ist nicht nur Hörensagen. Es ist eine Tatsache, die man auf der Veranda erlebt.

**Das Bad des Proletariats besteht aus einem großen Fass mit
angeschlossenem Holzkohleofen. Häufig steht es im Freien**

Könnte ein Mann die Geduld mit einer Kurumaya verlieren , die ihn in die
Irre führen und ihm das Gefallen tun kann?

KAPITEL V

Am Tag meiner Ankunft in Japan begann ich eine Liste der Dinge, die die Japaner nach unseren Vorstellungen rückwärts machen – oder die wir nach ihren Vorstellungen rückwärts machen. Ich nehme an, dass jeder Reisende in Japan eine solche Liste geführt hat. Meine Liste, die mit der Beobachtung begann, dass ihre Bücher an dem beginnen, was wir den Rücken nennen, dass die Zeilen der Schrift die Seite herunter- und nicht quer verlaufen und dass „Fußnoten" oben auf der Seite gedruckt sind, nahm bald beträchtliche Ausmaße an. Fast jeden Tag konnte ich ein oder zwei Punkte hinzufügen, und jedes Mal, wenn ich dies tat, spielte ich mit der Vorstellung, dass solche Gegensätze in irgendeiner Weise mit der Tatsache zusammenhängen müssten, dass wir den Japanern auf der Welt Seite an Seite stehen.

Die japanische Art zu winken würde für uns "geh weg" bedeuten; Boote werden mit dem Bug voran an Land gezogen; Pferde werden in ihre Ställe zurückgeführt; Sägen und Hobeln werden mit einer ziehenden statt einer treibenden Bewegung ausgeführt; Schlüssel drehen sich in ihren Schlössern in die entgegengesetzte Richtung als bei uns üblich. Beim japanischen Spiel *Go* , das auf einer Art Schachbrett gespielt wird, werden die Spielsteine nicht innerhalb der Felder, sondern über den linearen Schnittpunkten platziert. Tagsüber stehen japanische Häuser mit ihren Schiebewänden aus Holz und Papier weit offen, aber nachts sind sie mit soliden Bretterläden umschlossen und die Menschen schlafen praktisch ohne Belüftung. An der Tür eines Theaters oder Restaurants geben die Japaner ihre Schuhe statt ihren Hut ab; ihre Süßigkeiten werden, wenn überhaupt, früh während der Mahlzeit serviert statt gegen Ende; die Männer trinken ihren *Sake* vor statt nach der Mahlzeit und statt das Nationalgetränk zu vereisen, erhitzen sie es in einem Kessel. Die Handlung im Theater orientiert sich nicht am Leben, sondern an den Bewegungen der Puppen im Marionettentheater, und im klassischen *No*-Drama wird durch die Verwendung geschnitzter Holzmasken die Möglichkeit eliminiert, Emotionen durch die Mimik zu zeigen.

**Sägen und Hobeln erfolgen mit einer ziehenden statt einer
treibenden Bewegung**

Anstatt den Faden durch das Nadelöhr zu stecken, schiebt eine Japanerin das
Nadelöhr über die Spitze des Fadens. Sie rechnet ihr Kind am Tag seiner
Geburt als ein Jahr alt und am darauffolgenden Neujahrstag als zwei Jahre
alt. Wenn also ein amerikanisches Kind, das am 31. Dezember geboren wird,
als einen *Tag* alt gezählt wird, zählt ein japanisches Kind, das am gleichen Tag
geboren wird, als zwei *Jahre* alt.

Als ich einmal bei einer japanischen Familie zu Abend aß, die seit Jahren in
New York lebte, kam ihre kleine Tochter ins Zimmer. Als ich sie Englisch
sprechen hörte, fragte ich:

"Wie alt bist du?"

„Fünf und sechs", antwortete sie. Dann fügte sie erklärend hinzu, dass fünf
ihr „amerikanisches Alter" und sechs ihr „japanisches Alter" sei.

In Japan wird das Alter mit Würde akzeptiert und darüber hinaus hoch geehrt
. Oft sieht man Männer und Frauen, die ihren letzten Jahren regelrecht
entgegensehen, da sie wissen, dass sie freundlich und respektvoll behandelt
werden und dass ihre Familien für ihre materiellen Bedürfnisse sorgen
werden. Alte Herren und Damen freuen sich, von denen, die sie gut kennen,
Großvater und Großmutter – *o- ji -san* und *oba san* – genannt zu werden, und
ältere unverheiratete Frauen lassen sich gern *oba san* – Tante – nennen.
Dieselben Ausdrücke verwendet man auch, wenn man mit alten

Bediensteten und Bauern spricht, die man nicht kennt, denen man aber seine Freundlichkeit zeigen möchte.

Die Pflicht der Jüngeren gegenüber den Älteren einer Familie beschränkt sich nicht auf die nahen Verwandten, sondern schließt auch die entfernteren Verwandten mit ein. Deshalb galten Armenhäuser bis vor kurzem noch als unnötig.

Einer der auffälligsten Unterschiede zwischen den beiden Nationen zeigt sich meiner Meinung nach in der Einstellung japanischer Schüler und Studenten. Anstatt sich beim Spielen – beim Fußball und bei Autounfällen – umzubringen, wie es unsere Studenten tun, schaden japanische Jungen nicht selten ihrer Gesundheit durch übermäßiges Lernen , und hin und wieder hört man, dass sich ein Student, der seine Prüfungen nicht bestanden hatte, in Nikko über die Kegon- Wasserfälle stürzte . Zweifellos steckt in der japanischen Natur eine krankhafte Neigung. Übersetzungen der Werke ungesunder europäischer Autoren sind in Japan sehr beliebt, und Selbstmorde sind keineswegs auf die Studentenklasse beschränkt. Vergiftungen und das Sturz vor eine herannahende Lokomotive sind beliebte Methoden der Selbstzerstörung. Als ich einmal in einem Schnellzug fuhr, spürte ich, wie die Notbremse plötzlich angezogen wurde. Einen Moment nachdem wir angehalten hatten, sah ich eine Frau auf einem Böschungsweg zwischen zwei überschwemmten Reisfeldern schnell davonlaufen, verfolgt von zwei Eisenbahnern. Sie fingen sie ein, ließen sie aber nach einigen Minuten aufgeregten Gesprächs, bei dem sie sie wie zur Betonung an den Ärmeln schüttelten, wieder los. Uns wurde gesagt, der Lokführer habe sie auf dem Gleis sitzen sehen. Zwei oder drei Tage später las ich in der Zeitung, dass eine Frau ungefähr an der Stelle, wo ich Zeuge dieser Episode geworden war, unter einem Zug Selbstmord begangen hatte. Ihr Mann, so hieß es in der Zeitung, hatte sie verlassen. Ich nehme an, es war dieselbe Frau.

Eine weitere merkwürdige Umkehrung findet sich in der japanischen Sichtweise hinsichtlich der Kleidung – und der Auskleidung – der Frau. Mir wurde gesagt, dass unser Stil der Abendgarderobe, die Schultern, Arme und Knöchel freilässt (um es milde auszudrücken), den Japanern nicht als sittsam erscheint. Sicherlich ist das Mandat des japanischen Kaiserhofs nicht dasselbe wie das der französischen *Modistin* (wie seltsam und unpassend das Wort an unser Wort „ schickste “ erinnert!), denn während letztere zum Zeitpunkt des Schreibens Röcke von kaum mehr als knielang vorschreibt, schreibt erstere für Damen, die sich bei Hofe präsentieren, Röcke vor, die den Boden berühren. In Anbetracht der vorgenannten Tatsachen ist es für den westlichen Verstand jedoch etwas verwirrend, festzustellen, dass Männer und Frauen sich in japanischen Gasthäusern oft mit weit geöffneten Schlafzimmer-Shoji an- und ausziehen und dass sie sich darüber hinaus im Bad begegnen, ohne anscheinend die geringste Verlegenheit zu empfinden.

Wie die Engländer sind auch die Japaner ausdauernde Badegäste, doch während die Engländer kalte Bäder nehmen, baden die Japaner in so heißem Wasser, dass wir es kaum aushalten könnten. Und wenn sie gebadet haben, trocknen sie sich mit einem kleinen, feuchten Handtuch ab, das sie als eine Art Wischmopp verwenden .

Außerdem fahren sie wie die Engländer auf der linken Straßenseite. Dafür gibt es viel zu sagen, aber einige ihrer anderen Gewohnheiten auf der Straße überraschen einen. Überall, wo sie nicht aus ihrer angeborenen Höflichkeit „zivilisiert" wurden, werden Sie feststellen, dass ein Chauffeur es nicht mag, einen anderen zu überholen und zu überholen. Für einen Amerikaner ist das sicherlich eine Umkehrung! Wenn eine Autokolonne auf einer Straße fährt und eines von ihnen aus irgendeinem Grund anhalten muss, hupen die nachfolgenden Autos nicht und rasen voller Freude und in einer Staubwolke vorbei, sondern halten hinter dem stehenden Auto; und wenn es für sie notwendig wird, weiterzufahren, entschuldigen sich die Chauffeure, die dies tun, für das Überholen. Dieser Brauch, der ausstirbt, kommt, glaube ich, von dem der Rikschafahrer , die sich auf der Straße nie gegenseitig überholen und überholen, sondern sich immer hinter den langsamsten Fahrer stellen, um ihr Tempo von ihm abzuleiten und ihn vor den Beschwerden seines Passagiers zu schützen, wenn ständig andere hinter ihm herkommen und vorbeifahren.

Von allen Unterschieden ist jedoch keiner so ausgeprägt wie der der Sprache. Statt eines einfachen Alphabets wie dem unseren muss ein einigermaßen gebildeter Japaner zwei- oder dreitausend chinesische Ideogramme kennen, und ein sehr kultivierter Mensch kennt mehrere tausend mehr. Es gibt allerdings eine einfache Schreibweise mit einem phonetischen System, das der Kurzschrift nicht unähnlich ist und *Kana genannt wird* . Jeder Japaner kann Kana lesen, und manchmal beherrschen es auch Ausländer, die schon lange in Japan leben. Kana besteht nur aus 48 Zeichen, und da die Zeichen an sich keine Bedeutung haben, sondern nur eine Reihe von Lauten darstellen, können sie zum Schreiben englischer Namen ebenso wie japanischer Wörter verwendet werden. Mein eigener Name ist in Kana-Zeichen geschrieben, die die folgenden Laute haben: *Su- tō – rii-tō* – die, wenn sie schnell hintereinander ausgesprochen werden, einen Laut erzeugen, der „Straße" nicht unähnlich ist.

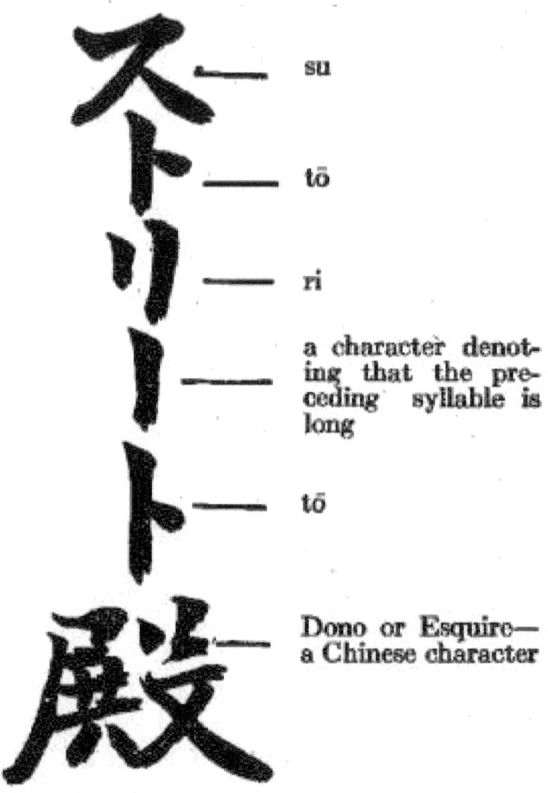

Die von den Japanern verwendeten chinesischen Ideogramme haben die gleiche Form wie die in China verwendeten Schriftzeichen, werden aber völlig anders ausgesprochen, so dass Japaner und Chinesen zwar die Schrift des jeweils anderen lesen, aber nicht miteinander sprechen können. In Japan veröffentlichte Bücher und Zeitungen werden in einer Mischung aus chinesischen Schriftzeichen und Kana gedruckt, und außerdem steht neben jedem chinesischen Schriftzeichen in Zeitungen eine winzige Zeile Kana, die den Klang des dargestellten Wortes wiedergibt. Auf diese Weise erhält ein Zeitungsleser kontinuierlichen Unterricht in der geschriebenen Sprache und lernt schließlich die am häufigsten verwendeten Wörter aus den Ideogrammen kennen, ohne auf die Kana-Interpretation zurückgreifen zu müssen. Es gibt also eigentlich zwei Möglichkeiten, eine japanische Zeitung zu lesen. Ein gut gebildeter Mensch liest die Ideogramme, während ein schlecht gebildeter Mensch die Kana liest, die ihm den Klang eines Wortes wiedergibt, das er vom Gehör kennt, obwohl er es nicht vom Sehen kennt, wenn es in den klassischen Schriftzeichen geschrieben ist. Diese Bedingungen schließen natürlich die Verwendung unserer Art von Schreibmaschinen aus, obwohl es eine äußerst komplizierte und langsame japanische Schreibmaschine gibt, die hauptsächlich dort verwendet wird, wo Durchschläge erforderlich sind. Außerdem machen sie die Verwendung der Linotype unpraktisch und den Handsatz zu einem äußerst komplizierten Handwerk. Da es schwierig ist, die chinesischen Schriftzeichen zu lernen, müssen die Schüler außerdem mehrere Jahre länger in der Schule und am College bleiben als bei uns. Es gibt eine Bewegung zur Romanisierung der japanischen Sprache, genau wie es in diesem Land eine Bewegung zur Einführung des metrischen Systems gibt; aber so praktisch solche Verbesserungen in beiden Fällen auch wären, so ist ihre Verwirklichung, fürchte ich, wegen der Schwierigkeiten, die mit der Umstellung verbunden sind, noch in weiter Ferne. Und tatsächlich würde es mir aus Sicht der Bildhaftigkeit leid tun, wenn die chinesischen Schriftzeichen abgeschafft würden, denn sie sind nicht nur wegen ihrer Form faszinierend, sondern auch aufgrund der Tatsache, dass wir nie, auf gar keinen Fall, wissen, was sie bedeuten.

Die Japaner schreiben mit einem Pinsel, den sie in Wasser getaucht und an einem Stück Tusche gerieben haben. Sie scheinen den Pinsel mit kleinen Stößen zu schieben, anstatt ihn der Hand nachzuziehen, obwohl sie die Spalte entlang schreiben. Kalligraphie ist für sie eine Kunstform, und schöne Pinselführung, wie wir sie in einem meisterhaften Gemälde suchen, ist ein Zeichen von Bildung. Dank ihrer Pinselführung können fast alle gebildeten Japaner Bilder zeichnen. Kurze Gedichte und Aphorismen, die von berühmten Männern in großen Buchstaben geschrieben wurden, werden auf Goldmatten montiert und wie Gemälde in den Häusern derer aufgehängt, die das Glück haben, sie zu besitzen. Eine Handschrift aus der Hand von General Graf Nogi oder Prinz Ito würde von einem Japaner genauso geschätzt werden wie wir eine Handschrift aus der Hand von Lincoln oder Roosevelt – möglicherweise sogar noch mehr, denn wo ein Brief von einem unserer großen Männer einen sentimentalen und historischen Wert hat, hat ein Schriftstück von einem ihrer großen Männer diese Werte und zusätzlich den Wert, ein Kunstwerk zu sein. Solche Schriftstücke erzielen bei Auktionen hohe Preise, und Fälschungen sind nicht ungewöhnlich.

In ihrer Struktur ist die japanische Sprache das genaue Gegenteil unserer. Lafcadio Hearn erklärt, dass kein erwachsener Westler sie perfekt beherrschen kann. „Könnten Sie alle Wörter des japanischen Wörterbuchs lernen", schreibt er, „würde Ihnen Ihr Erwerb nicht im Geringsten helfen, sich mündlich verständlich zu machen, wenn Sie nicht auch lernten, wie ein Japaner zu denken – das heißt, rückwärts zu denken, kopfüber und von innen nach außen zu denken, in Richtungen zu denken, die arischen Gewohnheiten völlig fremd sind."

Der einfachste englische Satz wäre wortwörtlich ins Japanische übersetzt bedeutungslos, und der einfachste japanische Satz wäre ins Englische übersetzt ebenso bedeutungslos. Zur Veranschaulichung wähle ich zufällig aus meinem Sprachführer: „Bitte schreiben Sie die Adresse auf Japanisch." Die Übersetzung lautet: *Doka Nihon no moji de tokoro wo kaite kudasai* . Aber dieser Satz ergibt, Wort für Wort ins Englische zurückübersetzt, dieses Ergebnis: „Von der Bitte an Japan, Wörter mit einem Ort zu nennen, schreibe bitte." Und es gibt ein Wort, *wo* , das nicht übersetzbar ist, da es sich um eine Partikel handelt, die, wenn sie auf das Wort *tokoro* , „ein Ort", folgt, darauf hinweist, dass es das Objekt des Verbs ist.

Ich möchte nur noch eine Umkehrung erwähnen. Die Japaner benutzen keine Schimpfwörter. Wenn sie beleidigend oder ausfällig sein wollen, verzichten sie auf die üblichen Ehrentitel oder gehen ins andere Extrem und fügen Ehrentitel auf eine so kunstvolle Art und Weise ein, dass sie Spott ausdrücken.

So zahlreich und merkwürdig diese Umkehrungen auch sein mögen, sie sind lediglich die oberflächlichsten Wellen im tiefen, dunklen Pool japanischen Denkens und Brauchtums.

Anfangs habe ich diese Tatsache nicht ganz begriffen. In meinen frühen Tagen in Japan, als ich Fragen zu allem stellte, kam es mir manchmal so vor, als sei der Durchschnittsjapaner von Natur aus nicht in der Lage, auf eine direkte und einfache Frage eine direkte und einfache Antwort zu geben, und mein erster Eindruck war, dass dies auf eine Eigenart des weithin berühmten orientalischen Geistes zurückzuführen sei. Aber dieser Eindruck änderte sich bald – und zwar so sehr, dass ich jetzt geneigt bin, zu bezweifeln, dass es in Japan so etwas wie den orientalischen Geist gibt, wenn man mit diesem Begriff eine geistige Struktur meint, die von Natur aus anders ist als die der westlichen Völker. Das heißt, ich glaube, dass das durchschnittliche japanische Kind mit ungefähr denselben intellektuellen Fähigkeiten ins Leben startet wie das durchschnittliche amerikanische, englische, französische oder italienische Kind, und dass Unterschiede, die sich entwickeln, wenn das Kind älter wird, keine Unterschiede in der geistigen Struktur sind, sondern nur in dem geistigen Muster, das durch die Umgebung erzeugt wird. Ich behaupte nicht, dass japanische Gehirne nie unvollkommen oder eigenartig sind, sondern dass ihre Unvollkommenheiten und Eigenarten genau dieselben sind, die man überall sonst auf der Welt findet. Und dieselbe Regel gilt natürlich auch, wenn man die großen Intellektuellen Japans mit denen anderer Nationen vergleicht. Im Grunde sind wir den Japanern viel ähnlicher, als sie oder wir im Allgemeinen annehmen. Die Unterschiede zwischen uns, abgesehen von Hautfarbe , Größe und Physiognomie, sind fast ausschließlich das Ergebnis unserer unterschiedlichen Erziehung und

Bräuche und deren Auswirkung auf unsere jeweilige Denkweise. Keine der beiden Nationen hat ein Monopol auf Intelligenz oder deren Fehlen.

In einem Hotel in Kobe bestellte eine meiner Bekannten Orangensaft zum Frühstück. Der japanische „Junge" – Kellner und Stewards sind im Fernen Osten alle „Jungen" – kam gleich zurück und sagte, dass es an diesem Morgen keinen Orangensaft gäbe. Er fügte jedoch hinzu, dass er ihr Orangen bringen könne, wenn sie das wünsche.

Der orientalische Geist? Ganz und gar nicht. Der Orient hat kein Monopol auf dumme Kellner. Das Gleiche könnte in unserem eigenen oder einem anderen Land passiert sein. Und das ist der Test, den wir auf jeden Vorfall anwenden sollten, den wir einem grundlegenden mentalen Unterschied zwischen den Orientalen und uns zuschreiben.

Hätte so etwas unter den gleichen Umständen nicht auch in einem westlichen Land passieren können?

Noch nie in Japan war ich in der Lage, diese Prüfungsfrage mit einem abschließenden, überzeugten „Nein" zu beantworten.

Manchmal dachte ich jedoch, dass ich es schaffen würde.

Eines Tages sah ich auf der Ginza, der Haupteinkaufsstraße Tokios, eine gut gekleidete junge Dame die Promenade entlangschlendern, deren langes, schönes Haar ihr über den Rücken fiel und an ihrer Hand falsches Haar baumelte. Sie kam offensichtlich vom Friseur zurück, wo sie sich die Haare waschen ließ. Aus meiner Sicht war die Situation genau so, als hätte ich ein ähnliches Schauspiel auf der Fifth Avenue erlebt. Aber als ich mit Yuki darüber sprach, die nicht nur unser Zimmermädchen, sondern auch unsere Führerin, Philosophin und Freundin war, versicherte sie mir, dass die junge Dame sich völlig im Rahmen der Sitte benahm.

„Wir Japaner empfinden es nicht als Schande, falsches Haar zu tragen", sagte sie.

Früher dachte ich, ich hätte den orientalischen Geist völlig in die Enge getrieben, und hätte ich meinen Irrtum nicht später zufällig entdeckt, würde ich das wahrscheinlich immer noch denken.

Ich fuhr mit einem japanischen Herrn im Auto, einem Direktor eines großen Pharmaunternehmens. Nebenbei kann ich sagen, dass er mir erzählt hatte, wie die antijapanische Presse der Vereinigten Staaten die Geschichte aufgriff, als sein Unternehmen 300.000 *Hektar* Land in Peru kaufte, um Pflanzen anzubauen, auf denen einige ihrer Produkte hergestellt werden. Es wurde fälschlicherweise behauptet, dass es sich um ein großes Auswanderungsprogramm handele, das von der japanischen Regierung unterstützt werde. Aber das nur nebenbei.

Bald kamen wir an einen Ort, an dem ein großes Gebäude errichtet wurde. Das Gerüst stand bereits und war von Bambuswänden umgeben, die am Gerüst befestigt waren. Da ich bemerkte, dass auch andere Gebäude mit ähnlichen Wänden versehen waren, fragte ich nach.

„Ah", sagte der Herr, „die Fliegengitter sollen verhindern, dass die Leute auf der Straße sehen, was drinnen vor sich geht."

„Aber was geht drinnen vor, was sie nicht sehen sollten?", fragte ich verblüfft.

Mein Informant blickte mich einen Moment lang ernst durch seine großen runden Brillengläser an. Dann sagte er, was mir kryptisch vorkam: „Wir halten es für nicht gut, wenn die Leute zu viel sehen."

Ich dachte einen Moment über diese Antwort nach, notierte sie dann in meinem Büchlein und fügte die Notiz hinzu: „Der orientalische Geist!"

Zweifellos würde ich jetzt aus der Erklärung des braunäugigen Herrn zu den Bildschirmen seltsame Schlussfolgerungen ziehen, wenn ich die Angelegenheit nicht zufällig einem anderen Japaner gegenüber erwähnt hätte, den ich besser kenne.

„Aber das ist nicht richtig", sagte er lächelnd. „Die Fliegengitter sind nicht dazu da, den Leuten den Einblick zu verwehren, sondern um zu verhindern, dass ihnen beim Vorbeigehen Dinge auf den Kopf fallen."

Mit anderen Worten, die Bambusschirme dienten genau demselben Schutzzweck wie die Holzschuppen, die wir über Gehsteigen vor im Bau befindlichen Gebäuden errichten. Der Herr aus der Pharmaindustrie wusste nicht, wozu sie dienten, so wie wir den Nutzen vieler Dinge nicht kennen, die wir täglich auf den Straßen der Städte sehen, in denen wir leben; er wollte mir unbedingt behilflich sein; er wollte keine meiner Fragen unbeantwortet lassen; also riet er, und er riet falsch. Aber wie Ihnen jeder Reporter bestätigen kann, ist die Praxis, die Ergebnisse von Vermutungen unter dem Deckmantel genauer Informationen weiterzugeben, keineswegs eine ausschließlich japanische Praxis. Reporter raten manchmal selbst, aber das meine ich nicht. Ich meine, dass ein gewissenhafter Reporter sich hin und wieder durch Fehlinformationen aus einer Quelle getäuscht sieht, die er für zuverlässig gehalten hatte.

Beim Schreiben über amerikanische Städte bin ich mehr als einmal einer solchen Täuschung erlegen. Ein alter Einwohner Colorados erzählte mir, dass die Höhe von Cripple Creek so hoch sei, dass Katzen dort nicht leben könnten. Später erfuhr ich jedoch, dass Katzen trotz der Höhe in Cripple Creek sehr gut leben können. Tatsächlich leben dort einige Katzen, die wenig

Rücksicht auf die Beschaffenheit ihrer Umgebung nehmen. Nur die kritischeren Katzen können den Ort nicht ertragen.

Jeder Amerikaner weiß, dass man ihm Fragen über sein eigenes Land und seine Gepflogenheiten stellen kann, die er nicht aus dem Stegreif beantworten kann, aber in einem fremden Land erwartet er von jedem Einwohner, dass er ihm alles und jedes erklären kann. Ich frage mich, ob die Japaner das Gleiche von uns erwarten, wenn sie uns Fragen stellen.

„Warum sagen Sie ‚Du meine Güte!‘?“, hörte ich einmal einen japanischen Herrn eine amerikanische Dame fragen. Und obwohl die Dame erklärte, warum sie „Du meine Güte!“ sagte, bezweifle ich, dass der japanische Herr es verstehen konnte. Ich jedenfalls konnte es nicht.

Ein anderer Japaner, der in New York gewesen war, wollte wissen, warum wir ein Gebäude ohne Blumen „Madison Square *Garden* “ nannten und warum Damen ein bestimmtes Kleidungsstück, das früher allgemein von ihnen getragen wurde, „Petticoat“ nannten , obwohl es eindeutig kein Mantel, sondern ein Rock ist.

Meine Antworten auf diese Fragen waren, gelinde gesagt, vage, und ich nehme an, mein Fragesteller sagte sich, während er mir zuhörte:

„Ah, der abendländische Geist! Wie merkwürdig er funktioniert!“

KAPITEL VI

Als ich mehrere Wochen in Japan verbracht hatte und mich unablässig bemühte, die Menschen und ihre Lebensweise besser zu verstehen, begann ich mich ein wenig entmutigt zu fühlen. Noch nie hatte mich ein fremdes Land so fasziniert. Noch nie hatte ich in so kurzer Zeit so viel Neues, Fremdartiges und Reizvolles gesehen und gehört. Doch noch nie waren meine Beobachtungen so fragmentarisch, so verwirrend gewesen. Meine Notizbücher ließen mich an Reisetaschen denken, die mit Kleidungsstücken vollgestopft waren, die nichts miteinander zu tun hatten. In die Strümpfe eines Themas hatte ich sozusagen die Schuhe eines anderen gepackt. Hier war ein Frack, hier ein Overall. Nichts war vollständig und keine zwei Dinge schienen zusammenzupassen. Ich konnte dabei helfen, eine Armee von Ideen einzukleiden, aber ich fragte mich, ob ich eine vollständig einkleiden konnte.

Ich stellte weiterhin Fragen, doch die Antworten führten mich häufig in die Irre und waren unvollständig und unbefriedigend.

Nach einiger Zeit jedoch begann ich zu verstehen, warum ein Japaner so oft keine einfache und direkte Antwort auf eine einfache und direkte Frage zu japanischen Dingen gibt. Das liegt daran, dass in vielen Fällen eine solche Antwort nicht möglich ist. Und diese Unmöglichkeit liegt auch nicht an irgendeiner geistigen Schwäche des Japaners, dem die Frage gestellt wird. Es liegt an der Tatsache, dass die gestellte Sache keine einfache, in sich geschlossene Einheit ist, sondern ein winziger Teil einer großen Ansammlung von Gedanken oder Bräuchen, die man zunächst allgemein verstehen muss, bevor man auch nur ein einziges Detail davon verstehen kann. Es ist, als ob man eine Frage zu einem farbigen Kieselstein stellt und sich dabei in den Kosmos verstrickt sieht.

Japan ist ein Land der Bräuche. Seine Bräuche basieren auf Prinzipien, die in Traditionen verwurzelt sind, die wiederum häufig auf den Grundlagen von Geschichte, Religion, Aberglauben oder vielleicht einer Mythologie beruhen, die alle drei Aspekte umfasst. Daher scheint es oft, als könne jedes kleine Wort und jede Handlung eines Japaners auf eine seltsame, komplexe, aber im Wesentlichen logische Weise erklärt werden – als habe jeder Gedanke im japanischen Geist sozusagen eine Genealogie, die wie die Genealogie der japanischen Kaiserfamilie bis in die Nebel der Antike zurückreicht. Darüber hinaus spielt Symbolik im täglichen Leben Japans eine immense Rolle, und diese Tatsache erschwert die Angelegenheit für den Ausländer, der das Land und die Menschen verstehen möchte, enorm. Dies sind einige der Gründe, warum ich in einem kürzlich für eine Zeitschrift geschriebenen Artikel Japan „Die Insel der Komplexität" nannte.

Als ich jedoch einem amerikanischen Freund, der seit vielen Jahren in Japan lebt, den Titel dieses Artikels erwähnte, schrieb er mir, dass er ihn für eine falsche Bezeichnung halte.

"Ich würde Japan 'Die Inseln der Einfachheit' nennen", erklärte er, "nur weil das Leben dort so anders ist als das Leben in unserer eigenen künstlichen Zivilisation. Ich spreche insbesondere von unserer falschen Bescheidenheit im Vergleich zu den natürlicheren Vorstellungen der Japaner von natürlichen Funktionen und unnatürlichen Emotionen - oder unnatürlich erregten Emotionen. Wenn Sie sich mit den Grundlagen befassen, werden Sie meiner Meinung nach feststellen, dass wir die komplexen Menschen und sie die einfachen Menschen sind. Können Sie sich zum Beispiel in die Gedankenwelt eines Marsmenschen hineinversetzen, der diese Erde zum ersten Mal besucht, eine Reise durch die Tanzhallen, Kabaretts und Mitternachtsvergnügungen von New York und Chicago unternimmt und dann nach Japan geht und die erstklassige Unterhaltung sieht, die dort Einheimischen und Ausländern gleichermaßen geboten wird? Lassen Sie einen solchen unvoreingenommenen Außenseiter die Straßenszenen Japans betrachten, die offenen Bräuche der Menschen beachten, einschließlich jener, die in den öffentlichen Bädern zum Ausdruck kommen, und ich denke, er würde sagen, dass die Japaner im Vergleich zu uns im Wesentlichen einfach sind, dass sie in Gedanken und Taten reiner sind und (obwohl ich weiß, dass ich damit Widerspruch einlade) dass sie im Durchschnitt ein höheres Gefühl für echtes Leben haben Moral."

Mein Freund bringt gute Argumente vor, und ich stimme mit vielem überein, was er sagt, aber er denkt in eine Richtung, während ich in eine andere Richtung denke. Er denkt über die äußere Einfachheit des japanischen Lebens nach, während ich über seine innere Komplexität nachdenke, insbesondere im Hinblick auf die Beziehung einer Tatsache zur anderen — ich könnte fast sagen, jeder Tatsache zu jeder anderen Tatsache.

Lassen Sie es mich veranschaulichen:

Die Blumenanordnung in einer Bambusvase, die Sie so ansprechend finden, ist nicht das Ergebnis einer momentanen Einbildung, sondern das Produkt einer kunstvollen Kunst, die mindestens fünf Jahrhunderte zurückreicht. Blumenarrangements sind Teil des Lehrplans an Mädchenschulen und eine der Errungenschaften jeder Dame. Hunderte von Büchern wurden über diese Kunst geschrieben, und es gibt Tausende von professionellen Lehrern dafür. Sie hat, wie Sie erfahren, eine ganz eigene Philosophie. Man beruft sich auf den Konfuzianismus. Das Universum wird durch drei Zweige unterschiedlicher Höhe dargestellt – ein Effekt, der auch in japanischen Gärten oft zu finden ist. Der höchste Zweig in der Mitte symbolisiert den Himmel, der niedrigste die Erde und der mittlere den Menschen. Es können fünf, sieben oder neun Zweige sein, aber das Prinzip von Himmel, Erde und Mensch muss gewahrt bleiben. Es darf nie eine gerade Zahl von Zweigen geben, und vier ist eine Zahl, die vor allem anderen vermieden werden sollte, da *shi*, das japanische Wort für „vier", auch „Tod" bedeutet.

Auch die Art der verwendeten Blüten und Zweige ist von Bedeutung. Die Pflaumenblüte, die Bräuten gesandt wird, symbolisiert Reinheit und steht, da sie blüht, wenn Schnee liegt, für Mut in der Not.

Aber gerade wenn Sie anfangen, sich einzubilden, Sie hätten ein gewisses Verständnis für Blumenarrangements entwickelt, treffen Sie jemanden , der nicht den Grundsätzen der speziellen Schule des Blumenarrangements folgt, von der Sie gehört haben – sagen wir, der populären Ikenobo- Schule –, sondern an die Lehren der Enshiu- Schule, der Koriu- Schule oder der Nagéire-Schule glaubt – der „hineingeworfenen" Schule. Oder vielleicht bevorzugt er die verwandte Kunst namens Morimono – „aufgestapelte Dinge" –, die sich mit Kompositionen aus Obst und Gemüse beschäftigt; oder die Morihana- Schule, die das Prinzip des „aufgestapelten Dinges" auf Blumen anwendet; oder diese andere verwandte Kunst, die das Gestalten von „Tablettlandschaften" lehrt – Bilder, die aus Kieselsteinen und verschiedenen Sandarten auf die flache Oberfläche eines Tabletts gezeichnet werden.

Der wesentliche Punkt bei jedem Blumenarrangement ist, dass Form und Ausgewogenheit vorhanden sein müssen, die Komposition jedoch nicht vollkommen symmetrisch sein darf, da es in der Natur keine vollkommene Symmetrie gibt. Um die gewünschten Effekte zu erzielen, werden die verwendeten Blütenstiele und -zweige sorgfältig gebogen und verdreht, und diese Arbeit wird mit einer solchen Feinheit und Geschicklichkeit ausgeführt, dass die Tatsache, dass ihre Formen künstlich verändert wurden, verborgen bleibt. Ich habe gesehen, wie ein Blumenmeister Seerosen aufrecht auf ihren Stielen stehen ließ, indem er mit einer Spritze Wasser durch die Stiele presste. Dann stellte er sie auf einen dieser flachen Blumenhalter aus Metall, die wir in diesem Land seit kurzem zu verwenden lernen, und arrangierte sie so in einer flachen Schale, dass zwischen den Stielen ein offener Raum blieb, der, wie er sagte, „dafür war, dass die Fische hindurchschwimmen konnten" – obwohl der Fisch in diesem Fall ein reines Geschöpf seiner Fantasie war.

Es werden auch viele Methoden gelehrt, wie man Blumen dazu bringen kann, Wasser aufzunehmen. Besonders bei Chrysanthemen werden die Enden der Stiele verbrannt; das Ende eines Hartholzzweigs wird oft zerdrückt, damit es das Wasser besser aufnehmen kann; bestimmte Blumen werden in heißes

Wasser gestellt; andere werden in eine Lösung aus starkem Tee und Pfeffer getaucht.

Okakura führt den Ursprung des Blumenarrangements auf eine Zeit zurück, als alte buddhistische Heilige „die vom Sturm verstreuten Blumen sammelten und sie in ihrer unendlichen Fürsorge für alles Lebende in Gefäße mit Wasser legten". Wir erfahren, dass Soami , ein Maler der Ashikaga-Zeit, ein Meister dieser Kunst war und dass Juko , der Teemeister, sein Schüler war. So wurde das Blumenarrangement im 15. Jahrhundert zu einer anerkannten Kunst, wenn auch keine eigenständige Kunst, da es zunächst ein Zweig des Teeismus war .

Teaismus ? Man sagt, man könne Blumenarrangements nicht verstehen, wenn man nicht auch Teaismus verstehe . Was ist Teaismus ?

Hier eröffnet sich Ihnen ein weiterer Bereich zum Studium. Sie wussten natürlich, dass das Erste, was passiert, wenn Sie in Japan einen Besuch abstatten, sei es geschäftlich oder privat, die Ankunft einer Tasse klaren japanischen Tees ist, und dass das Zweite und Dritte, was passiert, die Ankunft der zweiten und dritten Tasse ist. Sie wussten, dass der Tee in Japan grüner Tee ist und dass er ohne Sahne oder Zucker aus henkellosen Tassen getrunken wird. Sie wussten vielleicht, dass dieser Tee mit heißem – *nicht kochendem – Wasser* zubereitet wird . Aber war Ihnen bewusst, dass Tee im höchsten Sinne kein Getränk, sondern ein Glaubensbekenntnis, ein Ritual, eine Philosophie ist?

Die Erfindung des Gebräus soll dem chinesischen Kaiser Chinnung im Jahr 2737 V. CHR. ZUGESCHRIEBEN WERDEN , doch die buddhistische Mythologie führt die Erschaffung des Teestrauchs auf den unterhaltsamen Gott Daruma zurück - jenen witzigen eiförmigen Kerl, der oft auf Kinderspielzeug abgebildet ist und der, wenn man ihn umstößt, immer wieder in eine aufrechte Position zurückrollt und so unermüdliches Streben symbolisiert. „Siebenmal runter – achtmal rauf", sagen die Japaner über Daruma .

Daruma wochenlang Tag und Nacht meditiert hatte, schlief er ein. Als er aufwachte, ärgerte er sich so sehr über seine schläfrigen Augenlider, dass er sie abtrennte und auf den Boden warf, wo sie zu Pflanzen wuchsen, aus deren Blättern man ein schlafzerstörendes Getränk herstellen konnte.

Die Samen der Teepflanze wurden im Jahr 805 N. CHR. AUS CHINA NACH JAPAN GEBRACHT , doch die Anfänge des Teetrinkens werden im Allgemeinen auf die Zeit ungefähr vier Jahrhunderte später datiert, als der Priester Eisai aus der buddhistischen Zen-Sekte – bis heute eine beliebte Sekte unter Künstlern und Teetrinkern – eine Abhandlung über „Die heilsame Wirkung des Teetrinkens" schrieb, die er zusammen mit einer Tasse

Tee einem der frühen *Shogune überreichte* , der krank war. So wurde Tee zunächst als Medizin eingenommen, „um die fünf Eingeweide zu regulieren und böse Geister auszutreiben".

Nicht lange danach wurde das Teetrinken zu einem Zeitvertreib des Adels, und nach und nach entwickelten sich in diesem Zusammenhang auch ästhetische Praktiken. Wenn sich die Leute zum Tee trafen, wurden Kunstgegenstände ausgestellt; die *Daimyos veranstalteten prächtige Teepartys* , und ein Autor berichtet von einer Zeit des Verfalls im Feudalismus, in der Krieger das Schwert zugunsten der Teekanne niederlegten und die Tasse in der Hand hielten, wenn ihre Burgen von den Feinden eingenommen wurden.

Ich möchte hier kurz auf die Feudalzeit eingehen, die interessanteste Epoche der japanischen Geschichte. Sie dauerte vom 12. Jahrhundert bis zur Mitte des 19. Jahrhunderts, das heißt, die gesamte Zeit, in der Japan nicht von seinen Kaisern, sondern von mehreren aufeinanderfolgenden Familien von Shogunen regiert wurde, die aus später genannten Gründen auch *Tycoons genannt wurden* . Obwohl die Shogune die kaiserliche Macht usurpierten, ist es eine bemerkenswerte Tatsache, dass sie weder den Thron selbst usurpierten noch versuchten, die kaiserliche Familie zu zerstören, sondern sich damit zufrieden gaben, die aufeinanderfolgenden Kaiser in einem Zustand der Ohnmacht zu halten. Den Shogunen unterstanden die Daimyos, mächtige Feudalherren, die de facto als Provinzgouverneure fungierten; und jeder Daimyo hatte seine *Samurai* oder Kämpfer, die mehrere Ränge innehatten. Es gab auch eine Klasse von Samurai, die als *Ronin bekannt waren und keinen Herrn als ihren Meister* anerkannten , sondern unabhängige Kämpfer und Unruhestifter waren. Ich gebe diesen Überblick, weil mich diese verschiedenen Begriffe zunächst verwirrten. Es gab immer nur einen Shogun; die Zahl der Dai Myos lag zwischen zwei- und dreihundert, und man schätzte, dass es etwa zwei Millionen Samurai gab. Mit ganz wenigen Ausnahmen – darunter reiche Bauern und Schwertschmiede – durfte niemand unter dem Rang eines Samurai ein Schwert tragen. Die Schwertträgerklasse war die herrschende Klasse, und gewöhnliche Arbeiter galten als unbedeutend. Ein Samurai konnte jeden Plebejer mit seinem Schwert niederstrecken, der ihn aus Versehen anrempelte oder ihn auch nur auf eine Weise ansah, die er abstoßend fand.

Der Rang der Samurai entsprach dem der Ritter im feudalen Europa, und japanische Familien, die von Samurai abstammen, sind stolz darauf, genauso wie manche europäischen und auch manche amerikanischen Familien stolz darauf sind, von ritterlichen Vorfahren abzustammen.

Doch zurück zu unserem Tee. Ein Zen-Priester namens Shuko soll die Idee gehabt haben, mit dem Teetrinken die Pflege der „vier Tugenden" – Urbanität, Reinheit, Höflichkeit und Gelassenheit – zu verbinden. Diese Idee entstand etwa in der Mitte des 15. Jahrhunderts und ist bis heute eine Tradition der Teezeremonie oder *cha-no-yu*.

Die großen Soldaten Nobunaga und Hideyoshi, führende Persönlichkeiten der zweiten Hälfte des 16. Jahrhunderts, waren leidenschaftliche Anhänger der Teezeremonie. Hideyoshi war es, der den Teemeister Sen-no-Rikyu dazu veranlasste, die verschiedenen Schulen der Teezeremonie zu betrachten und zu kodifizieren, die sich entwickelt hatten.

Der Grundgedanke der von Sen-no-Rikyu vorgeschriebenen Zeremonie war „Einfachheit" der aufwändigsten Art. Es musste ein spezielles Teehaus im Garten geben – obwohl in jüngerer Zeit ein spezieller Teeraum im Haus als ausreichend angesehen wird. Das Teehaus musste klein sein. Seine genauen Abmessungen wurden vorgegeben, sogar die Höhe der Türöffnung, die so niedrig war, dass die Gäste gezwungen waren, mit gesenktem Kopf einzutreten. Das Haus musste äußerst einfach sein, aber aus erlesensten Hölzern gebaut. Die Art der Teeausrüstung wurde festgelegt, ebenso die Art der Dekoration.

Hier kam ursprünglich das Blumenarrangement ins Spiel. Ein *Kakemono* – eines jener orientalischen Gemälde, die auf einer vertikalen Seidentafel montiert sind, die so angeordnet ist, dass sie auf einem zylindrischen Stück Holz aufgerollt werden kann, an dessen unterem Rand Elfenbein befestigt ist – muss in der flachen Nische hängen, die in jedem japanischen Zimmer den Ehrenplatz darstellt; und unter dem Kakemono muss ein Kunstgegenstand oder ein Blumenarrangement ausgestellt sein, das in einer bestimmten Beziehung zu dem Gemälde steht.

Wenn das Gemälde beispielsweise einen Löwen zeigt, ist die passende Blume, die darunter ausgestellt werden sollte, die Pfingstrose, denn der Löwe ist der König der Tiere und die Pfingstrose die Königin der Blumen. Dies ist nur ein einfaches Beispiel für eine künstlerische Verbindung von Ideen, die unendlich zahlreich und manchmal kompliziert in ihrem Charakter ist. Doch diese dekorativen Affinitäten werden nicht nur von den hochgebildeten Japanern verstanden, sondern von einem großen Teil der Bevölkerung – denn das Gefühl für Kunst ist, glaube ich, unter den Menschen Japans weiter verbreitet als unter denen irgendeiner anderen Nation. Die Japaner stopfen ihre Häuser nicht mit Möbeln und Dekorationen voll, wie wir es so oft tun, sondern stellen ihre Kunstschätze nach und nach aus und stellen die meisten davon weg. Es heißt, dass japanische Räume auf den durchschnittlichen Ausländer kahl wirken. Für mich jedoch wirken ihre Räume nicht kahl, sondern haben eine Atmosphäre erlesener Vornehmheit, die man in amerikanischen oder englischen Räumen selten findet.

Einige Amerikaner, die die japanische Idee der Dekoration schätzen gelernt haben und sie oberflächlich nachahmen, schaffen dennoch Zusammenstellungen von Kunstobjekten, die wegen des fehlenden Zusammenhangs zwischen ihnen das geschulte japanische Auge genauso beleidigen, wie eine Missstimmung ein geschultes musikalisches Gehör beleidigt. Wie Chamberlain betont, haben die Japaner nur wenige bloße „Muster". Sie machen keine „ausgefallenen Figuren", nur um eine Oberfläche zu bedecken. Ihre Dekoration bedeutet etwas – wie die Dekoration in ihren Blütezeiten in allen Ländern tatsächlich etwas bedeutet hat.

Rikyu hat es viele Teemeister gegeben , und die Namen nicht weniger werden bis heute mit Verehrung in Erinnerung behalten. Der größte Schatz eines Freundes von mir in Tokio ist ein kleines Teehaus in seinem Garten, das vor etwa dreihundert Jahren Kobori-Enshiu gehörte , dem Teemeister des dritten Tokugawa-Shoguns. Wenn Sie wissen möchten, wie hoch der Wert solcher Verbindungen in Japan ist, gehen Sie zu einer Auktion, bei der ein zeremonielles Teezubehör, das einst Eigentum eines berühmten Teemeisters war, zum Verkauf angeboten wird.

Zeremonieller Tee hat praktisch nichts mit dem normalen Teetrinken zu tun. Der Tee, der zu diesem Zweck verwendet wird, ist nicht wie anderer Tee. Er wird in Form eines feinen grünen Pulvers serviert, das auf besondere Weise in eine spezielle Schale gegeben wird. Anschließend wird Wasser mit genau der richtigen Temperatur und Menge hinzugefügt und die Mischung mit einer kleinen Bambusbürste, die auf besondere Weise bearbeitet wird, zu einem cremigen Schaum geschlagen. Großer Wert wird auf die Geisteshaltung gelegt, die in die Teestube gebracht wird, sowie auf die Etikette und Technik, die jedes Detail im Zusammenhang mit der Zubereitung und dem Trinken des Tees bestimmt. Die Schale wird nach genauen Regeln herumgereicht und empfangen, und es wird tief verbeugt. Zuerst zirkuliert sie als Liebestasse unter den Gästen; später wird jedem nacheinander eine spezielle Schale serviert. Wenn der Gast die Schale entgegennimmt, dreht er sie sanft in beiden Händen; dann hebt er sie mit so viel ruhiger Würde eines Zen-Buddhisten, wie er aufbringen kann, und nimmt einen großen Schluck. Er nimmt die Schale von den Lippen, hält meditierend inne und wiederholt dann den Vorgang. Die Etikette verlangt, dass nach drei großen Schlucken noch genug Tee in der Schale übrig bleibt, um einen kleinen Schluck zu machen. Beim Ausgießen dieses letzten Schlucks muss man großen Genuss zeigen. Der Kopf wird zurückgeworfen, um zu signalisieren, dass man den letzten Tropfen trinken möchte, und der

Tee wird mit einem saugenden Geräusch in den Mund gezogen, das die
Freude des Trinkenden verdeutlicht.

**Auch die Tatsache, dass der Ceremonial Tea von einer hübschen
kleinen japanischen Hand serviert wird, mindert die Wirksamkeit des
Tees nicht.**

In der zweiten Nacht danach kann er vielleicht schlafen. Zeremonieller Tee
ist wirksam. Und seine Wirksamkeit wird auch nicht dadurch geschmälert,
dass die Hand, die ihn zubereitet und serviert, eine typisch exquisite kleine
japanische Hand ist, die durch den langen weichen Ärmel eines geblümten
Seidenkimonos hervorgehoben wird.

Natürlich kann man Japan nicht verstehen, ohne die japanische Frau zu
verstehen – die Krönung der Nation. Aber wie Lafcadio Hearn Ihnen sagt,
kann man sie nicht verstehen, ohne die Organisation der japanischen
Gesellschaft zu verstehen, die wiederum nicht zu verstehen ist, ohne den
Shintoismus, die Staatsreligion, zu verstehen.

Man kann Japan nicht verstehen, ohne die japanische Frau zu verstehen, die die Krönung der Nation darstellt.

Jeder hat ein Rezept, um Japan zu verstehen. Ein Freund sagte mir, ich könne es nie verstehen, bis ich die Haltung der Menschen gegenüber dem Kaiserhaus begriffen hätte. Aber das ist nur eine andere Art zu sagen, dass der Shintoismus verstanden werden muss. Viele sprechen natürlich vom Buddhismus. Andere nennen das Feudalsystem mit seiner Clanloyalität als Prüfstein, und wieder andere versicherten mir, dass Kenntnisse der Teezeremonie und des No-Dramas unerlässlich seien.

"Fujiyama ist der Grundton Japans", schrieb Kipling. "Wenn man das eine versteht, ist man in der Lage, etwas über das andere zu lernen." Sir Charles Eliot schrieb lange bevor er britischer Botschafter in Tokio wurde, dass es hoffnungslos sei, Japan verstehen zu wollen, ohne zuerst "die besondere Spiritualität der Japaner" anzuerkennen; aber es gibt viele andere, die die Existenz einer Spiritualität, wie sie Sir Charles beschreibt, leugnen und stattdessen auf dem angeblichen Preußentum Japans herumreiten, das alles erklären würde.

Doktor Nitobé , der begabte japanische Autor, der wie Okakura wunderbar auf Englisch schreibt, gibt uns als Schlüssel zu Japan die Lehre des *Bushido* oder der „Wege des militärischen Rittertums". Doch es gibt auch Japan-Experten, die behaupten, dass das System der praktischen Ethik, das der Doktor mit seiner patriotischen Feder den Samurai der alten Zeit zuschrieb, diese tapferen Krieger in Erstaunen versetzen würde, wenn sie davon hörten. Das Buch „Bushido", so erklären diese Kritiker, sei weniger ein Schlüssel zu Japan als vielmehr zu Doktor Nitobé .

Wird die gegenseitige Abhängigkeit der Tatsachen, von der ich vorhin sprach, nicht auch in der Tendenz dieses Kapitels veranschaulicht, das, wie Sie sich erinnern, aus einer Diskussion über einen Blumenstrauß in einer Bambusvase hervorging? Verstehen Sie, warum ich Japan „Die Inseln der Komplexität" genannt habe? Und verstehen Sie, dass ich es auch „Die Inseln der Widersprüche" nennen könnte?

Vielleicht überrascht es Sie nicht, dass ich Ihnen gestehe, dass ich nach einigen Wochen in Japan fasziniert, aber auch verwirrt war. Warum, fragte ich mich, hatte ich mich so freudig auf den Weg gemacht, um über Japan zu schreiben? Warum hatte ich es nicht zu einer reinen Vergnügungsreise gemacht? Denn es ist eine Sache, etwas zu sehen und sich mit dem Sehen zufrieden zu geben, und eine ganz andere, sich an der Interpretation zu versuchen.

Es wird oft gesagt, dass jemand, der sechs oder acht Wochen in Japan bleibt, ein Buch über die Stadt schreiben kann; dass er bei einem Aufenthalt von einem oder zwei Jahren vielleicht einen einzigen Artikel für eine Zeitschrift schreiben kann; dass er sich bei einem Aufenthalt von mehreren Jahren jedoch traut, überhaupt zu schreiben.

„Um japanisches Wissen zu erwerben", sagte mir ein Freund, „sollten Sie ein oder zwei Monate in Korea und mindestens ein Jahr in China verbringen. Dann sollten Sie zurückkommen, ein Haus mieten und eine Zeit lang nach japanischer Art leben."

„Sagen wir, etwa zweihundert Jahre?", schlug ich vor.

Mein Freund lächelte.

„Einhundertfünfzig Jahre könnten reichen", sagte er, „wenn man jede Minute nutzen würde."

Dann erinnerte er mich an eine alte Fabel, vielleicht weil er in meinem Gesicht die Zeichen meiner Entmutigung sah:

Sieben blinde Männer gingen los, um einen Elefanten zu „sehen". Einer von ihnen stieß gegen die Seite des großen Tieres und sagte: „Hier ist ein Geschöpf, das einer Wand ähnelt." Ein anderer betastete den Rüssel und verglich den Elefanten mit einer Schlange; ein anderer berührte einen Stoßzahn und erklärte, das Tier ähnele einem Speer; und noch ein anderer verglich den Elefanten mit einem großen Blatt, indem er ein Ohr ergriff. Derjenige, der den Schwanz ergriff, verglich ihn mit einem Seil, während derjenige, der ein Bein umklammerte, an einen Baum dachte, und derjenige, der über den Rücken kroch, erklärte, ein Elefant ähnele einem Hügel.

Dort in einem Absatz haben Sie Japan und seine Interpreten.

TEIL II

KAPITEL VII

Der lyrische Impuls – Ein von Menschenhand geschaffenes Produkt – Die Unmöglichkeit des Frauenwahlrechts – Bemühungen um Fortschritt – Scheidung – Heirat und der Vermittler – Die heranwachsende Generation – Japanisch-amerikanische Dualität – Lepra

Lafcadio Hearn erzählt uns, dass die Ausbildung in der Teezeremonie „als eine Schulung in Höflichkeit, Selbstbeherrschung und Feingefühl gilt – als Disziplin im Benehmen"; doch Jakichi Inouye, ein tiefgründiger und aufrichtiger japanischer Schriftsteller, geht sogar noch weiter und erklärt, dass „die ruhige, gesetzte Anmut der kultivierten japanischen Dame das Ergebnis des Studiums der Teezeremonie ist ..."

Mein einziger Streitpunkt mit Herrn Inouye ist diese Aussage. Zu sagen, dass das Studium der Teezeremonie jungen Damen hilft, Haltung zu erlangen, ist sicher genug; aber zu sagen, dass das feine Auftreten der japanischen Dame *das Ergebnis* des Studiums der Teezeremonie ist, scheint mir viel zu weit zu gehen.

Das Benehmen der japanischen Dame ist zu erlesen, als dass es durch die Ausübung irgendeines künstlichen gesellschaftlichen Rituals entstanden sein könnte. Ein solches Benehmen ist meiner Meinung nach nicht als bloße Errungenschaft zu bezeichnen, auch wenn es das vor tausend Jahren gewesen sein mag. Es ist vielmehr die Widerspiegelung eines unvergleichlich lieblichen Geistes, die Blüte unzähliger Generationen solcher Geister, die auf Jahrhunderte der Tradition und Jahrhunderte der Selbstverleugnung zurückreichen. Es ist das krönende Produkt und der Beweis nicht irgendeiner Teezeremonie, sondern der disziplinierten Zivilisation des alten Japan.

Immer wenn ich in Gedanken zu japanischen Frauen zurückkehre, spüre ich in mir eine Neigung zur Lyrik. Lassen wir Lafcadio Hearn, dessen Frau eine Japanerin war, für mich sprechen. „Vor dieser ethischen Schöpfung", schreibt er, „sollte die Kritik den Atem anhalten; denn hier gibt es keinen einzigen Fehler außer dem Fehler eines moralischen Charmes, der für eine Welt der Selbstsucht und des Kampfes ungeeignet ist... Vielleicht wird dieser Frauentyp in den nächsten hunderttausend Jahren nicht mehr auf der Welt auftauchen: Die Bedingungen der industriellen Zivilisation lassen ihre Existenz nicht zu."

Die Tatsache, dass die japanische Frau in nicht geringem Maße ein von Menschenhand geschaffenes Produkt ist, erfüllt mich nicht mit Bewunderung für japanische Männer, wie es ein gefühlloses Produkt ihrer Kunst tun würde. Denn während der Künstler das Recht hat, aus Holz, Elfenbein oder Lack zu schnitzen, was er will, aus Wachs, Ton oder Bronze zu formen , bezweifle ich sein moralisches Recht, die menschliche Seele als Medium für seine Handwerkskunst zu verwenden, um ein Schmuckstück für sein eigenes Heim zu schaffen, wie exquisit dieses Schmuckstück auch sein mag.

Ich bin mir durchaus bewusst, dass in diesem Fall der Zweck die Mittel heiligen könnte, aber ich bin Individualist genug, um an unser amerikanisches System zu glauben, auch wenn ich zugeben muss, dass es im Durchschnitt keine so süße und zarte Weiblichkeit hervorgebracht hat wie das japanische System. Die Frauen, die wir hervorbringen, weisen eine viel größere Bandbreite an Typen auf als in Japan, und obwohl eine vulgäre amerikanische Frau, sei sie reich oder arm, einen Grad an Vulgarität erreicht, der in Japan nicht einmal annähernd erreicht wird, wissen wir auch, dass wir Frauentypen hervorbringen, die so edel sind, wie die Welt sie nur zeigen kann. Und obwohl ich nicht mit absoluter Sicherheit über die intellektuellen Errungenschaften japanischer Frauen sprechen kann, neige ich zu der Annahme, dass unsere liberalere Einstellung gegenüber dem Geschlecht, die größere Freiheit der Kameradschaft zwischen amerikanischen Frauen und Männern und das wachsende Interesse und die wachsende Beteiligung der amerikanischen Frau an öffentlichen Angelegenheiten dazu beitragen können, sie im besten Fall zu einer vollkommen zufriedenstellenderen Kameradin zu machen – nicht weil ihr Gehirn notwendigerweise besser ist als das der Frauen Japans oder anderer Länder, sondern weil sie ermutigt wurde, es in größerem Umfang zu nutzen.

Aus meiner Sicht ist die grundlegende Frage hier allerdings nicht, welches System die besten Exemplare der Weiblichkeit hervorbringt, sondern die nach dem angeborenen Recht des Individuums, sich zu entwickeln, was auch immer die Ergebnisse sein mögen.

Der japanischen Frau wird diese Freiheit nicht zugestanden, da es offensichtlich im Interesse des japanischen Mannes ist, sie so zu belassen, wie sie ist. In letzter Zeit gab es in Japan einige Agitationen für das sogenannte „allgemeine Wahlrecht", aber man darf nicht annehmen, dass mit diesem Begriff das Frauenwahlrecht gemeint ist. Der Vorschlag beinhaltet lediglich die Ausweitung des Wahlrechts auf alle Männer, im Gegensatz zum gegenwärtigen System, das erfordert, dass ein Mann Steuern über einem bestimmten Betrag zahlt, um wählen zu dürfen. Das Frauenwahlrecht ist nicht einmal in Sicht. Als ich in Japan war, forderten einige fortschrittliche Frauen nicht das Wahlrecht, sondern die Aufhebung der Regel, die ihrem Geschlecht das Recht verweigerte, an politischen Versammlungen teilzunehmen. Sie waren erfolgreich. Die Regel wurde kürzlich aufgehoben. Einige fortschrittliche Frauen hatten auch eine Bewegung unter der Führung von Frau Raicho Hiratsuka ins Leben gerufen, die Gesetze forderte, die Männer, die heiraten wollen, dazu zwingen, sich ärztliche Atteste ausstellen zu lassen, die sie geistig gesund und frei von Krankheiten erklären, die wahrscheinlich auf eine Frau übertragen werden. Ich hörte, dass siebzig von dreihundert Mädchen, die bei der Eisenbahnverwaltung in Kyoto beschäftigt waren, eine Vereinigung gegründet hatten, um die Umsetzung der vorgeschlagenen Maßnahmen zu unterstützen. Sie schworen, nie zu heiraten, wenn ihr zukünftiger Ehemann nicht die Anforderungen erfüllte, für die Frau Raicho Hiratsuka und ihre Mitarbeiterinnen eine rechtliche Anerkennung zu erreichen versuchten .

Eine weitere Angelegenheit, die verbessert werden muss, ist der Rechtsstatus verheirateter Frauen. Soweit ich weiß, wurden keine ernsthaften Anstrengungen unternommen, um die gegenwärtige Situation zu verbessern. Nach japanischem Recht wird einer Frau bei der Heirat ihre bürgerlichen Rechte entzogen, sie hat praktisch den Status einer Minderjährigen. Eine Ehefrau kann ohne die Zustimmung ihres Mannes weder ihren eigenen Grundbesitz übertragen, Klage erheben noch ein Vermächtnis oder ein Geschenk annehmen oder ablehnen. Ich glaube, in einigen der rückständigeren Staaten unserer eigenen Union gibt es ähnliche Gesetze . Nach japanischem Recht kann eine Witwe ihrem Mann nicht als Familienoberhaupt nachfolgen, wenn sie ein Kind hat, das die Nachfolge antreten kann. In Erbschaftsangelegenheiten macht eine ältere Schwester einem jüngeren Sohn Platz, selbst einem vom Vater anerkannten unehelichen Sohn.

Ein Ehemann kann sich von seiner Frau wegen Ehebruchs scheiden lassen, eine Ehefrau jedoch kann sich nicht aus diesem Grund von ihrem Ehemann scheiden lassen – oder besser gesagt, sie kann dies nur tun, wenn er eine verheiratete Frau betrogen hat und der Ehemann deshalb die Scheidung eingereicht hat. So kann ein Ehemann sogar eine Konkubine in sein Haus aufnehmen, zusammen mit seiner Frau und seinen Kindern, ohne dass ein Scheidungsgrund vorliegt. Wie mir gesagt wurde, wird das Konkubinat in Japan bis zu einem gewissen Grad noch praktiziert , obwohl die öffentliche Meinung dagegen ist. In einer Hinsicht sind die japanischen Scheidungsgesetze jedoch aufgeklärter als unsere eigenen. Ein Ehemann und eine Ehefrau, die sich in ihrem Scheidungswunsch einig sind, können diese leicht erreichen, indem sie dies dem Gericht mitteilen.

Irgendwie kam ich auf das Thema Scheidung vor dem der Heirat. Orient und Okzident sind nirgends weiter auseinander als in ihren Ansichten und Gebräuchen hinsichtlich der Paarung von Mann und Frau. In Japan gibt es selten Liebesheiraten, obwohl man sagt, dass die Tendenz junger Leute, nach ihrem Belieben zu heiraten, zunimmt. Junge Japanerinnen, so wurde mir erzählt, blicken oft neidisch auf Frauen anderer Nationen, wo Liebesheiraten die Regel sind. Wahrscheinlich nehmen sie an, dass solche Verbindungen immer glücklich sind; dass die Liebe immer echte Liebe ist und ewig währt .

Zweifellos erscheint unser System aus der Ferne betrachtet einem japanischen Mädchen ebenso rosig wie ihr System einem amerikanischen Mädchen entsetzlich erscheint. Und doch hat jedes von ihnen gewisse Vorzüge. Das japanische System suggeriert zwar keine Romantik, aber ist Romantik letztlich der wichtigste Baustein für ein glückliches Eheleben? Romantische Vorstellungen spielen in einigen unserer Verbindungen eine zu große Rolle und in einigen ihrer zu wenig. Und während für ältere Menschen das reife Urteilsvermögen der ausschlaggebende Faktor bei der Vermittlung einer Verbindung ist, spielt es bei uns allzu häufig überhaupt keine Rolle.

Ehen werden in Japan im Allgemeinen von älteren Ehepaaren arrangiert, die als Vermittler fungieren. Es gibt ein beliebtes Sprichwort, dass jeder mindestens dreimal als Vermittler fungieren sollte. Der Vermittler, der einen jungen Mann und eine junge Frau kennt, die er für zueinander passend hält, schlägt den Eltern beider die Verbindung vertraulich vor. Wenn die vorläufigen Berichte für beide Familien zufriedenstellend sind, wird ein Treffen des jungen Paares mit seinen Eltern und Verwandten auf neutralem Boden vereinbart. Jede Andeutung des wahren Zwecks dieses Treffens wird zu diesem Zeitpunkt taktvoll vermieden, obwohl der Zweck natürlich allen Beteiligten voll und ganz klar ist. Im Rahmen dieser Vereinbarung kann jede Familie die Angelegenheit nach dem ersten Treffen fallen lassen, ohne Anstoß zu erregen. Wenn jedoch die Ergebnisse der vorläufigen Untersuchung für beide Seiten zufriedenstellend sind, treffen sich die Eltern erneut und vereinbaren die Verbindung endgültig, die durch den Austausch von Geschenken verbindlich gemacht wird.

Chamberlain sagt, dass die Verlobung zwar theoretisch nicht zustande kommen kann, wenn einer der beiden jungen Menschen Einspruch erhebt, dass es in der Praxis jedoch so ist, dass die Eltern beide füreinander da sind und dass „insbesondere das Mädchen in der Angelegenheit keine Rolle spielt".

Diese Verallgemeinerung war vor einigen Jahren zweifellos zutreffend und mag heute in abgelegenen Teilen Japans zutreffend sein, wo westliche Ideen noch keinen Einzug gehalten haben, aber unter den gebildeten Klassen in den großen Städten hat sich in der heranwachsenden Generation ein deutlicher Wandel vollzogen. In Japan wie in den Vereinigten Staaten besteht eine ebenso große Kluft zwischen der älteren und der jüngeren Generation, und wie bei uns beklagen sich die älteren Menschen dort, dass die Jugend völlig außer Kontrolle gerät, während die Jugend sich beschwert, dass ihre Bestrebungen von Eltern und Großeltern nicht verstanden werden. Das bedeutet nicht, dass die jungen Männer und Frauen in Japan praktisch außer Rand und Band geraten, wie es heute bei so vielen unserer jungen Leute der Fall ist, sondern nur, dass die geringe persönliche Freiheit, die sie fordern, in

Japan eine ebenso große Neuheit darstellt wie in den Vereinigten Staaten der Wechsel von mäßiger elterlicher Kontrolle zu überhaupt keiner Kontrolle.

Doch die Kulte und Traditionen des alten Japan sind ungeheuer mächtig, und obwohl sie hier und da ein wenig nachgeben, werden sie nicht so schnell zerstört werden. Diese Tatsache wird deutlich in der schnellen Rückkehr zu ihrem alten Typus japanischer Männer und Frauen, die jahrelang in den Vereinigten Staaten gelebt haben und in den Vereinigten Staaten den Amerikanern ziemlich ähnlich geworden zu sein scheinen. Wenn man sie in Japan trifft, sieht man, dass ihr Okzidentalismus nur oberflächlich war. Während sie unter uns waren, passten sie sich anmutig unseren Lebensweisen an und genossen sie zweifellos, aber in ihrem Hinterkopf war immer das Wissen, dass sie Japaner waren und dass sie schließlich nach Japan zurückkehren würden, um dort ein Teil des fein abgestimmten Mechanismus japanischer Homogenität zu werden. Ich kenne viele solcher Männer und Frauen und finde sie sehr interessant. Sie haben eine außergewöhnliche geistige und spirituelle Erfahrung durchgemacht, im Allgemeinen ohne dadurch verwirrt zu werden. Anstatt ihr japanisches und amerikanisches Selbst zu vermischen, erlangen sie eine perfekte Dualität. Sie können sozusagen auf beiden Seiten des Zauns sitzen und ruhig und interpretierend auf die andere Seite blicken.

Ich habe dieses Thema mit einer jungen Frau besprochen, die die ersten zwanzig Jahre ihres Lebens in den Vereinigten Staaten verbracht hat und die ihre Muttersprache mit amerikanischem Akzent sprach, als sie nach Japan zog.

„Meine Brüder und Schwestern und ich gingen auf amerikanische Internate", sagte sie. „Wir kleideten uns wie Amerikaner, hatten amerikanische Freunde, gingen auf Hauspartys und wuchsen äußerlich auf, genau wie sie aufwuchsen. Aber unsere Eltern lehrten uns immer, dass das nicht ewig so weitergehen würde ."

"Als ich nach Japan kam und heiratete, sah ich, dass es das Beste war, den Leuten zu zeigen, dass ich genauso japanisch war wie jeder von ihnen. Wenn ich meine ausländische Art beibehalten hätte, wäre das übelgenommen worden. Also wurde ich ganz Japaner und traf mehrere Jahre lang nicht einmal Amerikaner, die hierher kamen. Dann, als ich meine Haltung klargestellt hatte und mich etabliert fühlte, begann ich wieder Amerikaner zu treffen und sie zu unterhalten."

In einem anderen Fall erzählte ein junger Japaner an einer amerikanischen Universität seinen College-Freunden, dass er nach seiner Rückkehr nach Japan seine Emanzipation von der alten japanischen Tradition zeigen würde, indem er heirate, wie es ihm beliebt. Bald nach seiner Rückkehr nach Hause wurde er jedoch von seinen Eltern mit einer Braut verheiratet, die er kaum kannte. Er spricht fließend Englisch, wie man mir erzählt, und hat eine amerikanische Seite, die er nach Belieben zeigen kann, aber sein innerer Mensch ist im Wesentlichen so japanisch, als wäre er nie weg gewesen. Und das natürlich zu Recht. Der Japaner, der sich als Hindernis in die Bewegung der großen Maschinerie nationaler Konventionen stellt, wird sich wahrscheinlich nicht einmal einen einzigen Zahn an einem ihrer kleinsten Räder ausbrechen, aber er wird sich mit Sicherheit selbst brechen.

Doch zurück zum Thema Ehe:

Nachdem der Vermittler die Verbindung arrangiert hat, ist er natürlich stolz auf ihren Erfolg. Er freundet sich mit dem jungen Paar an. Wenn sie unglücklich sind, vermittelt er zwischen ihnen und versucht , ihre Schwierigkeiten zu lösen. Und wenn ihr Unglück anhält und von Scheidung die Rede ist, ist es seine Pflicht, alle Mittel auszuschöpfen, um zu verhindern, dass sie voreilig handeln.

Bevor der Vermittler die Heirat arrangiert, trifft er jedoch Vorkehrungen, um sich gegen vorhersehbare Gefahren abzusichern. Er muss beispielsweise den Gesundheitszustand beider Familien über mehrere Generationen hinweg sorgfältig prüfen, um sich gegen Erbkrankheiten abzusichern, von denen die Lepra die gefürchtetste ist.

Das Japan Year Book, in den meisten Fällen ein nützliches Nachschlagewerk, schweigt sich merkwürdigerweise über das Thema Lepra aus, obwohl mehrere Seiten der Tuberkulose und anderen Krankheiten gewidmet sind. Kürzlich wurde berichtet, dass eine Million Japaner an Tuberkulose leiden, aber Lepra, obwohl weniger ansteckend und daher viel seltener, wird mehr gefürchtet. Eine Autorität hat mir gesagt, dass es wahrscheinlich zwei Millionen Leprakranke auf der Welt gibt und dass die einzigen Länder, die frei von der Krankheit sind, England und Schottland sind, in denen sie durch Rassentrennung ausgerottet wurde. Man schätzt, dass es in New York City einhundert Leprakranke gibt und dass es in den meisten, wenn nicht allen Staaten der Union Fälle gibt. Doch laut dem Regierungsbericht treffen nur drei Staaten – Kalifornien, Louisiana und Massachusetts – Vorkehrungen für die Trennung und Pflege von Patienten, die an dieser schrecklichsten aller Krankheiten leiden. Manche Leute geben die Zahl der Leprakranken in Japan mit unter zwanzigtausend an. Das Innenministerium beziffert die Zahl auf vierundsechzigtausend. Fachleute sagen jedoch, dass selbst diese Zahl viel zu niedrig ist und dass die tatsächliche Zahl näher bei einhunderttausend liegt.

Das erste Leprakrankenhaus in Japan wurde vor 28 Jahren von römisch-katholischen Missionaren gegründet. Einige Jahre später gründete Miss H. Riddell, eine Engländerin, die wahrscheinlich den größten Einfluss auf die Verbesserung der Bedingungen für japanische Leprakranke hatte, ein zweites Leprakrankenhaus. Miss Riddells Leprakrankenhaus in Kumamoto,

Südjapan, diente, so glaube ich, der japanischen Regierung als Modell für die staatlichen Leprakrankenhäuser , von denen es heute fünf gibt. Andere derartige Einrichtungen werden von Missionaren und Privatpersonen betrieben, aber die Arbeit muss erheblich ausgeweitet werden, wenn man die Ausbreitung der Krankheit eindämmen oder gar ausrotten will.

Ein japanischer Freund von mir, der häufig als Vermittler bei der Vermittlung von Ehen für Angestellte eines großen Unternehmens fungierte, bei dem er als Funktionär tätig ist, erzählt mir, dass Mädchen aus Familien, die von Lepra betroffen sind, oft außergewöhnlich schön sind und häufig eine sehr weiße Haut haben. In bestimmten Teilen Japans, wo Lepra weit verbreitet ist, gibt es, so erzählt er mir, reiche Familien mit schönen Töchtern, für die es unmöglich ist, in der Nachbarschaft einen Ehemann zu finden , weil Gerüchte im Umlauf sind, dass die gefürchtete Krankheit in ihrem Blut liegt. Solche Familien ziehen gelegentlich in die großen Städte, wo sie über Heiratsvermittler oder durch persönliche Anzeigen in Zeitungen versuchen, einen Ehemann für ihre Töchter zu finden. Der Brauch, einen Ehemann oder eine Ehefrau zu suchen, hat in den letzten Jahren stark zugenommen, und wie es in diesem Land der Fall ist, werden hinter solchen Anzeigen manchmal Gauner entdeckt, weshalb die Polizei ein Auge auf Heiratsagenturen hat.

Ein Grund, warum genaue Statistiken über Lepra nicht nur in Japan, sondern in allen Ländern schwer zu bekommen sind, ist, dass Familien, in denen ein Fall auftritt, oft alles daran setzen, ihn zu verheimlichen. In Japan trifft dies besonders zu, weil dort ein Leprakranker nicht heiraten kann und Lepra nicht nur für den tatsächlich Betroffenen, sondern auch für die Blutsverwandten des Opfers, einschließlich der Cousins zweiten Grades, ein Scheidungsgrund ist.

Kein Wunder, dass der Vermittler ein Verantwortungsgefühl verspürt!

KAPITEL VIII

Obwohl das japanische System der arrangierten Ehen manchmal mit dem französischen System verglichen wird, sind die beiden Systeme doch recht unterschiedlich. In Frankreich ist die Mitgift der Braut das Wichtigste, aber von einer japanischen Braut wird nicht unbedingt erwartet, dass sie eine Mitgift in Geldform mitbringt. Ihr Hochzeitsgeschenk von den Eltern besteht in der Regel aus Möbeln und Kleidung, die sie je nach ihrem Budget geben.

Die Zeremonien einer japanischen Hochzeit sind äußerst interessant, aber zu kompliziert, um hier näher darauf einzugehen. Es gibt keine Hochzeitsreise. Die Braut zieht sofort in das Haus der Eltern ihres Mannes, es sei denn, sie hat einen jüngeren Sohn geheiratet, der wohlhabend und unternehmungslustig genug ist, um einen eigenen Haushalt zu gründen. Die Regel ist, dass der älteste Sohn nach seiner Hochzeit weiterhin unter dem Dach der Eltern lebt. Zusammen mit ihrem Namen und Wohnsitz überträgt die Braut ihre uneingeschränkte Treue auf die Familie ihres Mannes. Besonderer Wert wird auf ihre Pflicht gegenüber der Mutter ihres Mannes gelegt.

Diese Tatsache wird in einem vom Kaiserlichen Bildungsministerium herausgegebenen Lehrbuch für den Einsatz an höheren Mädchenschulen anerkannt, in dem es heißt:

Zwischen der Mutter eines Ehemanns und ihrer Schwiegertochter herrscht oft keine Harmonie, was oft auf den Ungehorsam und die Gehorsamslosigkeit der letzteren zurückzuführen ist . Die Schwiegermutter ist vielleicht zu konservativ, um mit der jungen, in neuen Ideen erzogenen Schwiegertochter gut auszukommen, aber Gehorsam, Geduld und Aufrichtigkeit von Seiten der letzteren werden Frieden und Harmonie schaffen. ... Wenn die Schwiegertochter dagegen, obwohl sie ihre eigenen Schwächen toleriert, die Mutter ihres Mannes kritisiert und sich über ihre Herzlosigkeit beschwert, verrät sie damit nur ihre eigene Unwürdigkeit. Diese Punkte sollten junge Mädchen immer im Hinterkopf behalten.

Junge japanische Erbinnen haben doppeltes Glück, denn ihr Wohlstand bietet ihnen neben anderen Annehmlichkeiten auch die Möglichkeit, der gefürchteten Schwiegermutter zu entkommen. Statt in das Haus ihres Mannes zu ziehen, holt eine Erbin ihren Mann oft in den Schutz ihres eigenen väterlichen Dachs, wo er durch Adoption ein Sohn ihrer Familie wird und den Familiennamen annimmt. Man hört, dass das Rosenbeet, das einige dieser muko *-yoshi* oder adoptierten Söhne-Ehemänner suchen, nicht immer frei von Dornen ist, und es gibt ein japanisches Sprichwort, das rät: „Wenn Sie auch nur ein Pfund schlechten Reis hinterlassen haben, werden Sie kein muko -yoshi ." Der muko-yoshi ist jedoch nicht immer mit einer Erbin verheiratet . Arme Familien, die Töchter, aber keine Söhne haben, nehmen oft einen muko-yoshi auf , um die Familienlinie unter dem Dach der Vorfahren fortzuführen.

Eine Wäscherei am Flussufer

Letzten Endes steht außer Frage, dass sich die Lage der japanischen Frauen langsam verbessert, obwohl die Frauenbewegung dort noch im akademischen Stadium steckt. Allmählich macht sich das Beispiel der Frauen in Amerika und England bemerkbar, und die Bildungschancen der Frauen nehmen allmählich zu. Das durchschnittliche College für Frauen ist zwar nicht mit dem normalen College für Männer vergleichbar, aber es soll eine Universität von wirklich hohem Ansehen geben, die auch für Frauen offen steht, und eine Reihe anderer koedukativer Einrichtungen werden als recht gut aufgeführt. Das Waseda College öffnet jetzt zum ersten Mal seine Türen sowohl für Frauen als auch für Männer, und obwohl Frauen an der

Kaiserlichen Universität Tokio keinen Abschluss machen können, ist es ihnen meines Wissens gestattet, dort Vorlesungen zu besuchen.

Frauen drängen immer häufiger ins Berufsleben. Viele von ihnen sind heute bei den staatlichen Post- und Eisenbahnämtern, in den Präfekturen und Gemeinden und natürlich im Telefondienst sowie bei privaten Unternehmen aller Art beschäftigt. Arbeitgeber berichten von einer stetigen Verbesserung des Intelligenz- und Leistungsniveaus ihrer weiblichen Angestellten. Sie sagen, Frauen machen ihre Arbeit gut und sind normalerweise mit einem geringen Gehalt zufrieden. Bei der Stellensuche erklären sie im Allgemeinen, dass sie zwischen dem Schulabschluss und ihrer Heirat einer gewinnbringenden Beschäftigung nachgehen möchten.

Wenn wir einmal die Geisha ausklammern, die wegen ihres merkwürdigen Berufs gesondert behandelt wird und die ohnehin nicht in eine Diskussion über den Fortschritt der Frau passt, da sie in gewissem Maße ein Hindernis darstellt, stellen wir fest, dass der medizinische Beruf wahrscheinlich das lukrativste Feld für weibliche Arbeitnehmer ist. In Japan gibt es etwa sieben- bis achthundert Ärztinnen, von denen fast die Hälfte Absolventinnen der Tokioter Schule für Frauen sind, die von einer Ärztin, Dr. Y. Yoshioka, gegründet wurde.

Auch die Ausbildung zur Krankenschwester ist ein beliebter Beruf, und viele Mädchen haben in letzter Zeit ihre Büro- oder Telefonarbeit aufgegeben, um diesen Beruf zu ergreifen. Der Hauptgrund hierfür ist, dass ausgebildete Krankenschwestern zwischen 1 und 1,25 Dollar pro Tag verdienen, was als guter Lohn gilt.

Bis vor zehn oder zwölf Jahren gab es in Japan keine Schauspielerinnen, da weibliche Rollen ausnahmslos von Männern gespielt wurden, aber der achtzigjährige Baron Shibusawa (kürzlich zum Viscount ernannt), der so viel zur Liberalisierung des japanischen Gedankenguts in vielen Bereichen beigetragen hat, gründete eine Schule für Schauspielerinnen, mit dem Ergebnis, dass es jetzt einen Platz für sie gibt und dass einige von ihnen bekannt geworden sind, obwohl keine bisher so populär ist wie die bekanntesten Schauspieler. Schauspieler haben in Japan eine ähnliche soziale Stellung wie westliche Schauspieler vor einem Jahrhundert oder mehr. Sie gehören eindeutig einer niedrigeren Kaste an, und obwohl sie für ihre Kunst bewundert und von jungen Mädchen angebetet werden wie bei uns Matinee-Idole, gelten sie als einer sozialen Schicht zugehörig, in der auch Geishas und Ringkämpfer vorkommen.

Heute arbeiten etwa ein Dutzend oder mehr Frauen als Reporterinnen und Sonderautorinnen für die verschiedenen Tokioter Zeitungen. Frau Osawa , die ihre Arbeit für die *Jiji Ich glaube, Shimpo* war vor 21 Jahren die Vorreiterin unter den japanischen Journalistinnen.

Es gibt mehr als zwanzig bekannte Monatszeitschriften für Frauen, viele von ihnen werden von Frauen herausgegeben und größtenteils von Autorinnen verfasst. Autorinnen zu sein ist ein traditioneller Beruf für Frauen in Japan, und Frauennamen zählen zu den bedeutendsten in der antiken Literatur des Landes. In diesem Zusammenhang ist es interessant, die Tatsache zu erwähnen, dass einige der Autorinnen früherer Zeiten Kurtisanen waren.

In Japan ist viel von der „neuen Frau" die Rede, und der sicherste Hinweis darauf, dass sie im Entstehen begriffen ist, ist vielleicht die Tatsache, dass auf den Straßen Tokios angeblich humorvolle Postkarten verkauft werden, auf denen die neue Frau in verschiedenen diktatorischen Haltungen vor einem unterwürfigen Ehemann abgebildet ist. Einmal, bei einem Abendessen in Osaka, an dem ich teilnahm, stand eine Frau auf, die eine Handelsschule für Mädchen leitet, und hielt eine kurze Rede. Mir fiel auf, dass während sie sprach, nicht wenige der Männer mitleidig lächelten. Anhand dieser Nachricht werden amerikanische Frauen, die alt genug sind, um sich an die Anfänge der Frauenbewegung in diesem Land zu erinnern, ohne Schwierigkeiten abschätzen können, welchen Weg die japanische Frau noch zurücklegen muss.

Japanische Damen, die Zeit und Lust für wohltätige Zwecke haben, leisten viel. Der WCTU ist in Japan aktiv, seine Präsidentin ist Frau Yajima , eine Dame, die 1920 im Alter von 88 Jahren zum Internationalen WCTU-Kongress nach England reiste und vermutlich die führende Persönlichkeit unter den fortschrittlichen Frauen des Landes war. Das Rote Kreuz hat eine große Mitgliederzahl, und die YWCA hat wie die YMCA einen festen und nützlichen Platz und führt eine Vielzahl von Aktivitäten durch. Dazu gehören Kurse, in denen jungen Mädchen die Gepflogenheiten der Geschäftswelt beigebracht werden, die sich ihnen so schnell erschließt. Als Hinweis auf die Notwendigkeit einer solchen Ausbildung erzählte mir eine Dame, die in der YWCA in Tokio arbeitet, von einem Fall, in dem ein japanisches Mädchen, das zum Unterricht kam, berichtete, dass sie die Angewohnheit hatte, ihrem ausländischen Arbeitgeber einen Guten-Morgen- und einen Gute-Nacht-Kuss zu geben, in dem Glauben - ein Glaube, den er ihr vermutlich eingeimpft hatte -, dass dies die allgemeine Geschäftspraxis sei.

Es wird oft gesagt, dass die Japaner nie küssen. Die nationale Begrüßungsform ist die Verbeugung, obwohl diejenigen, die es gewohnt sind, Ausländern zu begegnen, ihnen die Hand schütteln. Tatsächlich sieht man Küssen nie, nicht einmal zwischen Mutter und Kind, und dies wird als Zeichen dafür interpretiert, dass Küssen unbekannt ist. Das ist nicht der Fall. Ich besitze einen alten Druck von Utamaro , der einen Mann und eine Frau zeigt, die sich mit größter Inbrunst küssen. Die Japaner küssen sich einfach nicht wahllos oder an öffentlichen Orten.

Die Ablehnung öffentlicher Liebesbekundungen ist so stark, dass das Publikum, als amerikanische Filme erstmals nach Japan kamen, bei diesen zärtlichen Passagen, die manche Leute in diesem Land so sehr genießen, johlte. Seit einigen Jahren jedoch werden alle derartigen Darstellungen aus amerikanischen Filmen herausgeschnitten, die dort gezeigt werden sollten. Diese Arbeit stammt von einem Amerikaner, der in Japan lebt und der wahrscheinlich einen der seltsamsten Filme der Welt zusammengestellt hat, indem er alle Schnitte zu einer schrecklichen Rolle der Lust und Befriedigung zusammengefügt hat, in der die meisten der weithin bekannten amerikanischen Filmstars auftreten. Diesen Film zeigt er manchmal privat für seine Freunde, und es heißt, dass er bei den Zuschauern die Stimmung auslöst, Küssen als Kapitalverbrechen zu betrachten.

Auf einer eher jämmerlichen Liste von zehn Bitten einer japanischen Ehefrau an ihren Mann, die als Poster in der Girls' Industrial School in Tokio ausgestellt wurde, stand die Aufforderung: „Hör bitte auf, , *Oi, kora* ' zu sagen, wenn du mich rufst."

Oi , der Ausdruck, den die meisten japanischen Ehemänner verwenden, wenn sie ihre Frauen ansprechen, entspricht in etwa unserem „Hallo!" oder „Hey!". Manchmal nennt ein Ehemann seine Frau beim Namen, aber häufiger hört man „ *Oi* " oder „ *Oi, oi* ", selbst unter hochrangigen Personen. *Oi* ist eher vertraulich als unhöflich. Ein Mann würde es zu einem engen Freund sagen. Aber eine Frau würde es nie zu ihrem Mann sagen. *Kora* ist wirklich anstößig, da es ein Ausruf ist, der nur an Untergebene gerichtet ist. Natürlich mögen Ehefrauen es daher nicht, ob sie es nun mutig aussprechen oder nicht. Denn eine Ehefrau darf ihren Mann nicht einmal beim Vornamen nennen, sondern muss ihn mit *anata anreden* , was eine respektvolle Form für „du" ist.

Es wird behauptet, dass die Bäuerin, die neben ihrem Mann auf den Feldern oder in Fischerdörfern arbeitet oder ihm hilft, einen Karren zu schieben oder ein Boot auf den Flüssen und Kanälen zu steuern, die glücklichste Frau Japans ist, da sie ihm eine echte Gefährtin ist. Wie dem auch sei, die Einstellung des durchschnittlichen Mittelklassejapaners gegenüber seiner Frau ist noch sehr verbesserungswürdig. Er steigt vor ihr in Autos und Züge ein und tut so, als würde er sie in der Öffentlichkeit ignorieren.

Allerdings muss man sagen, dass die Haltung solcher Ehemänner nicht unbedingt bedeutet, dass sie sich nicht um ihre Frauen kümmern. Sie bedeutet eher, dass sie altmodisch sind – dass ihnen die alte Vorstellung von der Stellung der Frau, die auf den Lehren des Buddhismus und Konfuzianismus beruht, anhaftet. Vor allem aber, denke ich, offenbart sie ihre Angst, lächerlich gemacht zu werden. Denn wenn ein Mann seiner Frau das entgegenbrachte, was wir als normale Höflichkeit bezeichnen würden, hielten ihn die Japaner der alten Schule für einen Pantoffelhelden.

Merkwürdigerweise war die Stellung der Frauen in der Frühantike Japans viel höher als heute. In alten Zeiten nahmen Frauen am Krieg teil, hatten eine Stimme in der Politik und konnten sich in anderer Hinsicht mit den Männern messen. Im achten Jahrhundert bestiegen aufeinanderfolgende Kaiserinnen den Kaiserthron, und der Einfluss einiger begabter Frauen war am Hof stark spürbar; zwei Jahrhunderte später erleben wir eine große Ära literarischer Frauen, von denen viele bis heute berühmt sind.

Doch bald nach der Einführung des Buddhismus und des Konfuzianismus änderte sich dies. Die buddhistische Lehre bezeichnete die Frau als sündige, verräterische und grausame Kreaturen. Und Konfuzius sagt: „Wenn ein Junge geboren wird, lass ihn mit Juwelen spielen; wenn ein Mädchen geboren wird, lass sie mit Spielsteinen spielen." So kam es, dass die Stellung der Frau immer weiter zurückging, bis es einem berühmten Moralisten gelang, eine Abhandlung über die Pflicht der Frau zu schreiben, die Maximen wie diese enthielt:

Eine Frau sollte ihren Mann ansehen, als wäre er der Himmel selbst, und nie müde werden, darüber nachzudenken, wie sie ihm nachgeben und so der himmlischen Züchtigung entgehen kann. Sie sollte nie an Eifersucht denken. Wenn ihr Mann zügellos ist, muss sie ihm Vorwürfe machen, aber ihren Zorn niemals hegen oder auslassen. Wenn ihr Mann wütend wird, sollte sie ihm mit Furcht und Zittern gehorchen und sich nicht in Wut und Widerspenstigkeit gegen ihn auflehnen .

Aus den Schriften moralischer Lehrer kann man eine endlose Anzahl solcher Zitate entnehmen, und in ihnen wird die Schuld der Frauen Japans gegenüber den chinesischen Lehren aufgezeigt. Angesichts dessen erscheint es in der Tat seltsam, einen buddhistischen Tempel zu besuchen und dort Rollen dicker schwarzer Seile zu sehen, die beim Bau des Gebäudes verwendet wurden und die ganz aus dem Haar frommer Frauen hergestellt wurden, die ihre wertvollen Locken für diesen Zweck opferten, da sie zu arm waren, um etwas anderes herzugeben.

Während also der Westen den Männern beibrachte, sich gegenüber Frauen ritterlich zu verhalten, lehrte der Orient die Frauen, sich, wie man es ausdrücken könnte, gegenüber Männern ritterlich zu verhalten. Doch in beiden Fällen geht die moderne Tendenz in Richtung Veränderung. Die zunehmende wirtschaftliche Unabhängigkeit der Frauen in diesem Land, die ihre Männer zu Konkurrenten macht, führt dazu, dass Männer im allgemeinen Umgang mit ihr weniger höflich sind. Da sie sich entschieden hat, ihm ebenbürtig zu sein, muss sie ihr Glück mit ihm im U-Bahn-Rummel und im Gerangel um Sitzplätze in der Straßenbahn versuchen.

In fünfzig Jahren wird Japan diesen Punkt vielleicht erreicht haben, aber die gegenwärtige Unhöflichkeit von Männern gegenüber Frauen ist nicht die von Gleichgestellten unter Gleichgestellten, sondern die von Vorgesetzten gegenüber Untergebenen. Das ist es, was geändert werden muss.

Und das wird sich ändern. Langsam, sehr langsam verbessert sich die Haltung des japanischen Mannes gegenüber der japanischen Frau. Ich erfuhr, dass im YWCA in Tokio Abendkurse abgehalten wurden, um jungen Ehemännern und Ehefrauen beizubringen, wie sie das gesellschaftliche Leben gemeinsam genießen können, und es besteht kein Zweifel, dass in der vornehmen Gesellschaft der bessere Typ des modernen jungen Ehemanns seine Frau mit viel mehr Rücksicht und Höflichkeit behandelt und sie viel mehr zu seiner Gefährtin macht, als es unter dem alten Regime üblich oder sogar möglich war. Vor 25 Jahren war es für einen Mann völlig in Ordnung, mit einer Geisha auf der Straße zu gehen, aber der Mann, der mit seiner Frau in der Öffentlichkeit ging, wurde verspottet und konnte sogar zum Ziel von Geschossen werden. Obwohl das nicht mehr der Fall ist, überlebt die Tradition, dass der Mann eine überlegene Haltung einnehmen sollte, in gewissem Maße noch unter den Massen, so dass es, so seltsam es auch erscheinen mag, echten moralischen Mut erfordert, damit ein Ehemann seine Frau vor Fremden mit vollkommener Höflichkeit behandelt.

KAPITEL IX

Baseball in Japan – Der Nationalsport – Ringen und Shintoismus – Fans – Das Einkommen der Ringer – Der Aufbau des Nationalspiels – Formalitäten vor den Kämpfen – Die Super-Champions – Besonderheiten des japanischen Ringens – Freie Tage

Obwohl der Einfluss des amerikanischen Nationalsports auf Japan so groß ist, dass eine japanische Universitätsmannschaft ins Land gekommen ist und ein oder zwei amerikanische Universitätsmannschaften für Hin- und Rückspiele nach Japan geschickt wurden, gibt es in Japan bislang noch keinen professionellen Baseball und die als *Sumo bekannte Ringkampfart* hat noch immer ihr altes Ansehen als Nationalsport.

Da ich zur Zeit einer Wahl und dann noch einmal während der alljährlichen Frühjahrs-Ringkampfsaison in Tokio war, war ich überrascht, dass die Menschenmengen auf der Straße, die an den Anzeigetafeln die Ergebnisse der körperlichen Auseinandersetzungen verfolgten, größer und enthusiastischer waren als die Menschenmengen, die sich versammelt hatten, um den Ausgang des politischen Kampfes zu erfahren.

Der durchschnittliche Japaner weiß meiner Meinung nach etwa so viel und etwa so wenig über Innenpolitik wie der durchschnittliche Amerikaner. Er hat nur eine vage Vorstellung von der Struktur der Regierung und des politischen Apparats; er folgt eher politischen Führern als Anliegen, und wie wir neigt er dazu, in die oberflächlichen Banalitäten der Politiker tiefgründige Bedeutungen hineinzulesen.

Ringen versteht er viel besser. Er kennt alle Feinheiten. Seine Begeisterung für dieses Thema ist begründet und im Gegensatz zum Baseball-Fan erbt er sie von einer langen Ahnenreihe – denn im Vergleich zum Ringen ist Baseball ein brandneuer Sport. Als die Griechen und Römer rangen, rangen auch die Japaner. Im neunten Jahrhundert wurde um den japanischen Thron gerungen. Ein Mikado starb und hinterließ zwei Söhne, und diese ließen ihre Ansprüche, statt gegeneinander in den Krieg zu ziehen, durch einen Ringkampf klären.

Der Sport ist außerdem auf mehr oder weniger offensichtliche Weise mit dem Shintoismus verbunden. Bestimmte Shinto-Traditionen sind damit verknüpft, und die Spiele wurden früher auf dem Gelände von Shinto-Tempeln abgehalten – wie es heute in ländlichen Gegenden häufig bei Amateurspielen der Fall ist.

Seit vielen Jahren ist es Tradition, in Tokio zweimal jährlich, im Januar und Mai, Ringerwettkämpfe abzuhalten. Vor dem Bau des Kokugikwan (National Game Building), des großen Stahl- und Betonbaus, in dem die Wettkämpfe heute stattfinden, fanden sie auf dem Gelände des Eko -in-Tempels statt.

Der Januar ist in Tokio ein kalter Monat und selbst der Mai ist oft frostig, weshalb sich das Publikum bei diesen Freiluftkämpfen nicht gerade wohl fühlte. Außerdem ist Japan ein regnerisches Land; die alten Freiluftkämpfe mussten häufig wegen schlechten Wetters abgesagt werden; manchmal dauerte es zwanzig Tage, um einen zehntägigen Wettkampf über die Bühne zu bringen. Doch das Kokugikwan hat diesen Schwierigkeiten ein Ende gesetzt. Der moderne japanische Ringerfan bleibt warm und trocken, mit dem Ergebnis, dass der Sport heute mehr Anhänger hat als je zuvor.

Während der Ringsaison herrscht in Tokio große Aufregung. Männer mit wichtigen Angelegenheiten haben die Angewohnheit, auf mysteriöse Weise aus ihren Büros zu verschwinden. Von Angestellten von Banken und großen Unternehmen wird vage berichtet, sie seien „für ein paar Tage außer Haus". Prinz Tokugawa, Präsident des Oberhauses, ist plötzlich ein schwer zu findender Gentleman – es sei denn, man weiß zufällig, wo man nach ihm suchen muss. Dasselbe gilt für viele Männer von geringerer Bedeutung. Wenn er es sich leisten kann – oft ob er es sich leisten kann oder nicht – lässt er seine Arbeit fallen und verschwindet. Aber er verschwindet nicht immer; denn wenn seine Begeisterung für das Ringen an Wahnsinn grenzt, kann er sich auf exzentrische Weise schmücken und im Zuschauerraum durch seine Mätzchen und sein Geschrei auffallen. So gelten gewisse Wrestling-Fans aus Tokio heute als privilegierte Persönlichkeiten. So etwa derjenige, der bei den großen Kämpfen stets im scharlachroten Seidenmantel erscheint, den schon sein Vater trug, und der es sich zur Gewohnheit gemacht hat, vor den Wrestlern den Mittelgang entlang zu tänzeln, wenn diese in feierlicher Prozession zum Ring marschieren.

Als ich mich an einem der Tage des großen Treffens nach Karten erkundigte, musste ich stark an unsere Baseballspiele der World Series denken. Es schien, als seien keine Karten zu bekommen. Schließlich gelang es mir jedoch, sie zu ergattern, und zwar auf die Art und Weise, wie solche Dinge auf der ganzen Welt besorgt werden – durch „Pull". Ich fand einen Freund, der einen Freund hatte, der auch Sport machte und einen Ringer kannte, der Plätze besorgen konnte.

Die Haltung des japanischen Sportsmanns gegenüber Ringern ähnelt der Haltung des amerikanischen oder englischen Sportsmanns gegenüber Boxern und Jockeys. Es ist *schick*, sie zu kennen, aber nicht als Gleichgestellte. Man ist sehr freundlich zu ihnen und gleichzeitig ein wenig herablassend, während von ihnen erwartet wird, dass sie ein leicht unterwürfiges Verhalten an den Tag legen. Vielleicht ähnelt die Haltung des japanischen Sportsmanns gegenüber seinen Lieblingsringern eher der Haltung des spanischen Sportsmanns gegenüber Stierkämpfern, denn in beiden Ländern ist es üblich, dass der reiche Gönner dem Helden teure Geschenke macht. Aber während in Spanien den Stierkämpfern in der Arena manchmal schöner Schmuck zugeworfen wird, ist es in Japan Brauch, dass der Fan seinen Hut, Mantel, seine Brieftasche, sein Zigarettenetui oder was auch immer dem beliebten Idol zuwirft, der die Trophäe später an den Besitzer zurückschickt und dafür ein wertvolles Geschenk erhält – häufig ein Geldgeschenk.

Obwohl die tatsächliche Bezahlung von Ringern gering ist, machen Nebenvergünstigungen den Beruf für diejenigen profitabel, die darin einigermaßen erfolgreich sind. Arme Eltern, die einen Sohn mit ungewöhnlich großen Statur haben, blicken wahrscheinlich mit Resignation auf die japanische Theorie, dass große Statur im Allgemeinen mit Dummheit einhergeht, und freuen sich über die Proportionen ihres Sprösslings, weil sie innig hoffen, dass er ein Ringmeister werden und reich werden könnte.

Mein Freund, der japanische Sportsmann (der übrigens ein Absolvent der University of Michigan war), besorgte nicht nur Eintrittskarten für mich. Er kam mit dem Auto vorbei und fuhr mich zum Amphitheater .

„Unsere Art zu ringen ist ganz anders als Ihre", sagte er, „und ich möchte es Ihnen erklären."

Es war etwa elf Uhr morgens, als wir, nachdem wir mehrere Straßen durchquert hatten, die mit Reihen japanischer Laternen geschmückt waren und sich mit eilenden Menschenmassen füllten, das große runde Betongebäude erreichten, in das eine eifrige Menschenmenge durch viele Portale strömte – ein Publikum, das zwar größtenteils aus Männern bestand, aber auch nicht wenige Frauen und einige Kinder umfasste. Viele, wenn auch bei weitem nicht alle Frauen waren Geishas, denn Ringerinnen haben in der sozialen Rangordnung ungefähr denselben Rang wie Geishas und sind oft die Helden und Vertrauten der Jahrmarktsunterhalter.

Als wir uns dem Amphitheater näherten , kam mir der Gedanke, dass die Atmosphäre bei großen Sportereignissen auf der ganzen Welt seltsam gleichförmig ist, so wenig sich die verschiedenen Sportarten auch ähneln mögen. Sich während der Wrestling-Woche diesem großen Gebäude in Tokio zu nähern, ist ganz so, als würde man sich der Plaza de Toros in Madrid nähern, oder dem Gebäude, in dem in Havanna *Jai Alai* gespielt wird, oder den Polo Grounds in New York, dem Yale Bowl oder dem Harvard Stadium.

Der Kokugikwan ist ein rundes Gebäude mit Glasdach und Platz für 14.000 bis 15.000 Personen. In der Mitte befindet sich ein Erdhügel mit einer flachen Oberseite, auf dem der Ring mit einem Rand aus geflochtenem Stroh markiert ist. Über dem Ring befindet sich ein Kiosk, der von vier schweren Pfosten getragen wird, die jeweils rot, grün, schwarz und weiß sind und die vier Ecken der Erde symbolisieren sollen. Der Kiosk hat ein Dach, das ein wenig an das eines Tempels erinnert, und ist mit Vorhängen aus purpur-weißer Seide geschmückt, die einige Fuß unter der Dachtraufe herabhängen.

Das Erdgeschoss des Amphitheaters ist nach hinten hin aufgeschüttet. Die Sitze am Ring sind für die teilnehmenden Ringkämpfer reserviert; dahinter befinden sich einige Stuhlreihen, die vermutlich von den aufgeregtesten Fans besetzt sind, und hinter den Stühlen befindet sich ein großer Bereich mit Logen, in denen jeweils vier bis sechs Personen Platz haben. Diese Logen enthalten, wie die eines typischen japanischen Theaters, keine Stühle, sondern sind mit dicken Strohmatten ausgelegt, auf denen Kissen liegen, auf denen die Insassen hocken können. Die einzige Trennung zwischen den Logen ist ein etwa 30 cm hohes Geländer. Über dem Erdgeschoss verlaufen zwei Galerien rund um das Gebäude. Die Kaiserloge befindet sich in der ersten Galerie. Die Leute in den Galerien sitzen auf Stühlen, vor denen schmale, regalartige Tische stehen, an denen man zu Mittag essen kann – denn Ringkämpfe dauern, wie die Theateraufführungen im alten Stil , praktisch den ganzen Tag.

Während der ersten Morgenhälfte werden Kämpfe zwischen zahlreichen kleineren Ringern ausgetragen, doch gegen elf Uhr füllt sich das Gebäude, denn jeder möchte die beiden Gruppen der Champions einmarschieren sehen. Eine Gruppe repräsentiert Ostjapan, die andere Westjapan; jede Gruppe besteht aus etwa zwanzig Männern, und ihre Sitze befinden sich jeweils an der Ost- und Westseite des Rings. Diese Vertretung von Ost und West ist nicht wörtlich zu nehmen, sondern entspricht der traditionellen Aufteilung. Ein Mann aus einer östlichen Provinz kann Champion des Westens sein und umgekehrt.

Sie sind eklig aussehende Kreaturen, nackt bis zur Hüfte. Sie treten in einer Reihe ein, jede trägt eine lange, kunstvoll bestickte und mit Quasten verzierte Samtschürze . Diese Schürzen, die sie von ihren Gönnern erhalten, werden vor den Wettkämpfen abgelegt und tragen darunter einen Lendenschurz und einen kurzen Fransenrock.

Die Champions marschieren in den Ring und bilden einen Kreis. Dort führen sie eine Reihe festgelegter Übungen aus. Dabei klatschen sie im Gleichklang in die Hände, heben die Beine hoch und stampfen heftig mit den Füßen auf den Boden, um ihre Muskelflexibilität zu demonstrieren. Nach diesen Übungen marschieren sie wieder hinaus.

Als nächstes kommen die obersten Champions der östlichen und der westlichen Gruppe auf den Plan – die beiden großen Ringer Japans – beliebte Idole, die, da sie in drei oder mehr aufeinanderfolgenden Ringkämpfen unbesiegt geblieben sind, nicht nur das Recht haben, die aufwendige Samtschürze zu tragen, sondern auch ein sehr dickes weißes Seil, das mehrmals um ihre Hüften gewickelt und auf eine bestimmte Art verknotet ist.

Jeder dieser Super-Champions wird auf seinem Weg zum Ring von zwei anderen Wrestlern begleitet. Derjenige, der vor ihm geht, wird als *Tsuyu bezeichnet. Harai* oder Taubürste. Theoretisch macht er den Weg frei, indem er den Tau vom imaginären Gras vor den Füßen des Mächtigen bürstet. Der Begleiter, der die Nachhut bildet, ist der *Tachi Mochi* oder Schwertträger; denn nach altem japanischen Brauch durfte kein Wrestler außer einem Super-Champion ein Schwert tragen, und obwohl das Schwert heute nur noch ein Symbol ist, besteht der Brauch noch immer, und das Schwert des Super-Champions muss hinter ihm hergetragen werden.

Für jemanden, der an die Art des Ringens gewöhnt ist, wie sie in der westlichen Welt praktiziert wird , sehen viele dieser Champions nicht wie Athleten aus, da sie in der Regel so fett sind, dass ihre Bäuche wie Balkone über den Rand ihrer Schürzen und Lendenschurze wölben und ihre Arme und Schenkel beim Gehen wie Wackelpudding zittern. Beim japanischen Ringen ist jedoch jeder Kampf schnell entschieden, weshalb Ausdauer nicht so wichtig ist wie großes Gewicht und Kraft im ersten Moment des Angriffs. Aus diesem Grund sind dicke Ringer normalerweise am erfolgreichsten. Einige von ihnen haben bis zu 350 Pfund auf die Waage gebracht. Aber hin und wieder taucht ein Superchampion wie Tachiyama auf , der nicht sehr dick ist und eher durch Kraft, Schnelligkeit und Reichweite als durch bloßes Gewicht siegt.

Nachdem die Superchampions sich präsentiert haben, kehren die beiden Gruppen der weniger starken Champions zurück und nehmen ihre Plätze rund um den Ring ein. Die vier Schiedsrichter – ehemalige Ringkämpfer – nehmen auf Kissen Platz, einer an jeder Ecke des Kiosks, und der Schiedsrichter, der wunderschöne fließende Seidengewänder und einen seltsamen kleinen spitzen Hut wie den eines buddhistischen Priesters trägt, betritt den Ring, hält den lackierten Holzfächer hoch, der sein Amtszeichen ist, und verkündet mit eindrucksvoller Stimme die Namen der beiden Männer, die gleich aufeinandertreffen werden.

Dann betreten die Gegner den Ring und führen die gleiche alte Abfolge von Stampfen und Beugen aus . Jeder nimmt eine Handvoll Salz aus einer Schachtel auf seiner Seite des Rings, steckt ein wenig in den Mund und wirft den Rest vor sich auf den Boden. Dies soll eine reinigende Wirkung haben, nicht im antiseptischen Sinne, sondern auf eine okkulte Art. Salz wird in Japan oft auf diese Weise verwendet.

Nach Abschluss dieser Vorbereitungen stehen die beiden Männer einander gegenüber und stehen auf allen Vieren. Diese offensichtliche Bereitschaft bedeutet jedoch keineswegs, dass der Kampf beginnt. Anstatt sofort anzugreifen, bleiben sie oft minutenlang in dieser Haltung und beobachten einander scharf. Dann steht einer von ihnen auf und trinkt etwas oder holt noch etwas Salz und wirft es in den Ring. Außerdem macht der eine oder andere oft einen Fehlstart und greift an, wenn sein Gegner noch nicht bereit ist, den Kampf anzunehmen. Danach nehmen die beiden wieder ihre geduckte Haltung ein, mit gespreizten Zehen und den Händen auf dem Boden. So etwas kann zehn oder zwanzig Minuten lang andauern, begleitet vom Geschrei der Fans, die die Namen ihrer Favoriten rufen und japanische Äquivalente für amerikanische Ausdrücke wie „Los geht's!" und „Bravo!" brüllen.

Doch während die Vorbereitungszeit oft in Bruchteilen einer Stunde gemessen werden kann, dauert der eigentliche Kampf normalerweise nur wenige Sekunden. Die Männer stürzen sich aufeinander wie ein Paar wilder Kampfhunde, und der Kampf ist entschieden, bevor man es merkt. Es gibt kein Anstrengen, um einen bestimmten Griff zu bekommen oder zu lösen, das so charakteristisch für unseren Ringstil ist, und man sieht die Kämpfer nie in tödlicher Umarmung auf dem Boden zappeln. Der Besiegte muss nicht unbedingt geworfen werden, obwohl dies oft der Fall ist. Wenn irgendein Teil seines Körpers außer den Fußsohlen den Boden berührt oder wenn (ob er geworfen wird oder nicht) irgendein Teil seines Körpers den Boden außerhalb des Rings berührt, bedeutet dies eine Niederlage. Falls beide Männer fallen oder gemeinsam aus dem Ring gedrängt werden, ist derjenige besiegt, der zuerst den Boden berührt oder den Ring zuerst verlässt.

Oft wird ein Mann geschlagen, indem man ihn so weit beugt, dass er sich auf eine Hand stützen muss, und es gab Fälle, in denen Entscheidungen lediglich deshalb gefällt wurden, weil ein Mann den Kopf so weit nach unten beugte, dass sein Haarknoten den Boden berührte. Manchmal gewinnt ein Ringer mit einem einzigen kräftigen Stoß, bei dem er seinen Gegner aus dem Ring drängt. Dabei besteht jedoch immer die Gefahr, dass der Gestoßene im letzten Moment zur Seite tritt und der Schwung des Gegners ihn über die Begrenzung hinausträgt. Auf diese Weise wird ein Grundprinzip des *Jiu-Jutsu* oder *Jiudo*, wie es in seiner verbesserten Form genannt wird, angewendet, bei dem die eigene Kraft des Mannes dazu verwendet wird, ihn zu besiegen. Häufig kommt es jedoch zu einem spektakulären Wurf, und manchmal sind die Sitzplätze am Ring, die in diesem Land bei Ring- und Boxkämpfen so begehrt sind, nicht sehr begehrt. Ich habe gesehen, wie riesige Ringer durch die Luft geschleudert wurden und der Länge nach auf ihren Kameraden in deren Sitzen landeten.

Wenn eine knappe Entscheidung getroffen werden muss, berät sich der Schiedsrichter mit den Kampfrichtern, und in solchen Momenten unterstützen das Publikum und die beiden gegnerischen Ringergruppen lautstark den von ihnen bevorzugten Teilnehmer.

Zur Ehre der Japaner muss man allerdings sagen, dass sie nicht „Tötet den Schiedsrichter!" schreien, wenn ihnen eine Entscheidung im Zusammenhang mit ihrem Nationalsport missfällt; dass sie keine Flaschen nach dem Schiedsrichter werfen und dass es nie notwendig wird, einem Schiedsrichter, dessen Urteil nicht mit dem der Zuschauer übereinstimmt, Polizeischutz zu gewähren. Die Japaner haben also nicht jedes Detail der westlichen Zivilisation übernommen.

Ich muss an diesem Tag fünfundzwanzig oder dreißig Kämpfe gesehen haben. Aber obwohl ich interessiert war, kann ich nicht behaupten, im japanischen Ringen die Qualitäten eines wirklich großartigen Sports zu finden. Ihre Ringer haben Geschick, aber Ausdauer ist nicht gefragt. Ihr Ringstil scheint mir dort aufzuhören, wo unserer beginnt.

Das Leben in Japan ist weniger stressig als bei uns. Es gibt keine nervöse Hektik. Die Dinge gehen in einem angenehmeren Tempo voran und die Menschen scheinen geduldiger zu sein. Ein amerikanisches Publikum würde bei den endlosen Vorrunden jedes japanischen Ringkampfs unruhig werden und den Kampf selbst wegen seiner Kürze und des Mangels an anhaltender Anstrengung unbefriedigend finden. Die Japaner hingegen scheinen immer bereit zu sein, darauf zu warten, dass etwas passiert. Man bemerkt dies auf unzählige Arten. In Japan gedrehte Filme sind aus unserer Sicht wahrscheinlich unerträglich langsam in ihrer Handlung. Das gilt auch für die ganztägigen Stücke des typischen japanischen Theaters.

Die Gewohnheit japanischer Geschäftsleute, sich einen Tag frei zu nehmen, wann immer es ihnen passt, ist zweifellos teilweise darauf zurückzuführen, dass der Sonntag in Japan bis vor kurzem ein ganz normaler Tag war. Es gab keinen regulären Ruhetag. Ein Tag im Monat wurde normalerweise als Feiertag für Handels- und Industriearbeiter festgelegt; später wurden es zwei Tage im Monat; und schließlich entwickelte sich die Gewohnheit, diese Tage auf den ersten und dritten Sonntag im Monat zu legen. Denn obwohl der Sonntag in den Augen der meisten Japaner natürlich keine religiöse Bedeutung hat, schien er der praktischste Tag für einen Feiertag zu sein, schon allein deshalb, weil die Büros der amerikanischen und europäischen Einwohner an diesem Tag geschlossen waren.

KAPITEL X

Die mutigen Kongressabgeordneten – Geisha und Nesan – Der Maple Club – Die Sanftmut der Diener – Abnehmbare Wände – Tanzende Mädchen – Eine Lektion im Gebrauch von Essstäbchen – „Wahrhaftiges Mädchen" – Ein Toast in Sake – Trunkenheit – Mein Freund, der liebenswürdige Betrunkene – Das große Geheimnis des Reisballs

Es amüsierte mich, als ich vor kurzem hörte, dass eine Gruppe unserer Kongressabgeordneten auf einer Japanreise von gewissen frommen Amerikanern dort angefleht worden war, so sündige Dinge wie Teehäuser und Geishas zu meiden. Zweifellos hatten sich die armen Kongressabgeordneten eingebildet, sie könnten ihr Leben fünftausend Meilen von zu Hause und ihren Wählern entfernt führen. Und offensichtlich hatten sie vor, dies zu tun, denn sie antworteten mit unkongressabgeordnetenhafter Kühnheit, dass Teehäuser und Geishas zu den Dingen gehörten, die sie am liebsten sehen wollten. Das gefiel mir nicht nur, weil es zeigte, dass ein Kongressabgeordneter mutig sein kann – selbst wenn er dafür in eine andere Hemisphäre reisen muss –, sondern weil es ein normales menschliches Interesse an diesem zweifellos sehr merkwürdigen Lebensabschnitt zeigte.

Auch ich interessierte mich für Teehäuser und Geishas und legte Wert darauf, so viel wie möglich darüber herauszufinden.

Die erste Geisha, die ich sah, war bei einem Mittagessen für etwa vierzig Personen anwesend – etwa die Hälfte davon Amerikaner –, das ein Herr aus Tokio veranstaltete, um uns zu zeigen, wie ein rein japanisches Mittagessen aussieht. Es fand im Maple Club statt, einem großen, weitläufigen Gebäude im japanischen Stil, das in bezaubernden Gärten inmitten eines der Tokioter Parks steht – ein fernöstliches Äquivalent zu Pariser Restaurants wie dem Café d'Armenonville oder dem Pré Catelan .

Als wir aus unseren Rikschas stiegen , erschien eine Schar lächelnder Dienstmädchen in der Tür, um uns zu begrüßen. Sie bedeuteten uns, dass wir uns auf die hohe Türschwelle setzen und uns von den blau gekleideten Kulis, die dort anwesend waren, die Schuhe ausziehen lassen sollten. Jeder von ihnen trug das Abzeichen des Maple Clubs in einem großen Muster auf dem Rücken seines Mantels. (Wenn Sie möchten, dass der Kuli, der Ihre Rikscha zieht oder andere Arbeiten für Sie erledigt, Ihr Wappen trägt, stellen Sie ihm sein Kostüm zur Verfügung und zahlen ihm ein paar Cent extra pro Tag.)

Nachdem unsere Schuhe kontrolliert und unsere Füße in weiche Wollpantoffeln wie Bettstiefelchen gehüllt worden waren , wurden wir in das

Gebäude geführt und durch eine Reihe von Räumen mit weichen, mit Strohmatten ausgelegten Böden und Wänden aus Holz und Papier begleitet. Wir gelangten zu einer Außengalerie aus hochglanzpoliertem Holz, folgten dieser und blickten dabei auf den schönen Garten. Schließlich erreichten wir eine Treppe, ebenfalls aus seidenmatt poliertem Holz, die zum Bankettsaal führte. Unsere Begleiter auf dieser Reise waren mehrere kleine japanische Dienstmädchen in hübschen Kimonos, die, obwohl sie kein Englisch sprachen, mit uns mit sanftem, internationalem Lächeln sprachen. Niemand ohne ein sanftes Wesen könnte das Lächeln eines dieser japanischen Dienstmädchen erwidern. Sie werden *nesan genannt* , was wörtlich „ältere Schwester" bedeutet. Diese vertraute Bezeichnung wird im Allgemeinen verwendet, wenn man mit einem Dienstmädchen spricht, dessen Namen man nicht kennt, und in dem Begriff verbirgt sich ein Hinweis auf die schöne Beziehung, die in Japan zwischen Herr und Diener besteht, ob in einem Privathaus oder einem japanischen Gasthaus. In den großen Städten bricht dieses alte Verhältnis mit der Verwestlichung Japans in gewissem Maße zusammen, aber in japanischen Hotels und Landgasthöfen und in wohlhabenden Häusern sieht man es noch immer. Der Service wird mit einer Anmut und Freundlichkeit geleistet, die ihm einen sehr charmanten Charakter verleiht. Sogar die Diener in den Häusern der Reichen haben nichts von Lakaiengeist an sich. Der japanische Diener trägt im Allgemeinen seidene Gewänder, die ihm eine feine Würde verleihen und es manchmal schwierig machen, ihn von den Familienmitgliedern zu unterscheiden. Er ist äußerst höflich, aber nicht steif. Man spürt, dass er ein *Mann mit Selbstachtung ist* . Und die Dienstmädchen sind wie so viele Schmetterlinge. Einer der stärksten Ansprüche Japans auf Demokratie, so scheint es mir, beruht auf der Haltung zwischen Herr und Diener.

Niemand ohne ein sanftes Wesen könnte das Lächeln einer dieser Teehausmädchen erwidern. Sie werden *Nesan genannt* – „ältere Schwester"

Diejenigen, die Japan besucht haben, aber nicht mit mir übereinstimmen, was die exquisite Höflichkeit des japanischen Personals angeht, werden diejenigen sein, deren beste Hotels europäische Hotels in den großen Städten waren. In solchen Hotels ist der Service oft schlecht und man begegnet gelegentlich einem mürrischen und unhöflichen Personal. Einem solchen begegnete ich in Kobe – angeblich die unhöflichste Stadt Japans. Aber als ich ihm begegnete, hatte ich genug vom wahren Japan gesehen, um zu wissen, was diese Unhöflichkeit bedeutete. Es zeigte lediglich, dass in diesem Einzelfall die angeborene Höflichkeit durch den Kontakt mit zahllosen schlecht erzogenen Ausländern abgenutzt worden war.

Aber zurück zu unserem Mittagessen.

Als Zugeständnis an die amerikanische Sitte begrüßte uns unser Gastgeber mit einem Händedruck, und seine japanischen Gäste kamen herein und schüttelten uns die Hände, anstatt beim Eintreten auf die Knie zu fallen und sich gemäß der alten Landessitte bis zum Boden zu verbeugen.

Der große Raum veranschaulichte gut die Flexibilität des japanischen Baustils. Normalerweise befanden sich in diesem Teil des Hauses fünf oder sechs private Speisezimmer, aber für den Anlass des vorliegenden Ereignisses wurden die Wände, die diese Räume bildeten, entfernt, sodass der gesamte Bereich zu einem einzigen geräumigen Raum wurde. Solche Wände zu entfernen ist ganz einfach, da sie nur aus einer Reihe von Trennwänden aus Holz und Papier bestehen, die in Rillen gleiten und leicht herausgehoben und in Schränken verstaut werden können. Und ich möchte hinzufügen, dass die Japaner, obwohl das Klima in Japan sehr feucht ist, so gut abgelagertes Holz verwenden und so hervorragend mit Holz arbeiten, dass ich nie eine Trennwand gefunden habe, die in ihren Rillen stecken geblieben wäre.

Kokons – Fünftausend Seidenraupen fressen 56 kg Maulbeerblätter und produzieren acht Stränge Seide, aus denen ein Kimono hergestellt wird.

Zum Essen knieten wir auf Seidenkissen, die zwei bis drei Fuß voneinander entfernt an drei Wänden des Raumes verteilt waren. Da das Wetter kühl war, stand neben jedem von uns ein Kohlenbecken oder Hibachi, bestehend aus einem Topf mit glühender Holzkohle in einer Holzkiste. Die japanische Liebe zur Vollendung aller Dinge zeigt sich in der sorgfältigen Art und Weise, wie sie die Asche in einem Hibachi aufhäufen und ordentliche Muster darauf legen.

Vor jedem von uns stand ein kleiner, etwa einen Fuß hoher Tisch aus rotem Lack mit einem Rand wie bei einem Tablett, und auf diesem Tisch standen verschiedene abgedeckte Schalen aus Lack und Porzellan sowie kleine Schälchen mit sauren Pickles und einer scharfen, wässrigen braunen Soße. Vor jedem oder zwei Gästen kniete ein Nesan , der über einem abgedeckten lackierten Bottich thront, in dem gekochter Reis war, der zu fast allem gegessen und sogar mit grünem Tee vermischt und aus der Reisschale getrunken wird.

Außerdem wurde jeder Gast von einer Geisha begleitet. Einige der Geishas waren Frauen im Alter von etwa zwanzig Jahren, die hübsche dunkle Kimonos trugen, die sie im Allgemeinen mit viel Stil präsentierten, aber andere waren kleine *Maikos* , tanzende Mädchen, in leuchtend bunten Kimonos mit den meterlangen Ärmeln der Jugend. Die jüngste von ihnen war vielleicht zwölf Jahre alt, während die älteste vielleicht sechzehn Jahre alt war.

Wie ich später erfuhr, gibt es zwischen den verschiedenen Graden der Geishas große Unterschiede. Die bei diesem Mittagessen Anwesenden gehörten zu den beliebtesten in Tokio. Sie waren wirklich bezaubernde Geschöpfe, mit süßen Gesichtern, sanften Augen und sanft, mit schönen Manieren und viel mehr Haltung, als die durchschnittliche japanische Dame an den Tag legt. Denn japanische Damen sind in der Regel nicht an unser gemischtes gesellschaftliches Leben gewöhnt, an dem Mann und Frau gemeinsam teilnehmen, während Geishas Männer unterhalten und Männer vermutlich besser verstehen als Frauen.

Da nur wenige Geishas Englisch und nur sehr wenige Amerikaner Japanisch sprechen, sind wir Reisenden aus dem Ausland eher Außenseiter, was die Geishas angeht, und unsere Wertschätzung ihnen gegenüber muss weitgehend visueller Natur sein. Aber eine Geisha kann einer wortlosen Konversation ebenso nahe kommen wie jede andere Frau. Meine lächelte mich an, füllte von Zeit zu Zeit meine flache kleine Tasse mit warmem Sake und zeigte mir, wie man mit Stäbchen arbeitet. Ich fand die Lektion sehr angenehm und wurde gleich darauf durch den japanischen Freund an meiner Seite belohnt, der mir mitteilte, dass ich für eine Anfängerin sehr gut vorankomme.

Wenn Sie wissen möchten, wie es ist, mit Stäbchen zu essen, versuchen Sie, auf dem Boden zu sitzen und aus einer vor Ihnen stehenden Schüssel mit einem Paar Bleistiften oder dicken Stricknadeln zu essen. Es ist eine gefährliche Angelegenheit, und das Risiko wird noch dadurch vergrößert, dass die Japaner keine Servietten auf dem Schoß tragen und das

Beschmutzen der makellosen Matten so ziemlich die größte Sünde ist, die ein barbarischer Fremder begehen kann. Die japanische Serviette ist ein kleines, weiches Handtuch, das einem warm und feucht in einem kleinen Korb gebracht wird. Man benutzt es als Waschlappen für Gesicht und Hände und entfernt es dann.

Familienessen à la Japonaise . Die Kellnerin kniet in der Ecke hinten. Wenn Sie das Essen mit Stäbchen probieren möchten, versuchen Sie es mit einem Paar dicker Stricknadeln

Bald darauf rief meine Geisha eine ihrer Schwestern aus dem Handwerk, um meine Fortschritte mit den Stäbchen zu bezeugen. Die Neuankömmling hieß Jitsuko – auch „ehrliches Mädchen" genannt – und sie schien die modischste von allen zu sein. Ihr Kimono mit seinen gefärbten Verzierungen und seinen fünf zeremoniellen Wappen war sehr hübsch und wurde mit viel *Schick getragen* , ihr Obi war ein prächtiges, reich mit Goldbrokat gemustertes Ding, und ich bemerkte, dass sie daran eine Nadel mit einem sehr schönen großen Diamanten trug – eine höchst ungewöhnliche Art von Schmuck in Japan. Außerdem trug sie einen Ring mit einem großen Diamanten. Diese fremdartige Note war nicht nur oberflächlich. Denn zu meiner Freude sprach Jitsuko Englisch mit mir. Sie war eine von Tokios zwei englischsprachigen Geishas, und wie ich später erfuhr, hatte sie die Ehre , als die Geisha nominiert zu werden, die den Herzog von Connaught bei Abendessen unterhalten sollte, an denen er während seines Besuchs in der japanischen Hauptstadt teilnahm.

Jitsuko und die andere Geisha unterhielten sich über mich. Dann machte mir Jitsuko das Kompliment, dass sie der Meinung waren, ich sähe ein wenig wie eine Japanerin aus. Ich dankte ihr und erwiderte das Kompliment mit der Bemerkung, dass sie meiner Meinung nach auch wie Japanerinnen aussahen, und zwar sehr hübsche, woraufhin sie beide kicherten.

Mittlerweile hatten wir eine so herzliche *Entente entwickelt* , dass es angemessen schien, aufeinander anzustoßen. Mit Hilfe des Herrn an meiner Seite und von Jitsuko lernte ich die korrekten Formalitäten dieser Zeremonie. Zuerst spülte ich meine Sake- Tasse in einer für diesen Zweck bereitgestellten Lackschale aus und reichte sie dann Jitsuko . Das vorläufige Spülen bedeutete, dass sie die Tasse nun füllen und trinken sollte. Hätte ich sie ihr gereicht, ohne sie auszuspülen, hätte das bedeutet, dass sie sie für mich nachfüllen sollte – denn eine Geisha „füllt" einen nie mit Sake , sondern wartet, bis die Tasse gereicht wird. Nachdem sie den Sake getrunken hatte , spülte sie ihrerseits die Tasse aus, füllte sie nach und reichte sie mir zum Trinken. Damit war das freundschaftliche Ritual abgeschlossen.

Ich hatte gehört, dass Sake extrem berauschend wirkt, aber das stimmt nicht. Es ist Reiswein, fast weiß in der Farbe , und wird manchmal bei normaler Temperatur und manchmal leicht erwärmt serviert. Er ähnelt eher einem blassen hellen Sherry als irgendeinem anderen westlichen Getränk, aber ihm fehlt das volle Aroma des Sherrys, sondern er hat einen ganz eigenen, milden und nicht unangenehmen Geschmack . Im Großen und Ganzen mochte ich Sake ziemlich gern , und ich konnte den Unterschied zwischen gewöhnlichem Sake und Sake , der besonders gut schmeckte, feststellen. Bei diesem Thema möchte ich hinzufügen, dass in Japan Alkohol aller Art in großen Mengen fließt. Sake ist das einzige alkoholische Getränk, das im Allgemeinen zu Mahlzeiten im japanischen Stil serviert wird, aber bei den europäischen Mittag- und Abendessen, die ich besuchte, wurden normalerweise zwei oder drei Weinsorten serviert, und vorher gab es Cocktails und manchmal Liköre danach. Die Japaner haben auch in gewissem Maße mit dem Whiskytrinken begonnen. Sie importieren Scotch Whisky und stellen auch einen schlechten eigenen Scotch Whisky-Imitat her. Doch Sake ist noch immer das unangefochtene Nationalgetränk, und wenn Sie einen betrunkenen Japaner sehen, können Sie ziemlich sicher sein, dass das am Sake – und zwar an einer großen Menge Sake – liegt.

Bei meinen abendlichen Spaziergängen, besonders durch den fröhlichen, überfüllten Asakusa -Park in Tokio - eine Art japanischer Coney Island voller Theater, Kinos, Tiershows, Zaubervorführungen, Teehäuser, Basare und dergleichen, die einen großen buddhistischen Tempel umgeben - sah ich viele betrunkene Männer, aber nie einen, der hässlich oder lästig war. Ob es nun an irgendeiner Eigenschaft der japanischen Natur liegt oder am Sake , dieses Getränk scheint diejenigen, die zu viel davon getrunken haben, nur fröhlich, gesprächig und manchmal ausgelassen zu machen. Es würde mich nicht überraschen, wenn die Japaner alkoholische Aufputschmittel mehr brauchen als andere Rassen. Zum einen ist das Klima in Japan, außer in den Bergen, entnervend; und zum anderen ist die japanische Natur im Allgemeinen unterdrückt, und Sake neigt dazu, sie zu befreien.

Ich bemerkte dies bei einer anderen Veranstaltung in Tokio – einem Abendessen für Zeitungsredakteure. Da ich der einzige Ausländer dort war und mich sehr für die Probleme im Zusammenhang mit den Beziehungen zwischen den Vereinigten Staaten und Japan interessierte, legte ich los und teilte ihnen meine Ansichten mit, in der Hoffnung, ihre zu erfahren. Aber obwohl ich spürte, dass sie nicht mit allem einverstanden waren, was ich sagte, zeigten ihre Antworten nur die Art von höflicher Toleranz, die ein höflicher Gastgeber einem etwas aufsässigen Gast entgegenbringt. Eine Zeit lang hatte ich das Gefühl, mich wie ein böser Junge auf einer Party verhalten zu haben. Aber nachdem die Geisha unsere Tassen mehr als einmal mit Sake gefüllt hatte , bekam ich, was ich suchte – einen Streit. Es war ein höflicher Streit, aber wir waren freundlich genug geworden, um offen zu sprechen. *In Sake wahr* .

Dies war ein Fall von gerade genug Sake , aber soweit ich es beobachten konnte, führt sogar zu viel Sake zu keinen sehr unangenehmen Ergebnissen. Ich werde nie den jungen Mann vergessen, der, hell erleuchtet von diesem Getränk, eines Abends auf der Straße in einer Kleinstadt auf mich zukam. Er war voller Verlangen, sein Englisch an mir zu üben und mir zu helfen. Es war ihm egal, womit er mir half. Er half mir, alles zu kaufen, was ich kaufen wollte, wohin ich gehen wollte, oder zu bleiben, wo ich bleiben wollte.

Ich erklärte ihm, dass ich nur herumgeschlendert sei, während ich auf den Zug gewartet hätte, und dass es nun Zeit für mich sei, zum Bahnhof zurückzukehren.

„Warte!“, rief er. „Ich mag dich. Du ziehst mich an. Ich war in Amerika. Ich kann mit dir reden. Wir sind Freunde. Warte!“ Er sah sich hastig um und huschte dann in einen nahegelegenen Laden.

Einen Augenblick später tauchte er auf und rannte auf mich zu. In seiner ausgestreckten Hand trug er einen merkwürdig aussehenden Gegenstand, der, soweit ich es im Dämmerlicht erkennen konnte, einer etwas schmutzigen Popcornkugel ähnelte. Er drückte mir diesen mit einer so großzügigen Begeisterung in die Hand, dass ich sofort spürte, dass ihm das Geschenk am Herzen lag.

„Es ist ein Geschenk. Es ist für dich. Du wirst an mich denken. Eine andere Art wäre vielleicht besser, aber du hast es eilig.“

Meine Finger griffen etwas Schweres, aber Nachgiebiges und Klebriges. Während ich meinem neuen Freund dankte, untersuchte ich es. Es war ein Reisball, etwas größer als ein Baseball. Verstreut darin lagen braune

Gegenstände, deren genaue Beschaffenheit ich nicht bestimmen konnte. Ich hätte dem Schenkenden durchaus sagen können, dass ich an seinem Geschenk „feststeckte", denn die Masse in meiner Hand wurde nicht nur durch die Kohäsion des Reises in Form gehalten, sondern auch durch eine Substanz, die an Melasse erinnerte.

Wir trennten uns. Ich ging zum Bahnhof, wo meine Familie und Freunde mit Yuki, unserem unschätzbar wertvollen Dienstmädchen, warteten. Während ich weiterging, betrachtete ich das Objekt. Es war offensichtlich zum Verzehr bestimmt. Doch es gab auch andere Zwecke, für die man es verwenden konnte. Es war ein Ding, das ein Sinn- Fein-Anhänger gern in der Hand hätte, wenn der britische Premier mit einem Seidenhut vorbeiginge. Charley Chaplin hätte gewusst, was er damit anfangen sollte. Es war schwerer als eine Puddingtorte und genauso dramatisch.

Mein erster Impuls bestand darin, es fallen zu lassen, sobald ich dies unbemerkt tun konnte; aber mir kam der Gedanke, dass es wahrscheinlich eine japanische Delikatesse war und dass Yuki sie vielleicht mögen würde; deshalb nahm ich es mit zum Bahnhof.

Als ich es Yuki anbot, sah sie überrascht aus. Ihre Ablehnung war höflich, aber bestimmt.

„Woher hat Mr. Street das?", wollte sie wissen.

„Ein Mann hat es mir gegeben. Hier, nimm es."

Yuki kicherte und trat zurück.

„Aber warum hat der Mann es Mr. Street gegeben?"

„Ein Geschenk. Was ist damit los? Ist es nicht lecker?"

„Ja, das schmeckt gut."

„Warum nimmst du es dann nicht?"

Kichernd schüttelte sie den Kopf.

„Aber Yuki – ich verstehe das nicht. Was ist der Witz?"

Vor Vergnügen zitternd flüsterte sie meiner Frau zu. Es stellte sich heraus, dass die Sake -inspirierten Japaner mir einen Leckerbissen präsentiert hatten, der speziell für werdende Mütter zubereitet wurde.

Alles in allem schien es ratsam, es sofort loszuwerden. Ich warf es auf die Gleise.

KAPITEL XI

Eine japanische Mahlzeit – Andere Mahlzeiten – Rauchen und die Zigarrensteuer – Japanische Musik – Geisha-Tanz – Was ist eine Geisha? – Ihre Vornehmheit – Herbstlaub – Kindesliebe und gewisse Schrecken daran

Da das Mittagessen im Maple Club meine erste Mahlzeit im japanischen Stil war, war mir die Menge eines solchen Mahls nicht bewusst. Ich aß zu viel von den ersten paar Gängen und konnte deshalb die letzten zwei Drittel des Festmahls nicht zu mir nehmen. Die Menge des Essens war einfach umwerfend. Hätte ich mir die Speisekarte angesehen, hätte ich das vielleicht schon vorher bemerkt und mich entsprechend verhalten können. Aber das tat ich erst, als mir ein Gang nach dem anderen serviert wurde, als meine Überraschung mich dazu trieb. Dies war die Speisekarte:

ERSTER TISCH

Vorspeisen – Gemüse

Suppe – Sumpfschildkröte mit Wachteleiern und Zwiebeln

Gebackener Fisch mit Seeigelpaste

Roher Fisch mit Meerrettich und Eutrema- Wurzel

Gebratene Garnelen und Tiefseeaal

Ente, Fischfrikadelle und Gemüse in Eiersuppe, gedämpft

Gebratene Ente mit Relish

Als so viel serviert war, nahmen die Nesaner die kleinen Tische vor uns weg und marschierten aus dem Raum. Da ich bereits ungefähr drei normale Abendessen gegessen hatte, schloss ich, dass die Mahlzeit vorbei war, aber dem war nicht so. Sie kamen wieder herein und brachten andere kleine lackierte Tische mit dem gleichen Muster wie das erste, nur etwas kleiner; woraufhin, wie es mir schien, ein komplettes zweites Mittagessen serviert wurde. Das Menü war wie folgt:

ZWEITER TISCH

Vorspeisen – Gemüse

Fischconsommé

Gegrillter Aal

Reis

Eingelegtes Gemüse

Früchte

Man sagt mir, dass Verdauungsstörungen eine weitverbreitete Krankheit der Japaner sind, und bei wohlhabenden Menschen, die keine schwere körperliche Arbeit verrichten, kann ich das ohne weiteres glauben. Der schuftende Kuli ist der einzige Mann in Japan, von dem man vernünftigerweise erwarten kann, dass er eine aufwendige japanische Mahlzeit verdaut, und er bekommt natürlich nie eine, sondern ernährt sich fast ausschließlich von Reis und Fisch.

Obwohl Amerikaner einige japanische Gerichte schmackhaft finden, vermissen wir in der japanischen Küche vieles. Es fehlt an Abwechslung. Frühstück, Mittagessen und Abendessen bestehen aus ungefähr denselben Gerichten. Die verschiedenen gut gekochten Gemüsesorten, die einen so wichtigen Teil unserer Ernährung ausmachen, fehlen bei ihnen völlig, ebenso wenig wie Kompotte, Salate, Süßigkeiten oder die zahlreichen Fleischgerichte, an die wir gewöhnt sind.

Zu ihren bekanntesten Tafelspezialitäten kann man sagen, dass gegrillter Aal mit Reis sehr gut ist; dass der rosa Fisch, dessen Fleisch roh gegessen wird, eine Augenweide ist und keineswegs ungenießbar, wenn man ihn in die dazugehörige *Shoyu taucht* , eine braune Soße aus Sojabohnen, die Worcestershire-Sauce nicht unähnlich ist; dass sie zwar keine Cremesuppen haben, aber einige ihrer Suppen wohlschmeckend sind, wenngleich sie die Besonderheit haben, entweder dünn und wässrig zu sein oder andererseits die Konsistenz von Vanillepudding zu haben; dass Bambussprossen ziemlich zäh, Lilienwurzeln süß und saftig und Wachteleier köstlich sind. Die Japaner domestizieren übrigens die Wachteln wegen ihrer Eier, betrachten die Kuh nicht als Milchtier, sondern als Lasttier und züchten den Kirschbaum nicht wegen seiner Früchte, sondern wegen seiner Blüten.

Die Ernährung des alten Japans war sogar noch weniger abwechslungsreich als die heutige, denn vor über tausend Jahren wurden die Japaner Vegetarier und hielten sich noch einige Jahrhunderte danach strikt an das buddhistische Gebot, keine Lebewesen zu töten. Mehrere hundert Jahre lang verzichteten sie sogar auf Fisch, aber nach und nach fielen sie von der strikten Einhaltung der vegetarischen Lehre ab, bis heute ein einigermaßen kultivierter Japaner ein Abendessen nach europäischer Art mit Rindfleisch und allem Drum und Dran durchaus genießen kann. Tatsächlich legen viele, die ins Ausland gereist sind und eine Vorliebe für ausländische Kochkunst entwickelt haben, Wert darauf, mindestens eine ihrer täglichen Mahlzeiten nach ausländischer Art zubereiten zu lassen.

Regierungsvertreter oder reiche Kosmopoliten, die in großem Stil Gäste empfangen, tun dies normalerweise auf europäische Art. Ein Bankett im Imperial Hotel in Tokio ist einem Bankett in New York sehr ähnlich, und eines im Bankers' Club ist es sogar noch mehr, nur dass das Essen selbst wahrscheinlich besser ist als bei unseren Banketten. Mit einer großen Gesellschaft im Peers' Club zu speisen ist wie in einem großen Club oder einer offiziellen Residenz in Paris zu speisen; und was die Cocktailstunde im Tokyo Club betrifft, kann ich mir nichts auf der Welt vorstellen, das vollkommener und herrlicher international wäre.

Ein wichtiger Bestandteil der Ausstattung für eine Mahlzeit im rein japanischen Stil ist ein Raucher-Outfit, bestehend aus einem Tablett, auf dem eine kleine Urne mit glühender Holzkohle steht, und einer Bambusvase mit etwas Wasser darin – erstere zum Anzünden des Tabaks, letztere als Behälter für Asche. Der einheimische Rauch ist eine winzige Pfeife, eine sogenannte Zweieinhalb-Zug-Pfeife, mit einem Kopf so klein wie ein Kinderfingerhut. In dieser Pfeife, die von Männern und Frauen gleichermaßen verwendet wird, wird fein zerkleinerter japanischer Tabak geraucht, und das ständige Nachfüllen und Wiederanzünden scheint Teil des Rauchvergnügens zu sein. Die Japaner rauchen auch Zigaretten und Zigarren, aber die Tabakindustrie Japans ist wie die Frankreichs ein staatliches Monopol, mit dem Ergebnis, dass gute Zigaretten und Zigarren, wie in Frankreich, schwer zu bekommen sind.

die Anlage hinsichtlich Management, maschineller Ausstattung und vielleicht auch Arbeitsbedingungen im Vergleich mit einigen großen Tabakfabriken in unseren eigenen Südstaaten nicht schlecht abschneiden würde . Aber was die Produkte dieser Fabrik betrifft, von denen ich das beste probiert habe, kann ich keine Begeisterung vortäuschen. Japanischer Tabak eignet sich recht gut für die kleinen einheimischen Pfeifen, aber man kann daraus keine guten Zigaretten oder Zigarren machen, und selbst Zigaretten aus Mischtabak oder aus reinen Virginia- oder ägyptischen Blättern würden einen kritischen Gaumen kaum zufriedenstellen. In Japan hergestellte Zigarren sind durchweg schlecht, wie die staatlich hergestellten Zigarren in Frankreich, aber während man in Frankreich eine gute importierte Havanna kaufen kann, habe ich in Japan keine zum Verkauf gefunden. Ein Grund dafür ist der Zigarrenzoll von 355 %, sodass sich nur ein Millionär gute Havannas leisten kann .

Ob es nun daran lag, dass mich das riesige Mittagessen im Maple Club in einen Zustand der Benommenheit versetzt hatte oder daran, dass mein Verstand sich nicht schnell auf die Würdigung einer unbekannten und äußerst merkwürdigen Kunst einstellen konnte, jedenfalls war ich weder vom schrillen Falsettgesang der Geisha-Musikerinnen noch von den seltsamen Klängen, die sie mit ihren Samisen, Querpfeifen und Trommeln erzeugten, als sie die Tänzer begleiteten, bezaubert.

Die einheimische japanische Musik mit ihrer groben Fünftonskala ist der der westlichen Völker nachweislich unterlegen. Für das ausländische Ohr ist sie unmelodisch, sogar barbarisch, und doch muss ich sagen, dass ich, je öfter ich sie hörte, eine Art seltsamen Reiz darin empfand – einen Reiz nicht für das Ohr, sondern für die Vorstellungskraft. Selbst jetzt, wenn ich weit weg von Japan bin, zaubert ein oder zwei Töne, die ich auf einer Gitarre, einer Mandoline oder einer Ukulele anschlage, um die Samisen zu imitieren, lebhafte Bilder in meinen Kopf. Ich sehe eine schmale Geisha-Straße mit einem Musiker, der in einem oberen Fenster sitzt, oder ich habe eine Vision einer Geisha-Tänzerin in strahlender Seide, die mit einem Fächer in der Hand vor einem Hintergrund aus goldenen Wandschirmen in der exquisiten, keuschen Einfachheit eines japanischen Teehauszimmers posiert. Der Klang, der das Bild hervorruft, ist nicht harmonisch, aber das Bild selbst ist unbeschreiblich harmonisch.

Ein Grund, der Fremde in Japan manchmal davon abhält, den Tanz der Geishas wertzuschätzen, ist die Tatsache, dass er Tanzen genannt wird. Denn der Begriff ruft bei uns ein Bild von Pavlowa in Erinnerung, die wie ein schnell fliegender Vogel balanciert, oder Genée , die wie eine Biskuitpuppe aussieht und sich auf einem Zeh dreht. Tanzen bedeutet für uns vor allem Rhythmus. Wir suchen in einem Geisha-Tanz nach Rhythmus, und wenn wir ihn nicht finden – zumindest nicht in dem Sinne, wie wir die Bedeutung des Wortes verstehen –, sind wir verblüfft. Es ist nur ein weiterer Fall von Vorurteilen, die uns daran hindern, den Tanz richtig zu schätzen.

Viele Reisende und mindestens ein Autor, der ein Buch über Japan geschrieben hat, haben den Fehler gemacht, Geishas mit Prostituierten zu verwechseln. Das ist ein gewaltiger Irrtum. Dieser Irrtum wird von Rikscha -Kulis aufrechterhalten, die wissen, dass es sich um einen häufigen Irrtum von Ausländern handelt, und daher den Begriff „Geisha-Haus" oft als Bezeichnung für ein Etablissement ganz anderer Art verwenden. Ein Geisha-Haus ist in Wirklichkeit einfach ein Haus, in dem Geishas unter der Obhut eines Herrn oder einer Herrin leben, an die sie durch Vertrag oder Schuldknechtschaft gebunden sind. Geishas werden über Tauschbörsen gebucht und treffen ihre Gäste in Restaurants oder Teehäusern. Außerhalb ihrer Dienstzeit sind sie Privatpersonen, und es wäre der Gipfel der Vulgarität, wenn ein Mann eine Geisha im Geisha-Haus aufsucht, wie harmlos der Grund seines Besuchs auch sein mag.

Ein weiterer Grund für die falsche Vorstellung, was eine Geisha ist, liegt in der Tatsache, dass es in der westlichen Zivilisation keine entsprechende Klasse gibt. Geishas entsprechen eher Kabarettunterhalterinnen als irgendeiner anderen Klasse, die wir kennen, aber selbst hier gibt es keine wirkliche Parallele. In Japan ist es – außer in Hotels im ausländischen Stil – nicht üblich, in der Öffentlichkeit zu speisen. Wenn ein Mann allein in einem

Hotel ist, speist er allein in seinem Zimmer, außer dass die kleinen Nesans ,
die ihn bedienen, versuchen, sich angenehm zu machen, und dass der
Eigentümer dasselbe tun kann. Oder wenn ein Mann in einem Restaurant ein
Mittagessen oder eine Dinnerparty gibt, hat er ein privates Zimmer. Daher
gibt es im japanischen System nie eine allgemeine Versammlung von
Personen, die einander fremd sind und die während des Essens als Gruppe
unterhalten werden können. Somit ist die Geisha eine private Entertainerin,
und um die begehrteste Geisha zu gewinnen, ist es üblich, mehrere Tage im
Voraus Vorkehrungen für ein Mittagessen oder Abendessen zu treffen. Dies
geschieht normalerweise über den Restaurantbesitzer, der die Namen der
Geishas erfährt, die der Gastgeber herbeirufen möchte, und diese über die
örtliche Geisha-Börse benachrichtigt.

Männer, die häufig auswärts zu Mittag oder Abend essen, lernen natürlich
viele Geishas kennen und haben ihre eigenen Vorlieben. Wenn ein Gastgeber
weiß, dass einer seiner Gäste eine bestimmte Geisha besonders mag, wird er
im Allgemeinen versuchen, sie zu seiner Party einzuladen.

Es gibt drei Klassen von Geishas. Die Geishas der besten Klasse haben
häufig ein gutes Einkommen. Sie bekommen oft großzügige Geschenke von
ihren reichen Gönnern, und viele von ihnen sind die Geliebten
wohlhabender Männer, die sie manchmal zu Wochenendausflügen
mitnehmen und viel Geld für sie ausgeben.

Wie dem auch sei, eine Geisha der ersten Klasse ist ein Geschöpf mit
erlesenen Manieren und an ihr ist nicht die geringste Spur von Grobheit zu
erkennen. Sie ist freundlich, sogar angenehm vertraulich, aber in der
Öffentlichkeit begeht sie nie die geringste Ungehörigkeit. Ich war auf vielen
Schwulenpartys in Japan, aber ich habe noch nie eine Geisha oder ihren
Gönner so auftreten sehen, dass die anspruchsvollste Amerikanerin
schockiert wäre. Natürlich ist die Situation unter Japanern der unteren Klasse
und den Geishas, die sie besuchen, etwas anders. Es gibt vulgäre Geishas,
um vulgäre Männer zu unterhalten. Aber selbst eine Geisha der unteren
Klasse ist oft klug genug, sich der Situation anzupassen, wenn man sie im
Notfall ruft, um einen Mann mit Geschmack zu unterhalten.

Während des Essens sitzt die Geisha vor oder neben dem Herrn, den sie
unterhalten soll, unterhält sich mit ihm, unterhält ihn und serviert ihm Sake
. Anschließend unterstützt sie die anderen Geishas bei der Unterhaltung. Ihre
Rolle dabei hängt von ihrem besonderen Talent ab, das im Singen, Spielen
oder Tanzen liegen kann. Hübsche junge Geishas sind meist Tänzerinnen,
während ältere Geishas im Allgemeinen Musikerinnen sind. Es gibt auch
einige Geishas, die einfach nur intelligent und angenehm sind und ohne
andere Fähigkeiten Erfolg haben. Der Gastgeber, der eine Party organisiert,

wählt seine Geisha unter Berücksichtigung dieser verschiedenen Anforderungen aus, damit seine gesamte Geisha-Gruppe ausgewogen ist.

Ausländer sind im Allgemeinen am meisten von den kleinen tanzenden Mädchen oder Maiko angetan , die noch ganz Kinder sind und die mit ihren süßen, fröhlichen, glücklichen Gesichtern und ihren bezaubernd leuchtenden Kostümen aus geblümter Seide einfach faszinierend sind. Einmal sah ich auf einer Party in einem großen Haus in Tokio zwanzig dieser kleinen Wesen eine breite Treppe hinunterhuschen und dabei ein Bild abgaben, das nichts anderes als eine Masse von Herbstblättern war, die von einem starken Wind verweht wurden.

Diese Kinder sind praktisch Lehrlinge, die in den Künsten der Geisha ausgebildet werden. Oft üben sie diesen Beruf aus, weil ihre Eltern sie verkauft haben, um Geld zu verdienen. Bei den älteren Geishas ist es häufig dasselbe. Die japanische Lehre der kindlichen Pietät macht es für eine Tochter zur Pflicht, Geisha oder sogar Prostituierte zu werden, um die finanzielle Not ihrer Eltern zu lindern. In beiden Fällen unterschreibt sie einen Vertrag für eine bestimmte Dauer – normalerweise drei Jahre.

Ein Mädchen, das kultiviert, hübsch und talentiert ist, kann durch die Ausbildung zur Geisha eine Summe von etwa tausend Dollar verdienen . Wenn sie jedoch nicht talentiert oder attraktiv genug ist, um eine Geisha zu werden, ist ihre nächste Ressource die „ Stadt ohne Nacht “. Die Öffnung beruflicher und kommerzieller Möglichkeiten für Frauen dürfte diese Situation verbessern.

Mir wurde gesagt, dass Geishas und die kleinen Tänzerinnen im Allgemeinen von den Geisha-Meisterinnen freundlich behandelt werden, und die Fröhlichkeit, die sie an den Tag legen, lässt mich zu dem Schluss kommen, dass dies wahr ist. Insbesondere die kleinen Tänzerinnen brauchen nur wenig Ermutigung, um so verspielt wie Kätzchen zu werden.

KAPITEL XII

Ich unterhalte mich in einem Teehaus – Volkstänze – Der Sinn für Form – Die Organisation der Gesellschaft – Jitsuko hilft mir, eine Party zu geben – Hübsches Kokinoyou – Geisha-Spiele – Rivalitäten der Geisha – Der Kirschtanz in Kyoto – Theaterkulissen – Uneigennützige Geisha – Teehausromanzen – Restaurants, billig und teuer – Überlegungen zur Reform

„ Es ist angenehm, in einer fremden Sprache unterrichtet zu werden, durch fremde Lippen und Augen...“ —Byron

Geishas und Maikos kommen am besten bei kleinen Partys zur Geltung, bei denen die Gäste sich gut kennen und man bis zu einem gewissen Grad auf Förmlichkeiten verzichten kann. Ich war sehr erfreut, als ich genug über die Gepflogenheiten von Teehäusern und Geishas gelernt hatte, um eine solche Party geben zu können.

Meinen ersten Versuch als Gastgeber eines japanischen Abendessens verrichtete ich allerdings nicht ganz unabhängig, da mir ein japanischer Freund half. Er fand im reizenden Teehaus Maruya in der antiken Stadt Nara statt.

Die Theaterstraße in Kyoto ist eine der interessantesten Autobahnen der Welt

Im Maruya begann ich zum ersten Mal, den Geisha-Tanz wirklich zu verstehen und zu schätzen, und ich glaube, was mir dabei am meisten half, war die Tatsache, dass die kleine Maiko mehrere japanische Volkstänze aufführte, deren Handlung im Gegensatz zu den meisten Geisha-Tänzen weitgehend selbsterklärend war. Einer dieser Tänze stellte das Muschelgraben dar. Dabei hielten die Tänzer kleine Tabletts, die sie in der Pantomime als Schaufeln verwendeten, und machten die Bewegung, die Muscheln aus dem Sand zu graben und in einen Korb zu werfen. Der Tanz wurde von einem Lied begleitet, ebenso wie ein anderer Volkstanz, bei dem zwei der Maikos die Rollen von Liebenden spielten , die sich trennen mussten, weil die Mutter des Mädchens sie zwang, einen reichen Mann zu heiraten. Es war interessant für mich, bei diesem Tanz zu bemerken, dass die Geste, die das Weinen anzeigt – das Halten einer Hand vor die Augen in einem Abstand von fünf bis sieben Zentimetern – nicht aus dem Leben stammt, sondern der Geste der Puppen im Marionettentheater nachempfunden ist. Das ist die Geste eines Mannes. Wenn eine Frau weint, hält sie sich den Ärmelstreifen vor die Augen, denn es ist Tradition, dass Frauen ihre Tränen mit dem Ärmel trocknen. Wenn in der japanischen Poesie von feuchten Ärmeln die Rede ist, bedeutet dies bildlich, dass eine Frau geweint hat.

Bei Ebbe in der Bucht von Tokio Muscheln graben

Die Mädchen, die den letztgenannten Volkstanz aufführten, waren dreizehn bzw. fünfzehn Jahre alt und waren offensichtlich sehr amüsiert über die leidenschaftlichen Äußerungen, die sie von sich geben mussten . Diejenige, die die Rolle des Jünglings spielte – ein bezauberndes kleines Wesen mit einem schelmischen Gesicht – konnte ihre Heiterkeit manchmal nicht zurückhalten, als sie die tragischen und romantischen Verse rezitierte, und ihre Darbietung wurde von kleinen Kicherausbrüchen unterbrochen, die zwar nicht die dramatische Wirkung der traurigen Geschichte verstärkten, ihr Publikum jedoch als äußerst ansteckend empfanden. Dann riss sie sich mit großer Anstrengung zusammen und versuchte, den heiteren Ausbruch zu überstehen, indem sie ihre Stimme senkte, um die eines Mannes zu imitieren, und ein tragisches Verhalten annahm, das bei einem so süßen und kindlichen Wesen, das in seidene Gewänder gekleidet war, die es wie einen Schmetterling aussehen ließen, noch amüsanter war.

Menschen, die sich für die Künste interessieren oder ein Gespür dafür haben, schätzen den Geisha-Tanz selten, wenn sie genug davon gesehen haben, um zu verstehen, was es ist. Das liegt meiner Meinung nach daran, dass sie im Allgemeinen ein Gespür für die Form haben, und da der Geisha-Tanz eine Art belebtes *Tableau vivant ist* , ist ein Gespür für die Form das Wichtigste, um ihn zu schätzen.

Ich gehe sogar noch einen Schritt weiter und bekunde meine Überzeugung, dass ein Sinn für die Form für einen Besucher, der Japan wirklich verstehen möchte, eine lebenswichtige Notwendigkeit ist.

Japan ist ganz Form. In der japanischen Kunst nimmt sogar die Farbe den zweiten Platz ein. Und das japanische Gefühl für Form hört keineswegs dort auf, wo die Kunst endet. Es durchdringt das gesamte japanische Lebensgefüge. Die formelle Höflichkeit der alten französischen Gesellschaft war nichts im Vergleich zur formellen Höflichkeit der Japaner. Das ganze Leben des Durchschnittsjapaners wird so sehr durch Form bestimmt, dass seine Existenz nach einer Art geometrischem Muster abzulaufen scheint. Die Nation selbst ist so organisiert, dass sie eine kompakte künstlerische Komposition suggeriert. Nicht nur jede Klasse, sondern auch jede Familie und jedes Individuum hat einen genauen Platz in der Struktur. Ein Freund von mir, der Japan so gut kennt wie nur wenige Ausländer, geht so weit zu sagen, dass die Nuancen der Unterschiede zwischen den Individuen so fein gezogen sind, dass keine zwei Personen in Japan genau denselben sozialen Rang haben und dass die genaue Position jedes Mannes im Land nach den Regeln des japanischen Formalismus festgelegt werden kann. Obwohl dies eine Übertreibung sein mag, drückt es aus, was ich im Wesentlichen für wahr halte. Ich stelle mir die soziale und politische Struktur Japans als eine große Pyramide vor, in der die Blöcke Familien sind. Ganz unten sind die untergetauchten Klassen - unter ihnen, tief im Schlamm des Fundaments, die *Eta-* oder Pariaklasse. Dann kommen Schichten von Familien, die die stimmlosen Massen repräsentieren, unter denen die Kaufmannsklasse im Feudalismus als die unterste galt. Als nächstes kommen die kleinen wahlberechtigten Steuerzahler, und diese stapeln sich immer weiter, bis sie von den gehobeneren Klassen überlagert werden - denn in Japan kann man sagen, dass es praktisch keine Mittelschicht gibt. Man hat mir gesagt, dass es heutzutage etwa eine Million Familien gibt, die von Samurai abstammen. Hier beginnt die Aristokratie. So steigt die Pyramide nach oben. Schichten niedrigerer Beamter; Schichten höherer Beamter, Schichten ehemaliger Beamter, hoher und niedriger; Schichten derjenigen, die von der Regierung Auszeichnungen erhalten haben; Schichten von Armee- und Marinefamilien und so weiter bis ganz nahe der Spitze, wo die *Genro* oder älteren Staatsmänner platziert sind. Über ihnen steht ein massiver Block, der die kaiserliche Familie repräsentiert, und ganz oben steht der Kaiser, das Oberhaupt aller Familienoberhäupter.

Nachdem mir meine Party in Nara Zuversicht gegeben hatte, gab ich ein Mittagessen im entzückenden Teehaus Kanetanaka , das einen Blick auf einen Kanal im Tokioter Stadtteil Kyobashi bietet.

Ich kann mir nicht viel Verdienst für den Erfolg dieser Party anrechnen, da Jitsuko , die englischsprachige Geisha, die ich bei meinem ersten japanischen

Mittagessen kennenlernte, da war, um mir zu helfen. Jitsukos Englisch war, das muss ich zugeben, nicht perfekt. Und ich hätte es auch nicht gewollt, denn es machte mir Spaß, sie zu unterrichten und von ihr zu lernen.

„Ungezogener Junge!" war einer der Ausdrücke, die ich ihr beibrachte, und ich zeigte ihr, wie man diese Phrase mit einem ermahnenden Fingerschütteln begleitete, mit Ergebnissen, die die amerikanischen Herren bei meinem Mittagessen völlig bezauberten.

Einer dieser Herren, der neu in Japan war und sich daher mit der japanischen Küche überhaupt nicht auskannte, fragte Jitsuko nach einem bestimmten Gericht, das ihm vorgesetzt wurde.

„Was ist das?", fragte er und sah es zweifelnd an.

„Das hat die Ohren gebraten", sagte Jitsuko .

„Gebratene Ohren!", rief er. „Nicht wirklich?"

"Ja."

Aber es waren keine gebratenen Ohren. Jitsuko hatte die üblichen Probleme mit ihren *L*s und *R*s . Sie hatte eigentlich „gebratene Aale" sagen wollen.

Außer Jitsuko hatte ich bei meinem Mittagessen sechs der hübschen kleinen Maiko . Eine von ihnen, ein intelligentes Kind namens Shinobu – „auf Zehenspitzen" – lernte gerade ein wenig Englisch. Sie ließ Tinte und Pinsel holen und schrieb mir die Namen ihrer Gefährtinnen auf. Später ließ ich die Namen übersetzen und verstand ihre Bedeutung im Englischen – denn Geishas nehmen im Allgemeinen phantasievolle Namen an. Sie waren: Kokinoyou – „kleiner Alligator" [1] Akika – „Duft des Herbstes", Komon – „kleines Tor", Shintama – „neuer Ball" und Kimi-chiyo , deren Name mir nicht übersetzt werden konnte, die aber das hübscheste kleine Tänzerinnenmädchen war, das ich in ganz Japan gesehen habe.

1 „Was für ein komischer Name!", schreibt mir ein japanischer Freund. Und er fügt hinzu: „Deine Übersetzung kann nicht stimmen. Ein kleiner Alligator könnte in Amerika für ein Maskottchen gehalten werden, aber es könnte niemals der Name einer zierlichen kleinen Geisha sein."

Obwohl die japanische Vorstellung von weiblicher Schönheit im Allgemeinen nicht mit unserer übereinstimmt, war Kimi-chiyo meiner Meinung nach eine Ausnahme und in den Augen der Einheimischen ebenso schön wie in denen einer Amerikanerin, denn sie schien sehr beliebt zu sein und war auf fast jeder japanischen Party, die ich in Tokio besuchte. Obwohl sie nicht älter als sechzehn Jahre sein konnte, benahm sie sich außerdem mit dem ruhigen Selbstbewusstsein einer etablierten Schönheit. Ich habe viele

Damen getroffen, die doppelt oder dreimal so alt waren wie sie, aber nicht so selbstbewusst waren.

Das kleine tanzende Mädchen rechts, Kimi-chiyo , war auf fast jeder japanischen Party, die ich in Tokio besuchte. Sie trug sich mit dem ruhigen Selbstbewusstsein einer etablierten Schönheit.

tanzte die Maiko für uns, während Jitsuko und eine andere Geisha spielten. Dann wurde das Programm geändert, da mein Ehrengast noch nicht auf den Geschmack des Geisha-Tanzes gekommen war, und Jitsuko ließ die kleine Maiko Spiele spielen. Zuerst zeigten sie uns ihr großes *Ken* -Spiel , aber obwohl wir es gelernt hatten, konnten wir nicht mit ihnen mithalten. Sie waren zu schnell für uns. Wir warfen mit ihnen Wurfringe – und wurden geschlagen. Wir spielten Flasche und Becher – und wurden geschlagen. Und schließlich zeigten sie uns eine japanische Version von „Auf dem Weg nach Jerusalem", die sie mit Kissen statt Stühlen spielen, mit Samisen als Musik. Natürlich schlugen sie uns dabei. Wer kann sich mit der Beweglichkeit eines kleinen japanischen Mädchens auf ein Kissen sinken lassen? Alles in allem wurden die Amerikaner in jeder Hinsicht geschlagen – und hatten viel Spaß dabei.

Ich könnte eine Geschichte über den Präsidenten eines der größten Konzerne Amerikas erzählen. Er war bei meinem Mittagessen. Er ist ein sehr würdevoller und beeindruckender Mann und gilt als fähig. Aber er kann keinen Ken spielen, der auch nur einen Cent wert ist. Kimi-chiyo selbst hat das gesagt. Sie hat es Jitsuko erzählt und Jitsuko hat es mir erzählt.

„In Amerika ist er ein großer Mann", sagte ich.

„Er ist sehr langsam im Ken", beharrte Kimi-chiyo unbeeindruckt.

„Im Geschäft ist er nicht langsam", sagte ich ihr.

„Vielleicht. Aber jeder , der wirklich schlau ist, hat eine schnelle Auffassungsgabe."

Ich habe beschlossen, das Ken-Spiel in Zukunft zu vermeiden. Es zeigt einen auf.

Zwischen den Geishas der verschiedenen großen Städte besteht eine sanfte Rivalität. Kyoto beispielsweise gesteht den Geishas der fünf oder sechs führenden Bezirke Tokios eine gewisse Lebhaftigkeit zu, besteht aber darauf, dass die Geishas von Kyoto unvergleichliche Gesichtsfarben haben und dass die berühmten Gion- Geishas von Kyoto in ihrer Anmut und ihrem Charme vollkommener sind als alle anderen in Japan. Dies wird damit begründet, dass die Gion -Geishas eine lange und bedeutende Geschichte haben und dass es in Kyoto eine Geisha-Schule gibt, während die Geishas von Tokio keine Schule haben, sondern von älteren Geishas unter der Aufsicht des Meisters des jeweiligen Geisha-Hauses ausgebildet werden, dem sie angehören. Ebenso halten die Geishas von Tokio die von Kyoto für ziemlich „langsam" und betrachten die Geishas von Yokohama als deutlich minderwertig. Einmal bat ich eine Geisha aus Tokio, einen Tanz aufzuführen, von dem ich gehört hatte, aber sie antwortete mit einer Art Achselzucken, dass der fragliche Tanz von der Geisha von Yokohama aufgeführt wurde, weshalb sie und ihre Gefährtinnen ihn nicht aufführten.

Soweit ich weiß, gibt es in Tokio oder Yokohama keine große Geisha-Show, die einer Theateraufführung ähnelt, wie man sie in Kyoto zur Kirschblütenzeit oder im Embujo- Theater in Osaka jeden Mai sehen kann. Diese Aufführungen sind ein herrlicher Anblick, insbesondere der Kirschtanz von Kyoto ist in ganz Japan berühmt. Die Gebäude, in denen sie stattfinden, sind beeindruckend. Das Gebäude in Kyoto wurde speziell für den Kirschtanz gebaut, und obwohl es im Großen und Ganzen wie ein großes Theater aussieht, ist es im Stil eines alten japanischen Palastes gestaltet. Die Geisha-Tänzerinnen und Musikerinnen sind hervorragend ausgebildet und die Kostüme sind prächtig.

In diesen Theatern werden rasche Szenenwechsel mit Mitteln durchgeführt, die amerikanischen Theaterbesuchern unbekannt sind. Wie in unseren Theatern werden manchmal Kulissen und Abhänge hochgezogen, wenn eine Szene gewechselt wird, aber genauso häufig sinken sie durch Schlitze im Bühnenboden nach unten. Außerdem sieht man in der Dunkelheit eines „dunklen Wechsels", wie ganze Kulissen außergewöhnliche Verrenkungen durchlaufen, sich auf eine Art und Weise zusammenfalten, die in unseren Theatern unbekannt ist, oder sich umstülpen oder auf den Kopf stellen. Man hat das Gefühl, dass ihre Bühne im Allgemeinen mit weniger perfekten mechanischen und Beleuchtungseinrichtungen ausgestattet ist als unsere, aber dass beim eigentlichen Aufbau der Kulissen viel Einfallsreichtum zum Ausdruck kommt. Eines der erstaunlichsten Dinge, die ich je in einem Theater gesehen habe, war das plötzliche Verschwinden einer Kulisse im Embujo in Osaka. Der Boden dieser Abhänge begann sich plötzlich zusammenzuziehen; dann schoss die ganze trichterförmige Masse durch eine kleine Öffnung im Boden nach unten, wie ein seidenes Taschentuch, das schnell durch einen Ring gleitet.

Die vollkommenste Illusion von Tiefe und Entfernung, die ich je auf einer Bühne gesehen habe, war in einer Szene des Kyoto Cherry Dance. Von der Vorderseite des Hauses aus schien die Szene unglaublich weit nach hinten zu gehen. Ich konnte auch nicht erkennen, wo der Hintergrund auf die Bühne traf, so geschickt war das gemalte Bild mit der gebauten Kulisse verschmolzen. Als die Vorstellung vorbei war, inspizierte ich diese Kulisse und stellte fest, dass der Bühnenbildner sein Ergebnis durch eine äußerst kunstvolle Verengung der perspektivischen Linien erreicht hatte, nicht nur in der gemalten Kulisse, sondern auch in den Objekten auf der Bühne. Eine Reihe von Tischen, die von der Rampe bis zur Rückseite der Bühne reichte, war in abnehmendem Maßstab gebaut worden, und Reihen japanischer Laternen, die anscheinend genau gleich waren, wurden in Wirklichkeit immer kleiner, je weiter sie vom Proszenium nach hinten reichten, so dass die gesamte Perspektive übertrieben war. Die Bühne dieses Theaters war tatsächlich nicht so tief wie die des New York Hippodrome oder des Century Theatre.

Als ich beim Geisha-Tanz in Osaka nach der Bezahlung der über hundert Geisha-Musikerinnen und -Tänzerinnen fragte, wurde mir gesagt, dass sie überhaupt nicht bezahlt würden. Dafür gibt es zwei Gründe. Erstens wird es als Pflicht aller Geishas angesehen, den Frühling mit Musik und Tanz zu feiern. Und zweitens betrachten sie es als Ehre, für diese Feste ausgewählt zu werden, da nur die geschicktesten Mitglieder ihrer Schwesternschaft ausgewählt werden.

Geishas sind nämlich nicht nur Geldsüchtige. Wenn zwei oder drei von ihnen zusammen einen kleinen Ausflug machen oder einkaufen, geben sie großzügig Geld aus. Und es gibt Geschichten von Geishas, die ihre Gebühren selbst zahlen, um sich mit ihren mittellosen Liebhabern in Teehäusern zu treffen.

In japanischen Romanzen ist die Geisha eine beliebte Figur. Ein beliebtes Thema für Geschichten über sie ist ihre Liebesaffäre mit einem Studenten, dessen Familie ihn wegen seiner Verliebtheit verstößt. Die Geisha unterstützt ihn dann, während er seine Ausbildung abschließt. Er schließt mit Bravour ab, sichert sich eine wichtige Stelle bei der Regierung und belohnt die Hingabe des Mädchens, indem er sie zu seiner Braut macht. Oder wenn die

Geschichte tragisch ist – und die Japaner haben eine ausgeprägte Vorliebe für Tragödien –, versucht die Familie des Studenten, ihn zu einer brillanten Heirat zu zwingen, woraufhin die aufopferungsvolle Geisha, die er wirklich liebt, sich das Leben nimmt, damit sie seinem Erfolg nicht im Wege steht.

Vor ein oder zwei Generationen gab es eine Zeit, in der japanische Aristokraten gelegentlich Geishas zur Frau nahmen, ähnlich wie junge englische Adlige früher Chormädchen heirateten. Aber diese Dinge haben sich in Japan geändert, und es ist lange her, dass ein Mann von Rang eine solche Verbindung eingegangen ist. Die schlichte Wahrheit ist, dass die Geisha-Klasse, ob nun zu Recht oder zu Unrecht, nicht respektiert wird. Sie sind Opfer eines seltsamen Gesetzes, das überall auf der Welt gilt und uns immer ein wenig Verachtung für diejenigen empfinden lässt, deren Beruf es ist, uns zu unterhalten. Außerdem sind Geishas in der Regel nicht sehr gebildet, und es heißt, dass diese Tatsache es ihnen schwer macht, einen höheren Platz in der sozialen Leiter einzunehmen.

So kommt es, dass die Ehemänner der Geishas in der Regel Geschäftsleute oder Kaufleute im bescheidenen Rahmen sind.

Yuki, unser geschätztes Dienstmädchen, hatte eine Freundin, die Geisha wurde, sich jedoch über das Heiratsportal aus dem Beruf zurückzog.

„Sie ist ein kluges Mädchen“, sagte Yuki. „Sie ist zu klug, um eine Geisha zu sein.“

„Warum ist sie dann eine geworden?“, fragte ich.

„Ihre Familie steckt in großen Schwierigkeiten. Ihr Vater braucht sofort fünfzehnhundert Yen. Das muss sein. Also wird sie Geisha. Aber nach einer Weile trifft sie in einem Teehaus einen reichen Mann, der für sie bezahlt, sodass sie keine Geisha mehr sein muss, und sie heiraten.“

Einige hervorragende Menschen, die ich in Japan traf – Amerikaner, die vom Geist der Reform durchdrungen waren – lehnten das Geisha-System entschieden ab und behaupteten, es sei ein Hindernis für ein glückliches häusliches Leben. Sie waren der Meinung, dass der durchschnittliche japanische Ehemann, solange es in Japan Geishas gibt, sie auf seinen Partys einladen und seine derzeitige Praxis, seine Frau zu Hause zu lassen, wenn er ausgeht, um sich zu amüsieren, beibehalten wird. Ich nehme an, das ist wahr. Zweifellos ist die Geisha für die japanische Ehefrau die „andere Frau“. Und wie so oft bei der „anderen Frau“, in welchem Land auch immer man sie findet, hat die Geisha gewisse strategische Vorteile gegenüber der Ehefrau. Wie gute Ehefrauen überall auf der Welt kümmert sich die japanische Ehefrau um alltägliche Dinge – die Kinder, den Haushalt, die Familienfinanzen – Dinge, die einen Ehemann oft irritieren und langweilen, wenn man sie ständig darauf beharrt. Aber die Umstände, unter denen ein

Ehemann eine Geisha trifft, sind freundlich und heiter. Ihre Aufgabe ist es, ihn seine Sorgen vergessen und sich amüsieren zu lassen.

Auch die Kosten des Geisha-Systems werden dagegen geäußert. Ein Abendessen in einem erstklassigen Teehaus mit einer Geisha kostet genauso viel oder sogar mehr als ein aufwändiges Abendessen in den teuersten New Yorker Hotels. Fremde in Japan sollten dies verstehen, da sie oft voreilig zu dem Schluss kommen, dass das japanische Teehaus, das im Vergleich zu der Pracht aus Gold und Marmor eines großen amerikanischen Hotelspeisesaals so einfach – so herrlich einfach! – aussieht, zwangsläufig billiger sein muss. Ich erinnere mich an einen Fall, in dem einige Amerikaner, die gerade in Tokio angekommen waren, von einem japanischen Gentleman auf einheimische Weise bewirtet wurden und das Gefühl hatten, die Höflichkeit auf königliche Weise zu erwidern, als sie ihn einluden, mit ihnen in ihrem Hotel zu speisen. Tatsächlich kostete ihr Abendessen im Hotel jedoch weniger als halb so viel pro Teller wie sein japanisches Abendessen. Obwohl man Höflichkeit nicht nach den Kosten bewertet, ist es wichtig, sie auf keinen Fall zu unterschätzen.

Natürlich gibt es große Unterschiede bei den Preisen für Mahlzeiten in Teehäusern und Restaurants, und die Tatsache, dass die billigen Gerichte genauso aussehen wie die teuren, trägt zur Verwirrung des Fremden bei. Man kann viel sparen, wenn man auf eine Geisha verzichtet. Es gibt auch sehr angenehme Restaurants, in denen der Gast sein Essen selbst in einer Pfanne über einem Kohlenbecken zubereiten kann, das in den Speisesaal gebracht wird.

Diese Art des Kochens mit Chafing Dishes soll von einem Missionar eingeführt worden sein, der das japanische Essen satt hatte und sich angewöhnte, seine Mahlzeiten auf seinen Reisen selbst zuzubereiten. Heute gilt diese Art des Kochens jedoch als typisch japanisch.

Für diese einfache Kochmethode gibt es zwei Bezeichnungen. Das Wort *Torinabe* ist von *tori* (Vogel) und *nabe* (Topf oder Kessel) abgeleitet, während *gyunabe* eine Kombination des Wortes für Topf mit *gyu* (Kuh oder Rind) ist. Die Suyehiro- Restaurants, die drei Filialen in Tokio haben, sind für *Torinabe* *berühmt* , aber auch für ihr affektiertes, elegantes und schlichtes Porzellangeschirr. Ein guter Ort für *Gyunabe* ist das Restaurant Mikawaya im Viertel Yotsuya , nicht weit vom Palast des Kronprinzen.

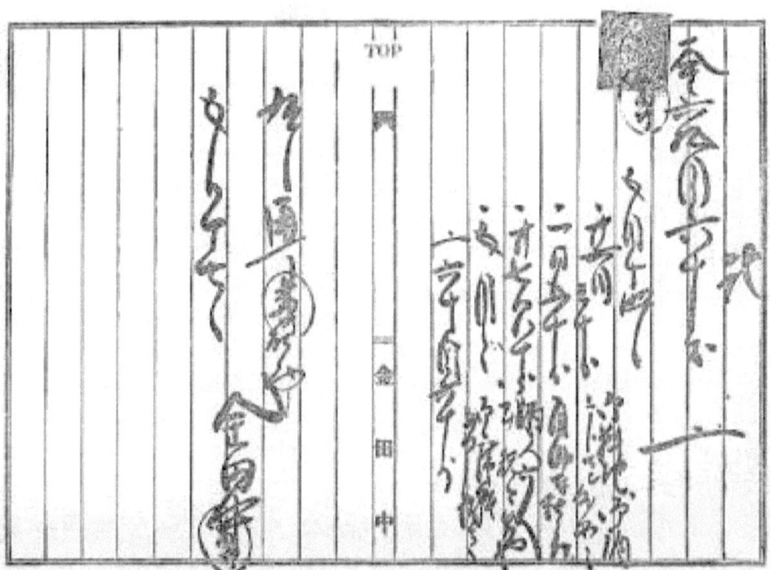

Eine Rechnung des Teehauses Kanetanaka mit Posten in Höhe von 26,30 ¥ für Essen, Sake usw. und 27,80 ¥ für „Trinkgeld von sechs Sake- Kellnerinnen (Geishas) für die Geishas und ihre Begleiterinnen".

Um genauer auf die Preise einzugehen: Ich gab ein ausgezeichnetes Mittagessen dieser Art für vier Personen in einem der Suyehiro- Restaurants, das ungefähr viereinhalb Dollar kostete , während ein Mittagessen für die gleiche Anzahl von Personen mit Geisha in einem eleganten Teehaus, das fast genauso aussah wie das andere Restaurant, dreißig Dollar kostete und ein Abendessen für acht Personen mit Geisha dreiundfünfzig Dollar kostete. Alle Trinkgelder sind jedoch in der Rechnung des Teehauses enthalten. Man zahlt nicht sofort, sondern erhält die Rechnung später, da Stammgäste eines Teehauses ihre Rechnungen normalerweise vierteljährlich begleichen.

Gegner des Geisha-Systems teilten mir in skandalöser Manier mit, dass ein Sechstel allen Geldes, das in Japan ausgegeben wird, für Geishas und Dinge draufgeht, die mit Geishas zu tun haben, womit vermutlich Restaurants, Teehäuser, Sake und dergleichen gemeint sind.

"Ein Reformer", sagt Don Marquis, der Weise von Nassau Street, "ist ein Hund in der Krippe, der selbst nicht sündigt und niemanden bequem sündigen lässt . " Das ist eine schreckliche Aussage. Ich würde so etwas nicht sagen. In solchen Fällen ist es immer besser, jemand anderen zu zitieren. Aber so viel will ich sagen: Wenn ich ein Reformer wäre, würde ich zu Hause mit der Arbeit beginnen – nicht in Japan. Ich würde mich der großen Bewegung anschließen, die bereits so gut begonnen hat, um die Vereinigten

Staaten zum reinsten und langweiligsten Land der Welt zu machen. Ich würde mit denen zusammenarbeiten, die versuchen, dieses Ergebnis ausschließlich durch Gesetzgebung zu erreichen. Aber anstatt zu versuchen, wie sie es jetzt versuchen, das gewünschte Ziel durch eine Menge kleiner frommer Gesetze zu erreichen, die eine Menge kleiner gottloser Themen abdecken, sollte ich mich für ein allgemeines Gesetz einsetzen, das alles abdeckt – ein großes, umfassendes Gesetz, das von allen amerikanischen Bürgern verlangt, absolut rein und gut zu sein, nicht nur in ihren Taten, sondern auch in ihren Gedanken. Ich gehe davon aus, dass sich jeder an ein solches Gesetz halten würde, wenn es verabschiedet würde. Um es ihnen jedoch leichter zu machen, sollte ich Restaurants, Theater, Kino, Tanzen, Baseball, Sprechgeräte, Kunst, Literatur, Tabak, Süßigkeiten und Sodawasser abschaffen. Ich sollte in jedem Haushalt Diktiergeräte anbringen und die Polizei alle Gespräche abhören lassen. Leichtsinn sollte ich zu einem Vergehen erklären und Frivolität zu einem Verbrechen.

Wenn dann unser ganzes Land einen Zustand der Perfektion erreicht hätte, der geradezu krankhaft ist, würde ich meine Arbeit hier als erledigt betrachten und nach Japan ziehen. Aber ich sollte nicht aufhören, ein Reformer zu sein. Ganz bestimmt nicht! Ich sollte sofort damit beginnen, die Dinge dort zu verbessern. Nehmen wir zum Beispiel diesen Bericht, wonach ein Sechstel aller Ausgaben für Geishas und ähnliche Dinge ausgegeben wird. Ich sollte als Erstes versuchen, diese Situation zu ändern. Ein Sechstel der Staatsausgaben stellt eine enorme Summe dar. Stellen Sie sich vor, wie viel Geld für schöne Dinge ausgegeben wird! So viel Geld! Und doch ist es nicht ganz genug. Ein Viertel oder ein Drittel wäre besser als ein Sechstel. Das würde alles perfekt machen. Da ich keine japanische Ehefrau bin, sollte ich dafür eintreten.

Ich sehe nur einen ernsthaften Einwand gegen diesen Plan. Sollte Japan noch attraktiver werden, als es jetzt schon ist, könnten sich die Japaner gezwungen fühlen, Ausschlussgesetze zu erlassen. Wenn sie das tun würden, würden sie hoffentlich nicht Menschen einer bestimmten Rasse diskriminieren. Ich hoffe, sie würden alle ausschließen – nicht nur Amerikaner. Denn wenn sie uns ausschließen und gleichzeitig dem Pöbel aus Europa erlauben würden, einzureisen, könnte das unsere Gefühle verletzen. Es ist auch nicht so schwer, unsere Gefühle zu verletzen. Wir sind eine stolze und sensible Rasse, wissen Sie. Ja, in der Tat! Es liegt vor allem daran, dass wir so stolz und sensibel sind, dass wir den Japanern so wenig Höflichkeit entgegenbringen. So funktionieren Stolz und Sensibilität manchmal. Natürlich sind die Japaner auch stolz und sensibel. Aber das kann uns nicht kümmern. Wir haben keine Zeit. Wir sind zu sehr damit beschäftigt, selbst stolz und sensibel zu sein.

KAPITEL XIII

Kommerzialisiertes Laster – Das Yoshiwara – Ein Etablissement darin – Berühmte alte Geisha – Eine „männliche Geisha" – Der stattliche Shogi – Sie zeigen uns Höflichkeit – Die Verdienste des Shogi – Kyotos Shimabara – Der Shogi in der Romantik – Die Geschichte der schönen Yoshino

Manche Amerikaner sind entsetzt, weil kommerzialisiertes Laster in Japan offiziell anerkannt wird. Der Gedanke ist unangenehm. Aber ich bin mir keineswegs sicher, ob die Politik, es anzuerkennen und zu regulieren, nicht die beste Politik ist, da diese Form des Lasters überall auf der Welt existiert.

Die Japaner gehen offenbar davon aus, dass dieses Übel nicht ausgemerzt werden kann und es deshalb am besten ist, es so weit wie möglich aus dem öffentlichen Bewusstsein zu verbannen. Dies wird dadurch erreicht, dass die Frauen, die *Shogi genannt werden* , in bestimmten Bezirken abgesondert werden und von den Straßen der Stadt ferngehalten werden.

Was auch immer für oder gegen dieses System vorgebracht werden mag, es ermöglicht mir, über Japan das zu sagen, was ich über mein eigenes Land oder jedes andere Land, das ich besucht habe, nicht sagen kann: nämlich, dass ich in Japan nie eine Straßenhure gesehen habe.

Der Tokioter Bezirk Yoshiwara wird über eine breite, von einem Bogen überspannte Straße betreten. Im Inneren sehen die Straßen ganz wie andere japanische Straßen aus, außer dass sie hell erleuchtet sind und einige der Gebäude groß und recht kunstvoll sind. Zuerst gingen wir in ein Teehaus des Yoshiwara , und ich konnte sofort erkennen, dass die Geishas in diesem Teehaus von niedrigerem Rang waren als die, die ich bisher gesehen hatte. Ihre Gesichter waren weniger intelligent und ihnen fehlte die vollkommene Anmut und der Charme ihrer erfolgreicheren Schwestern.

Aus den Geräuschen um uns herum ging hervor, dass ein Yoshiwara-Teehaus ein Ort zum Trinken und mehr oder weniger wilden Feiern ist.

Als wir von diesem Teehaus aus die Straße hinuntergingen, passierten wir geordnete Menschenmengen und kamen bald zum prächtigsten Gebäude des Viertels. Es war ein großes dreistöckiges Gebäude aus weiß glasierten Ziegeln mit einem Innenhof mit einem hübschen Garten. Dieses Gebäude zu betreten war wie ein sehr schönes japanisches Hotel.

Im Korridor hing eine Reihe lackierter Stäbe, die jeweils eine Nummer in chinesischen Schriftzeichen trugen. Ich glaube, es waren ungefähr dreißig dieser Stäbe, und jeder stellte einen Shogi dar. Der Shogi Nummer eins war der begehrteste, Nummer zwei kam als nächstes und so weiter. Die Besitzerin und einige Dienstmädchen führten uns in einen großen, mit Matten ausgelegten Raum im zweiten Stock, wo uns Sake , Kuchen und Obst serviert wurden. Dann erschienen drei Geishas von höchst ungewöhnlicher Art. Es waren Frauen im Alter von fünfundfünfzig oder sechzig Jahren, ziemlich groß, mit freundlichen, amüsanten und respektablen Gesichtern. Mir wurde gesagt, dass es sich um Geishas mit einem großen lokalen Ruf für ihren ausgelassenen Witz handelte. Meine japanischen Freunde waren danach in einem ständigen Zustand der Heiterkeit, und obwohl ich nicht verstehen konnte, was die alten Geishas sagten, war ihre drollige Art so ansteckend, dass auch ich amüsiert war. Bald gesellte sich ein Mann mit dem Gesicht eines Komikers zu ihnen. Er wurde mir als „männliche Geisha" beschrieben. Das heißt, er war ein Entertainer. Er sang, erzählte komische Geschichten und zeigte echtes Talent als Imitator.

Diese Unterhaltung dauerte fast eine Stunde. Dann kam die Hausherrin herein, mit der Miene, als hätte sie etwas Wichtiges zu erzählen. Auf ein Wort von ihr zogen sich die Unterhaltungskünstler zurück und setzten sich auf Kissen an einer Seite des Zimmers. Es herrschte eine eindrucksvolle Stille. Langsam glitt eine Schiebetür aus schwarzem Lack und Goldpapier zurück, bewegt von einer unsichtbaren Hand. Wir beobachteten die offene Tür.

Plötzlich erschien die Gestalt einer Frau. Sie blickte nicht in unsere Richtung, sondern bewegte sich in den Raum, als wäre es eine Bühne und sie eine Schauspielerin. Ihr Schritt war langsam und würdevoll, und sie war in ein leuchtendes Gewand aus rotem Satin gekleidet, das schwer gesteppt und mit großen, kunstvollen Mustern bestickt war. Dies war das Shogi Nummer eins. Ihr Kostüm und ihre Haltung waren prächtig, aber ihr Gesicht war ausdruckslos und überhaupt nicht schön.

Als sie weit genug im Raum war, trat der Shogi Nummer zwei, der im gleichen Stil gekleidet war, hinter sie und folgte ihr mit dem gleichen würdevollen Schritt. In einer Prozession schritten sie durch den Raum, drehten sich langsam um, zogen die Säume ihrer wattierten Kimonos über die Matten zurück und verließen den Raum durch die Tür, durch die sie gekommen waren. Dann glitt die Tür ins Schloss.

Das Geschnatter begann erneut, aber nach ein paar Minuten verstummten wir erneut. Zum zweiten Mal öffnete sich die Tür und die beiden Frauen erschienen. Sie waren jetzt in violette Kimonos gekleidet, gesteppt und bestickt wie die erste. Wieder gingen sie würdevoll durch den Raum und wieder zurück; wieder verschwanden sie.

Damit war die Besichtigung beendet. Theoretisch hätten wir inzwischen von dem einen oder anderen Shogi, den wir gesehen hatten, hingerissen sein müssen. Es war Zeit zu gehen. Aber da der japanische Herr, den ich gebeten hatte, mich hierher zu bringen, ein angesehener Mann war, wurde uns vor unserer Abreise eine besondere Höflichkeit erwiesen. Unter normalen Umständen hätten wir die beiden Frauen nicht wiedergesehen, aber jetzt entspannten sie sich so weit, hereinzukommen und sich neben uns auf den Boden zu knien – denn wir hatten unsere Schuhe am Eingang abgegeben und saßen nach japanischer Art auf Seidenkissen.

Meine japanischen Freunde versuchten, mit dem Shogi zu plaudern, aber dieser war offensichtlich kein großer Konversationskünstler. Das Gespräch war ernst und unverkennbar oberflächlich, und nach einer Weile erhoben sich die beiden, verbeugten sich tief und mit einer gewissen Erhabenheit und schleiften ihre wunderbaren Gewänder aus dem Zimmer. Es war, als sähe man ein Paar Kurtisanen aus einem Farbdruck von Utamaro lebend. Als sie gingen, fragte ich mich, ob sie anfangs versucht hatten, Geisha statt Shogi zu werden, aber aufgrund ihres mangelnden Talents für Musik und Konversation zum Yoshiwara gezwungen worden waren .

Bevor wir gingen, zeigte man mir noch einige andere Räume dieses riesigen Hauses, darunter auch die Räume mehrerer Frauen. Die Holzarbeiten waren wie hellbrauner Satin und die Matten glänzten fast, als wären sie lackiert. Es gab einige Kakemono und schön bemalte Paravents mit altgoldenem Hintergrund, und in den Zimmern der Frauen standen rot und gold lackierte Schränke und Frisierkommoden. Die Frisierkommoden waren so hoch, dass man darauf sitzen konnte. Es war, als stünde die Oberseite eines unserer Frisierkommoden auf dem Boden – ein Spiegel mit kleinen Schubladen an beiden Seiten.

Die Herrin und ihre Dienstmädchen begleiteten uns beim Abschied bis zur Haustür. Sie verneigten sich tief und die Herrin bedankte sich für die große Ehre , die wir ihr erwiesen, indem wir ihr Haus besuchten. Meine japanischen Freunde erwiderten dies in gleicher Weise. Die ganze Angelegenheit wurde mit einem feinen Sinn für Zeremoniell abgehalten.

Die drei älteren Geishas machten uns auf andere Weise Komplimente. Statt zeremonielle Reden zu halten, blieben sie fröhlich und amüsant, taten aber etwas, was bei Geishas als Zeichen hohen Respekts gilt. Sie verließen den Ort mit uns und begleiteten uns bis zum Tor des Yoshiwara . Eine von ihnen, ein lustiges altes Geschöpf mit einem schönen, humorvollen Gesicht, hakte sich beim Gehen bei mir unter und unterhielt sich auf Englisch mit mir. Vielleicht ist das Wort „unterhielt" zu viel. Ihr gesamter englischer Wortschatz bestand aus den Worten: „All right", aber sie wiederholte den Ausdruck häufig und mit wechselnder Betonung, was für eine gewisse Abwechslung sorgte.

Es war ein merkwürdiger Abend, und das Merkwürdigste daran war, dass hier nichts Vulgäres vorkam. Ich hatte nichts gesehen, was nicht auch die anspruchsvollste Frau hätte sehen können.

Ich kann nicht sagen, wie die Shogi selbst behandelt werden. Sie machten jedenfalls nicht den Eindruck, glücklich zu sein. Fast alle von ihnen sind aus Armut dort, und es heißt, sie leben alle in der Hoffnung, dass ein Mann sie liebgewinnt und sie aus dem Leben der *Joroya herauskauft* . Ich glaube, das passiert gelegentlich. Es sollte hinzugefügt werden, dass nach japanischem Recht Verträge, durch die Frauen sich selbst verkaufen oder von anderen in dieses Leben verkauft werden, nicht gültig sind. Es kann außerdem hinzugefügt werden, dass alle Autoritäten in Bezug auf Japan mit Chamberlain übereinstimmen, der sagt, dass „die gefallenen Frauen Japans als Klasse viel weniger bösartig sind als ihre Vertreterinnen in westlichen Ländern, da sie weder betrunken noch vulgär sind." Sie haben auch einen hohen Ruf in Sachen Ehrlichkeit.

Der Name Yoshiwara ist kein allgemeiner Begriff, auch wenn Fremde ihn manchmal so verwenden, als wäre er einer, wenn sie von „einem Yoshiwara " sprechen. Ähnliche Bezirke in anderen Städten sind unter anderen Namen bekannt – wie zum Beispiel das historische Shimabara in Kyoto, das etwa vier Jahrhunderte alt ist.

Wie Yoshiwara wurde auch Shimabara von Zeit zu Zeit verlegt, um es vom Stadtzentrum fernzuhalten. Die Geschichte berichtet, dass Hideyoshi die Umsiedlung und Verlegung des Viertels veranlasste, und Ieyasu , der erste Tokugawa-Shogun, tat dasselbe mit der Begründung, es liege zu nahe am Palast und am Geschäftszentrum .

In einem Buch über die Geschichte von Shimabara finde ich einige merkwürdige Details. Es heißt, dass früher nur Ronin – Samurai, die keinen Oberherrn anerkannten – die Erlaubnis erhielten, in Shimabara Ferienorte zu betreiben, und dass Hofherren, die dieses Viertel besuchten, weiße Gewänder tragen mussten. Es gibt auch die Geschichte eines Stadtbeamten, der auf den Straßen von Kyoto hin und wieder einer schönen Frau begegnete, die in einer Sänfte ritt. Er pflegte, sie respektvoll zu grüßen, denn er hielt sie für eine Hofdame. Doch eines Tages erfuhr er auf Nachfrage, dass sie eine Kurtisane war, woraufhin er empört wurde und dafür sorgte, dass das Viertel Shimabara erneut entfernt und noch weiter vom Herzen der Stadt entfernt wurde.

Es gibt einige Hinweise darauf, dass im feudalen Japan die am meisten bewunderten Kurtisanen Personen von größerem Rang waren als die heutigen. In alten Zeiten beispielsweise galten die Shimabara-Frauen als höherrangig als die Geishas, während heute die Situation entschieden umgekehrt ist.

Die Geschichten einiger berühmter Frauen aus dem alten Shimabara sind noch heute in Erinnerung und bei Romanautoren beliebt . Eine kurioses Märchen erzählt von einem schönen Mädchen namens Tokuko , der Tochter eines Ronin . Als ihr Vater und ihre Mutter starben und sie mittellos zurückließ, ging sie nach Shimabara. Hier wurde sie aufgrund ihrer Anmut als *Uki-fune* „schwimmendes Schiff" bekannt. Sie schrieb jedoch ein Gedicht über die Kirschblüten am Berg Yoshino in der Provinz Yamato, einem Ort, der seit mehr als zehn Jahrhunderten für diese Blüten bekannt ist, und ihr Gedicht wurde so sehr bewundert, dass sie selbst den Namen Yoshino erhielt.

Der Sohn eines reichen Mannes verliebte sich in dieses Mädchen und heiratete sie, doch als sein Vater erfuhr, was sie beruflich gemacht hatte, verstieß er den jungen Mann. Das junge Paar war jedoch mutig. In einem winzigen Häuschen lebten sie ein glückliches und romantisches Leben.

Eines Tages geriet der Vater in einen heftigen Regensturm und bat um Unterschlupf in einem kleinen Haus am Straßenrand. Dort traf er eine wunderschöne junge Frau, die vorzüglich auf dem harfenähnlichen Musikinstrument namens *Koto spielte* . Sie hieß ihn herzlich willkommen, machte es ihm bequem und servierte ihm Tee. Als der Sturm vorüber war, dankte der alte Mann ihr für ihre Gastfreundschaft und ging. Aber er war so beeindruckt von ihrer Schönheit und Anmut, dass er sich nach ihr erkundigte
.

„Ah", rief derjenige aus, den er fragte, „sie ist keine andere als Yoshino, die Frau Ihres enterbten Sohnes!"

Als der Vater dies hörte, gab er nach. Er ließ das junge Paar zu sich holen, nahm sie in sein eigenes Haus auf und wies die Schwiegertochter an, ihren ursprünglichen Namen Tokuko wieder anzunehmen , was „Tugend" bedeutet.

Mir ist jedoch aufgefallen, dass in Japan und allen anderen Ländern romantische Geschichten, in denen Kurtisanen als Heldinnen auftreten, ziemlich weit zurückreichen müssen. Die lebende Kurtisane wird nur selten als romantische Figur angesehen. Sie ist wie ein Stück gewöhnliches Glas.

Aber ein Stück gewöhnliches Glas, das lange genug in bestimmten Bodenarten vergraben ist, bekommt einen schillernden Glanz. Dieser Schillerglanz befindet sich nicht wirklich im Glas, sondern besteht aus einer Patina , die sich allmählich daran festsetzt. Bei leichter Handhabung blättert sie ab.

Ich vermute, dass es mit berühmten Kurtisanen auf der ganzen Welt ganz ähnlich ist. Wenn sie, nachdem sie etwa hundert Jahre lang begraben waren, sozusagen von Romanautoren und Dramatikern ausgegraben werden, haftet ihnen eine wunderschöne schillernde Patina an .

Patina nicht zu zerkratzen, damit wir nicht herausfinden, was sich darunter verbirgt.

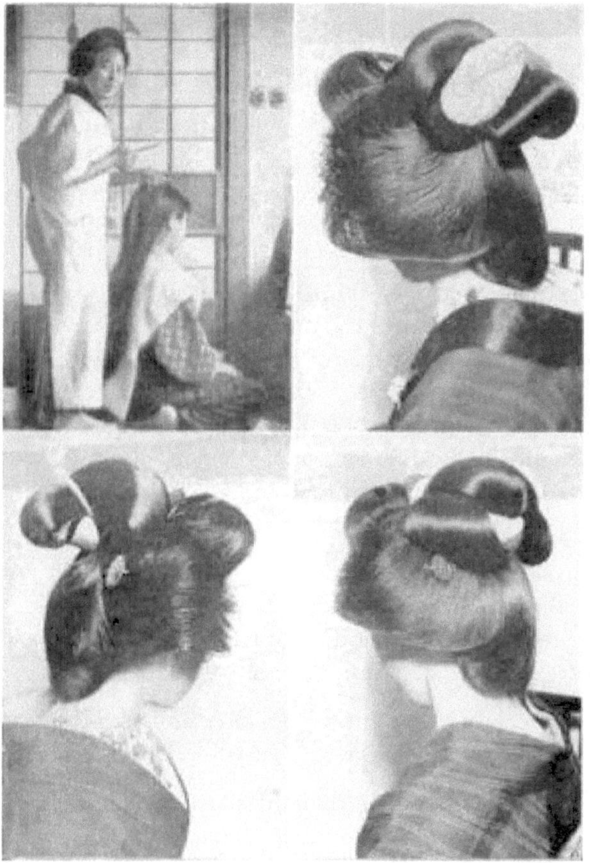

Es dauert zwei Stunden, die Haare einer Geisha zu frisieren, aber die Frisur hält, wenn sie einmal fertig ist, mehrere Tage

KAPITEL XIV

Japan und Italien – Der Sinn für Schönheit – Poesie – Japanische Gedichte einer Amerikanerin – Ein Gedicht auf einem Kimono – Gartenschmuck – Gartenfeste und Geschenke – Die vier Perioden der Landschaftsgärtnerei – Das vulkanische Prinzip in Gärten

Es ist interessant zu beobachten, dass die beiden Völker, in denen ein hochspezialisiertes künstlerisches Empfinden fast universell ist, trotz ihrer gegensätzlichen Lage auf der Erde viele gemeinsame Probleme und einen gemeinsamen Segen haben. Sowohl Japan als auch Italien sind arm und überbevölkert, beide leiden unter einem Mangel an Ackerland und natürlichen Ressourcen, beide verfügen nicht über ausreichende Nahrung und Rohstoffe für die Produktion, beide sind gebirgig, beide werden von Erdbeben heimgesucht; aber beide sind mit der besonderen, leidenschaftlichen Schönheit der Landschaft ausgestattet, die die Natur als Ausgleich für vulkanische Länder bietet – einer Schönheit, die an die einer lebhaften und zügellosen Frau erinnert, brillant, unberechenbar, faszinierend, gefährlich.

Wo die Natur sich als große temperamentvolle Künstlerin erweist, werden ihre Kinder wahrscheinlich auch Künstler sein. So wie fast alle Italiener einen hochentwickelten Sinn für Melodie haben, so besitzen fast alle Japaner in bemerkenswertem Maße den Sinn des Künstlers für Form.

Eines Tages kam ich in Tokio mit einem ehrwürdigen Kunstsammler, der in Seide und Sandalen gekleidet war, ins Gespräch über diese Themen.

„Was", fragte er mich, „sind die auffälligsten Beispiele künstlerischen Empfindens, die Ihnen in Japan aufgefallen sind?"

Ich erzählte ihm von zwei Dingen, die ich gesehen hatte, und jedes für sich genommen unwichtig. Das eine war ein Brunnenrad. Der Brunnen stand in einem Hof neben einem hübschen kleinen Bauernhaus, ein Stockwerk hoch, mit Wänden aus Lehm und Holz und einem dicken Strohdach, auf dessen First eine Reihe violetter Schwertlilien wuchs. Um den Hof war ein zierlicher Bambuszaun, dahinter blühende Sträucher und ein Kirschbaum in Blüte. Das Brunnenhaus war mit Stroh gedeckt, und das Flaschenzugrad unter dem Stroh schien die ganze Komposition zu zentrieren. Bei uns wäre ein solches Rad ein Ding aus grobem Gusseisen gewesen, bloß etwas, über das ein Seil laufen konnte; aber dieses Rad hatte man sich liebevoll vorgestellt, bevor es geschaffen wurde. Seine Speichen waren nicht gerade und hässlich, sondern verzweigten sich in der Nähe des Randes und krümmten sich anmutig in ihn hinein, so dass sie die Umrisse einer Kirschblüte bildeten. Es war ein Kunstwerk.

Mein anderer Gegenstand war ein kleiner Kupferkessel. Ich sah ihn in einem Zuchthaus. Er gehörte einem Gefangenen, und jeder Gefangene in diesem Teil der Anstalt besaß einen solchen. Das Auffallende daran war, dass es ein äußerst anmutiger kleiner Kessel war, der mit einem wunderschönen Reliefmuster verziert war. Auch er war ein Kunstwerk, und es war für mich ein ergreifender Beweis dafür, dass selbst an diesem düsteren Ort Schönheit nicht völlig ignoriert wurde.

Diese belanglosen Beobachtungen schienen meinem Freund, dem Kunstsammler, zu gefallen.

„Aber", sagte er, „ich glaube, unsere nationale Liebe zur Schönheit kommt vielleicht am stärksten in unserem Sinn für die Schönheit der Natur zum Ausdruck – in unseren Pilgerfahrten zu Orten, die für ihre Landschaft berühmt sind, in unserer Freude an der Kirschblütenzeit, der Glyzinienzeit , der Chrysanthemenzeit und nicht zuletzt in unseren Gärten."

Zweifellos hatte er recht. Das Naturgefühl seiner Landsleute ist allgemein, mystisch und poetisch. Fast alle Japaner schreiben Gedichte. Die Gedichte vieler Kaiser, Kaiserinnen und Staatsmänner sind weithin bekannt; und unter den berühmtesten japanischen Gedichten sind jene, die die Natur in ihren verschiedenen Aspekten behandeln, bei weitem die zahlreichsten.

„O Uta Hajime" oder „Öffnens kaiserlicher Gedichte " erwähnen , eine Hofveranstaltung aus dem neunten Jahrhundert.

Jedes Jahr im Dezember gibt der Kaiserliche Haushalt Themen für Gedichte bekannt, die im Zusammenhang mit den Neujahrsfeierlichkeiten anonym beim Kaiserlichen Gedichtbüro eingereicht werden können. Die Gedichte werden von den Experten des Büros geprüft und wählen die besten aus, um sie der Kaiserfamilie vorzulesen.

Die Auswahl für das Jahr 1921 wurde aus siebzehntausend Gedichten getroffen, die aus allen Teilen des Kaiserreichs eingesandt wurden. Als die Namen derjenigen bekannt gegeben wurden, deren Gedichte am Hof vorgelesen wurden, stellte sich heraus, dass sich unter ihnen eine Amerikanerin befand: Frances Hawkes Burnett, die Frau von Col. Charles Burnett, Militärattaché der amerikanischen Botschaft in Tokio. Mrs. Burnett erlangt damit die einzigartige Ehre, die einzige ausländische Frau zu sein, die jemals mit einem Gedicht in japanischer Sprache die Anerkennung des Kaiserreichs gewonnen hat.

Mrs. Charles Burnett in einem japanischen Hofkostüm aus dem 15. Jahrhundert. Mrs. Burnetts auf Japanisch verfasste Gedichte haben kaiserliche Anerkennung gefunden

In diesem Zusammenhang ist es interessant zu bemerken, dass die Dame eine Großnichte des verstorbenen Dr. Francis Lister Hawkes aus New York ist, der Commodore Perry nach Japan begleitete und mit Perry am Verfassen des offiziellen Reiseberichts mitwirkte, der unter dem Titel „Der Bericht über die Expedition eines amerikanischen Geschwaders" veröffentlicht wurde.

Aber zurück zu meinem Freund, dem Kunstsammler.

„Apropos Poesie und Liebe zur Natur", sagte er, „ist Ihnen der Kimono der Tochter unseres Gastgebers aufgefallen?"

(Während wir uns unterhielten, spazierten wir durch einen wunderschönen privaten Garten.)

Es war mir aufgefallen. Es war ein wunderschönes Kostüm aus weicher schwarzer Seide, dessen Saum vorne mit einem Muster aus Kirschblüten und einer Inschrift in den stets dekorativen chinesischen Schriftzeichen verziert war.

„Kennen Sie die Inschrift?", fragte er.

Ich tat es nicht.

„Es ist ein Gedicht von ihr", erklärte er, und als wir die junge Dame auf unserem Spaziergang wieder einholten, machte er für mich eine wörtliche Übersetzung, die man wie folgt in englische Verse übertragen könnte:

Leb wohl, oh Hauptstadt! Es tut mir leid,
deine schönen Kirschblüten zu verlassen.
Aber jetzt muss ich nach
Kioto , um dort die Kirschblüten zu sehen.

Wir kamen auf japanische Gärten zu sprechen.

„Sie müssen einige unserer schönen Gärten sehen", sagte er, „bevor Sie Japan verlassen."

Ich erwähnte einige, die ich bereits gesehen hatte – die Gärten des Kronprinzen, des Premierministers, des Marquis Okuma, des Viscounts Shibusawa, des Barons Furukawa und anderer.

„Aber verstehen Sie unsere Theorie des Gartens?"

Ich erzählte ihm das wenige, was ich damals wusste: dass Blumen in einem japanischen Garten nicht unbedingt erforderlich sind; dass sie, wenn sie verwendet werden, normalerweise in Beeten abseits stehen und entfernt werden, wenn sie verblüht sind; dass man dank der Geschicklichkeit der Japaner, große Bäume zu verpflanzen, in wenigen Jahren einen Garten mit antikem Aussehen gestalten kann; dass Grenzen kunstvoll bepflanzt werden, sodass manche Häuser, die in großen Städten auf wenigen Morgen Land stehen, aussehen, als seien sie von Wäldern umgeben; dass kleine Gartenseen manchmal so angelegt werden, dass man den Eindruck bekommt, sie seien nur Arme großer Gewässer, die durch bewaldete Landzungen verborgen sind; und dass optische Täuschungen oft eingesetzt werden, um Gärten viel größer erscheinen zu lassen, als sie sind. Dies wird dadurch erreicht, dass man die Größe der entfernteren Hügel, Bäume und Sträucher geschickt verkleinert und so die Perspektive verbessert.

Außerdem hatte ich Beispiele für die *Kare gesehen Sensui*- Schule der Landschaftsgärtnerei – wasserlose Seen und Flüsse, deren Betten mit Sand, Kies und ausgewählten Kieselsteinen abgegrenzt sind und deren Ufer durch große, vom Wasser abgeschliffene, von anderswo hergebrachte Steine und durch Bäume und Sträucher abgegrenzt sind, die sorgfältig so gezogen sind, dass sie sich zum imaginären Wasser neigen – Wasser, das durch Trittsteine und Bogenbrücken, die zu kleinen Inseln führen, noch vollständiger angedeutet wird, mit Steinlaternen zwischen Zwergkiefern.

Ich wusste auch von der Vorliebe der Japaner für kleinere Gebäude in ihren Gärten. So steht im Garten von Viscount Shibusawa ein altes koreanisches Teehaus von sehr eindrucksvoller Architektur; im Garten von Dr. Takuma Dan, Generaldirektor der riesigen Mitsui-Beteiligungen, ein mehrere Jahrhunderte altes Bauernhaus; in dem von Baron Okura ein berühmtes Museum chinesischer und japanischer Antiquitäten und Kunstwerke; und in den Gärten von Baron Furukawa und Baron Sumitomo kleinere private Museen. In einer Ecke eines Gartens in der Nähe von Kobe hatte ich sogar eine kleine Fabrik gesehen, in der feinste drahtlose Cloisonné-Fliesen hergestellt wurden; der Besitzer dieses Gartens hatte ein großes Interesse an dieser Kunst und verwendete die Erzeugnisse seiner Künstler-Arbeiter als Geschenke an seine Freunde. Und natürlich hatte ich in vielen Gärten Häuser gesehen, die speziell für die *Cha-no-yu* oder Teezeremonie gebaut wurden.

Außerdem war ich auf Gartenpartys gewesen, bei denen Mittagessen unter Zelten aus Bambus und gestreiftem Segeltuch serviert wurden, während bei anderen Unterhaltungen wie Geisha-Tanz und Jonglieren geboten wurden. Bei solchen Partys werden immer Souvenirs verteilt – Fächer und Kakemono, die von Künstlern vor Ort bemalt wurden, oder Keramikstücke, die nach dem Bemalen glasiert und gebrannt und noch warm aus dem Ofen kommend den Gästen überreicht werden.

„Ja, ja", sagte mein ehrwürdiger Freund, „Sie haben viel gesehen; aber was wissen Sie über die Geschichte und Theorie unserer Gärten?"

„Sehr wenig", gab ich zu und bat ihn, mich aufzuklären.

Die japanische Landschaftsgärtnerei begann vor zwölfhundert Jahren, als der in Nara residierende Kaiser Shomu einen chinesischen Mönch, der für seine Kunstfertigkeit berühmt war, zu sich rief und ihn beauftragte, die alte Hauptstadt zu verschönern. Der Mönch tat dies hauptsächlich dadurch, dass er Alleen zwischen den hohen Bäumen anlegte, die Nara bis heute nicht nur zu einem Ort von höchster Schönheit machen, sondern auch zu einem Ort, der reich an dem Duft der Antike ist. So begann die erste Periode der Landschaftsgärtnerei in Nippon, die Tempyo-Zeit.

Die zweite Periode begann vor fünfeinhalb Jahrhunderten, als man auf dem Gelände rund um den Kinkakuji-Tempel in Kyoto Gärten mit Seen, Felsen und mit goldenen Pavillons geschmückten Inseln anlegte, die der

Naturlandschaft nahe der Mündung des Jangtse in China nachempfunden waren.

Die dritte Periode wird am besten durch die Gärten des Arsenals in Tokio repräsentiert. Diese wurden vor dreihundert Jahren von einem chinesischen Meister namens Shunsui angelegt , der zu diesem Zweck vom Herrn von Mito, dem Bruder des Shoguns, der damals Japan regierte, nach Japan gebracht wurde. Um den Park mit Wasser zu versorgen, wurde ein 58 Kilometer langer Kanal gebaut, und dieserselbe Kanal versorgte später die Stadt Yedo , wie Tokio damals hieß, mit Wasser.

Die aktuelle Periode ist die vierte, und es ist das Ziel der heutigen Meister, in ihrer Arbeit alle Feinheiten der vorangegangenen Perioden zu vereinen . Diese Entwicklung ist größtenteils den modernen Transportmöglichkeiten zu verdanken, die es den Landschaftsgärtnern unserer Zeit ermöglicht haben, weit zu reisen und die besten Arbeiten ihrer hervorragenden Vorgänger und die schönsten Naturlandschaften kennenzulernen. So diente beispielsweise die Region Shiobara im Norden Japans, ein Bezirk, der für seine hübschen kleinen Winkel berühmt ist, als Inspiration für viele moderne Gärten.

***

„Und jetzt", sagte mein gelehrter Freund, als wir in einem kleinen Unterstand aus Bambus und Stroh haltmachten, der auf die Ecke eines Sees hinausging, der von eigenartig geformten Felsen und blühenden Sträuchern gesäumt war, „werde ich Ihnen das große Geheimnis dieser Kunst verraten; denn Sie verstehen natürlich, dass die Gartenkunst bei uns definitiv zu den schönen Künsten gezählt wird." Er hielt einen Moment inne und fuhr dann fort: „Das einzig richtige Prinzip für die Gestaltung eines Gartens, in dem Wasser verwendet wird, ist das, was man das vulkanische Prinzip nennen könnte. Das heißt, der Künstler in der Gartenkunst sollte sich für seine Motive Orte vulkanischen Ursprungs suchen, denn an solchen Orten findet man die größte natürliche Schönheit.

"Und warum? Zunächst einmal gibt es Hügel mit interessanten Konturen, die durch Ausbrüche entstanden sind. Dann gibt es Bergseen, die sich in den Betten erloschener Vulkane bilden. Unser berühmter Chuzenji -See oberhalb von Nikko zum Beispiel. Aus diesen Seen fließt das Wasser über und bildet herrliche Wasserfälle, wie die des Kegon , die in den Chuzenji- See münden . Unterhalb der Wasserfälle rauscht ein Sturzbach durch ein felsiges Tal, wie der Fluss Daiya , der von den Kegon- Wasserfällen an Nikko vorbei fließt, wo er von der berühmten rot lackierten Brücke überspannt wird. Das ist die Grundlage für Ihre gesamte Gartenkomposition.

„Aber Sie müssen auch bedenken, dass vulkanische Ausbrüche fruchtbaren Boden erzeugen. Dieser Boden, der durch Vulkanausbrüche in die Luft geschleudert wird, setzt sich in Felsspalten ab. Kiefern schlagen darin Wurzeln. An manchen Stellen ist die Erdtasche jedoch klein; deshalb können sich die Wurzeln der Kiefer nicht ausbreiten und der Baum wird zu einem Zwerg, knorrig und malerisch. An den Berghängen wiederum lässt der fruchtbare Boden große Bäume wachsen, mit üppigem Gebüsch und Grün darunter. Der Sturzbach vervollständigt die Landschaftswirkung, indem er den Felsen faszinierende Formen verleiht. In dieser Kombination haben Sie alle erforderlichen Elemente. Reproduzieren Sie es im Miniaturformat und Ihr Garten ist fertig.“

KAPITEL XV

Die in ihrer Vollständigkeit so japanische Gartentheorie meines Freundes, des Kunstsammlers, bezauberte und befriedigte mich.

„Jetzt", dachte ich mir, „ *weiß ich es* ."

Von da an betrachtete ich Gärten nicht mehr mit der unaufgeklärten Begeisterung des Laien, sondern mit dem Auge eines Kritikers. Hier und da machte ich mir im Geiste einen Vorbehalt und sagte mir, dass der Mann, der diesen Garten angelegt hatte, in der einen oder anderen Hinsicht etwas übersehen hatte; dass das eine große Prinzip, das vulkanische Prinzip, nicht vollständig umgesetzt worden war.

So verging die Zeit, bis ich mich schließlich in Kyoto, der kultivierten Stadt Japans, an einem Tisch (auf dem Gläser und eine Flasche standen) neben einem der interessantesten Japaner befand, die ich je kennengelernt hatte, einem Mann von reifem Alter und Erfahrung mit einer philosophischen Einstellung. Er liebte die Geschichte, die Legenden und die Psychologie seines Heimatlandes und genoss es, sie durch den interpretierenden Filter seiner eigenen Intelligenz zu sichten.

Ich hörte ihm mit gespanntem Interesse zu.

„Prahlerei", sagte er, „ist unserer Ansicht nach eine der Todsünden. Wir verabscheuen Prahlerei so sehr, dass wir ins andere Extrem verfallen und alles oder jeden herabsetzen, der mit uns in Verbindung steht. Wenn also jemand zu mir sagt: ,Ihr Bruder hat ein Vermögen angehäuft; er muss ein sehr begabter Mann sein', werde ich antworten: ,So begabt ist er nicht. Vielleicht hat er einfach nur Glück.' Tatsächlich ist mein Bruder ein außergewöhnlich begabter Mann. Aber ich darf das nicht sagen; es gehört sich nicht, wenn ich seine Qualitäten lobe.

„Dasselbe tun wir, wenn wir von unseren Frauen und Kindern sprechen. Wir sagen ,meine arme Frau' oder ,meine unbedeutende Frau', obwohl sie vielleicht unserem Idealbild von einer Frau in jeder Hinsicht entspricht.

„Auch das Gegenteil dieses Satzes ist wahr. Manchmal bringen wir unsere Missbilligung oder Abneigung gegenüber jemandem zum Ausdruck , indem wir ihn zu sehr loben.

„Unter uns verstehen wir diese Dinge vollkommen. Es ist lediglich ein Kodex, dem wir folgen. Aber ich fürchte, dass diese Praxis manchmal dazu führt, dass Ausländer uns missverstehen. Da sie es gewohnt sind, selbst wörtlich zu sprechen, neigen sie dazu, uns so zu verstehen. Außerdem werden sie wahrscheinlich nicht erkennen, dass wir denjenigen gegenüber äußerst kritisch sind, die wir zutiefst schätzen. Warum sollten wir unsere Zeit oder unsere kritische Betrachtung an Personen verschwenden, die uns nichts bedeuten oder die wir nicht mögen?

„Aber letztlich", fuhr er mit einem kleinen Augenzwinkern fort, „ist die menschliche Natur überall auf der Welt ziemlich gleich. Hier in Kyoto lebte einmal ein Amerikaner, der seiner Frau und seiner Schwester das Rauchen von Zigaretten verbot, aber ich bemerkte, dass er sein Zigarettenetui schnell an andere Damen weitergab."

Er ging dazu über, die Unterschiede zwischen der Sichtweise Japans und der des Westens näher zu erörtern.

„Fünfundzwanzig Jahrhunderte lang", sagte er, „lebten unsere Kaiser nie hinter einer Festung. Das war nicht nötig. Der gegenwärtige Kaiserpalast in Tokio ist zwar durch einen Graben und große Steinmauern geschützt, aber dieser wurde ursprünglich für die Shogune gebaut und erst zur Zeit der Restauration vom Kaiserhaus übernommen."

„Unsere alte japanische Vorstellung ist, dass der Kaiser der Vater seines Volkes ist. In unserer Einstellung zu diesem Thema steckt eine gewisse Ehrfurcht, aber auch eine gewisse Demokratie. Wir, die wir die alten Vorstellungen haben, bedauern, dass der Kaiser jetzt in einer Militär- oder Marineuniform erscheint. Das ähnelt zu sehr der europäischen Art, zu sehr dem Verlust des Gefühls, das Oberhaupt der Familie zu sein. Denn eine Uniform scheint ihn nur zu einem Teil der Armee oder der Marine zu machen.

„Aber wir mussten unsere Bräuche denen anderer Nationen anpassen. Botschafter aus fremden Ländern begannen zu kommen. Der Kaiser wollte sie nicht empfangen, war aber dazu gezwungen, weil sie Großmächte repräsentierten, denen wir nicht nein sagen konnten.

„Zuerst trug der Kaiser bei seinen Gesandtenempfängen seine alten kaiserlichen Gewänder und saß nach japanischer Art auf Kissen. Die Gesandten jedoch trugen prächtige Uniformen mit Verzierungen und standen gemäß ihren heimischen Gepflogenheiten *in* kaiserlicher Gegenwart. Sie würden vor einem europäischen König oder einem amerikanischen Präsidenten stehen. Daher erschien es ihnen respektvoll, vor unserem Kaiser zu stehen.

„Aber nach unseren Gepflogenheiten ist das das Schlimmste, was passieren kann. Wir müssen immer niedriger sein als der Kaiser; wir dürfen nicht einmal aus einem Fenster im zweiten Stock schauen, wenn er vorbeifährt.

Der Audienzsaal des Kaisers war so angelegt, dass er auf einem erhöhten Platz am oberen Ende einer Treppe saß. Aber trotzdem betrat man ihn nie ganz aufrecht. Die Ehrerbietung wurde durch eine gebückte Haltung deutlich zum Ausdruck gebracht, und wenn man die Stufen zum Kaiser hinaufstieg, beugte man sich immer mehr vor, bis man, als man die Ebene erreichte, auf der der Kaiser saß, mit gesenktem Kopf niederkniete, um immer noch unter ihm zu sein.

„Ein Ausländer hingegen, der einer erhabenen Persönlichkeit den gebührenden Respekt erweisen möchte, würde sich aus der Hüfte verbeugen und dann eine steife, aufrechte Haltung einnehmen, fast wie ein Soldat, der stramm steht. Können Sie sich einen westlichen Admiral oder General vorstellen, der in seiner engen Uniform, mit der schweren Litze und dem Schwert auf Händen und Knien auf jemanden zugeht? Das wäre seiner Natur und Ausbildung fremd, ganz zu schweigen davon, dass es seiner Kleidung schadet. 2

2 Ein äußerst interessanter Bericht über die erste Audienz, die der Kaiser einem ausländischen Botschafter gewährte, findet sich in den „Erinnerungen" des verstorbenen Lord Redesdale , der bei der Audienz anwesend war. Lord Redesdale war damals Mr. Mitford und war mit der Vorbereitung eines Buches beschäftigt, das später unter dem Titel „Geschichten aus dem alten Japan" weithin bekannt wurde.

„Darüber hinaus waren die wichtigen Ausländer, die zu Beginn der Übergangsperiode nach Japan kamen, prächtig mit Goldborten und Juwelen geschmückt. Bis zu dieser Zeit hatten wir weder Orden noch moderne Uniformen oder Rangabzeichen. Sogar unser Kaiser war in seinen prächtigen Gewändern nicht mit Goldborten geschmückt, und an seiner Brust blitzten keine Juwelen.

„Natürlich mussten wir uns also ändern. Wir schufen neue Adelsorden; es wurden Orden erdacht, Uniformen entworfen, alles nach dem europäischen Muster. Früher hatten wir Shogun, Daimyo und Samurai. Jetzt haben wir Prinzen von Geblüt, Prinzen ohne Geblüt, Marquisen, Grafen, Vizegrafen und Barone. Wir haben Orden, um mit ausländischen Orden zu glänzen. Wir haben Feldmarschälle und Admirale, um den ausländischen Feldmarschällen und Admiralen entgegenzutreten."

Er seufzte und blickte durch das offene Fenster in den im Mondlicht schimmernden Garten.

„Manchmal", sagte er nachdenklich, „scheint es mir, dass der einzige Ort, an dem sich der Geist des alten Japans zu Hause fühlen kann, der ist, wenn er durch unsere alten Gärten wandert. Sie sind unverändert."

Er hielt inne, blickte noch immer aus dem offenen Fenster und fuhr dann fort:

„Das ist eine weitere Sache, über die ich mit Ihnen sprechen muss. Wir Japaner haben ein ausgeprägtes Gespür für Gärten. Die Struktur eines Gartens ist von größter Wichtigkeit. Sie müssen sich einige unserer Gärten ansehen."

„Das habe ich bereits getan", antwortete ich. „Ich habe mir die Mühe gemacht, viele von ihnen zu besuchen, und ich –"

„Aber", unterbrach er mich, „ich spreche nicht nur vom Sehen im Sinne des Sehens. Man muss diese Dinge verstehen. Ich spreche von den Grundprinzipien, nach denen jeder Garten angelegt werden sollte."

„Genau davon spreche ich", erwiderte ich begeistert. „Zufällig habe ich Ihre Gartentheorie eingehend studiert."

Ein Teehausgarten, Tokio. – „Der Landschaftsgärtner sollte seine Themen an Orte vulkanischen Ursprungs lenken."

Ich muss gestehen, dass ich nicht ohne eine gewisse Selbstzufriedenheit gesprochen habe. Ich hatte das angenehme Gefühl, das immer jemanden überkommt, der ein Thema angeschnitten hört und sich gut gerüstet fühlt, darüber zu diskutieren.

„Das ist sehr erfreulich", sagte der Philosoph höflich.

Es war wirklich sehr erfreulich. Mein Gedächtnis war gut. Ich erwähnte beiläufig die vier Epochen der japanischen Landschaftsgärtnerei und bezog mich dabei auf Kaiser Shomu , die Landschaft an der Mündung des Jangtse und den chinesischen Meister Shunsui . Dann begann ich, meine Einzelheiten aufzuschreiben.

„Natürlich", sagte ich, „das große Geheimnis dieser Kunst ist die Anwendung des vulkanischen Prinzips. Man sollte sich für seine Motive Orte vulkanischen Ursprungs aussuchen – Orte wie den Chuzenji -See und Nikko, Orte, wo Seen, die in den Betten erloschener Vulkane entstanden sind, überlaufen und wunderschöne Wasserfälle und Sturzbäche bilden, die durch felsige Täler rauschen. Dort liegt natürlich die Grundlage für Ihre gesamte Gartenkomposition."

Er saß da und starrte mich an. Seine Augen glänzten. Offenbar machte ich einen tiefen Eindruck auf ihn.

„Natürlich", fuhr ich fort, „werfen Vulkanausbrüche fruchtbaren Boden in …"

„Halt!", rief er und erhob sich halb von seinem Stuhl. „Wer hat dir diese Theorien gegeben? Wo hast du das alles gelernt?"

„In Tokio", antwortete ich stolz, „traf ich zufällig …"

„Egal, wen Sie getroffen haben", unterbrach er sie, und seine Stimme zitterte vor Eindringlichkeit. „Was Sie da sagen, ist schrecklich – schrecklich! Solche Ideen zerstören die Kunst und Schönheit Japans. Ein Garten dieser Art ist eine Abscheulichkeit."

Ich saß fassungslos da, während er über mir stand.

"Das, wovor man sich vor allem fernhalten sollte", fuhr er vehement fort, "ist alles Vulkanische. Das sollte jedem klar sein – jedem! Die eigentliche Ursache vulkanischer Strukturen ist Gewalt. Sie ist die Verkörperung von Aufruhr, Unruhe." Er machte eine wilde Geste mit den Armen. "Ein Vulkan bricht aus, er explodiert – *bumm!* Er wirft alles kreuz und quer durcheinander. Es ist schrecklich. Das ist ein Garten für ein Irrenhaus oder der Palast eines *Narikin* – eines neuen Millionärs."

„Aber glauben Sie nicht –"

„Wenn eine Sache in einem Garten wichtiger ist als die andere", fuhr er fort und ignorierte meinen Versuch, ihn zu unterbrechen, „dann ist es Frieden, Ruhe , eine Atmosphäre, die der Meditation förderlich ist. Stellen Sie sich einen kultivierten Herrn, einen Philosophen, vor, der versucht, zwischen Vulkanen, Wasserfällen und tosenden Sturzbächen zu meditieren! Ein Garten sollte keine Wasserfälle haben. Wasser, wenn es denn überhaupt vorhanden ist, sollte so ruhig fließen wie philosophische Gedanken. Es sollte keine Fische geben, die umherflitzen, keine laut plätschernden Springbrunnen, keine bunten Pfingstrosen oder andere auffallende und ablenkende Dinge. Der Zweck eines Gartens sollte nicht die Zurschaustellung sein. Sein eigentlicher Zweck ist nicht, den Betrachter zu erregen, sondern ihn mit tiefer Zufriedenheit zu erfüllen. Ein Garten sollte ein Badeort für die Seele sein. Und man möchte die Seele ebenso wenig wie den Körper in einen tosenden Sturzbach stürzen. Nein, es gibt im Leben schon zu viel Stress und Aufruhr. Die Seele schreit nach Ruhe. Man muss sie in einem kristallklaren Teich baden , heilen und erfrischend."

Er hielt inne, außer Atem.

„Aber glauben Sie nicht –"

„Sag nichts mehr! Es ist spät. Ich muss nach Hause."

Ich begleitete ihn zum Gartentor. Ein Neumond, der an einem blauen und silbernen Himmel hing, spiegelte sich in einem stillen Teich, dessen Ränder sich von den dunklen, wolkenartigen Formen des Gebüschs abhoben. In der Nähe des Tores standen einige Callas wie anmutige, stumme Geister. Die Nachtluft war erfüllt vom Duft reicher, feuchter Erde und wachsender Pflanzen.

„Aber glauben Sie nicht", flehte ich, als ich das Tor öffnete, um ihn durchzulassen, „dass in der vulkanischen Konzeption eines Gartens letztlich etwas Poetisches steckt?"

„Nein, nein", rief er. „Poetisch? Nein. Gute Nacht. Gute Nacht. Ich verstehe dieses neue Japan nicht. Es gibt keine Ruhe mehr. Alles sind Vulkane, alles explodiert. Wir verlieren die Schönheit der Ruhe. Ruhe! Ja, das ist es, Ruhe! Ruhe! Ruhe!"

Seine aufgeregte Stimme, die rief: „Ruhe! Ruhe! Ruhe!", drang in mein Ohr, als er wie ein Taifun in die Dunkelheit davonwirbelte und mich in der süßen Stille des Gartens zurückließ – zum Meditieren.

TEIL III

KAPITEL XVI

Der „Connecticut Yankee" im alten Japan – Kommodore Perry – Die älteren Staatsmänner – Marquis Okuma – Selfmade-Männer – Viscount Shibusawa – Die Macht des Daimyo – Privilegien der Samurai, einschließlich des Rechts auf Selbstmord – Bildung im alten Japan – Jigoro Kano und Jiudo – Der Abschiedsbrief eines Patrioten – Kodokwan und Butokukai – Die alten militärischen Tugenden – General Nogi – Sein Tod mit der Gräfin Nogi

Trotz der Erschütterungen, Umwälzungen und Übergänge, die so viele Nationen in letzter Zeit durchgemacht haben, hält Japan immer noch den Weltrekord für schnelle und gewaltige Veränderungen. Was Japan widerfuhr, übersteigt jede Vorstellungskraft. Die Geschichte bietet keine Parallele. Die nächste Parallele findet sich in der Erzählung eines großen, phantasievollen Schriftstellers. Ein Amerikaner oder Europäer, der etwa zur Zeit der Kaiserlichen Restauration von 1868 nach Japan reiste, wurde im Grunde genommen wie Mark Twains „Yankee aus Connecticut" durch die Jahrhunderte zurückversetzt; und die Japaner, die den damals beginnenden Übergang miterlebten, machten eine Erfahrung, wie sie Mark Twain in seiner Fantasie den Menschen am Hofe von König Artus beschrieb, als sie plötzlich mit modernem Wissen konfrontiert wurden.

Die wahre Geschichte Japans übertrifft jedoch an Wunderbarkeit die Erfindungen Mark Twains. Denn während die historischen Tatsachen den Autor von „Ein Yankee aus Connecticut an König Artus' Hof" dazu zwangen, das alte Großbritannien nach dem Verschwinden des Yankees aus Connecticut wieder in seine Halbbarbarei zurückfallen zu lassen, veränderte sich Japan nicht nur vollständig, sondern konnte seine Errungenschaften behaupten und weiterhin Fortschritte machen.

Als Beginn der Übergangsperiode wird üblicherweise das Jahr 1853 angegeben, als Kommodore Perry erstmals in Japan eintraf, oder das Jahr 1854, als er seinen Vertrag aushandelte. Doch obwohl dieser Vertrag die Tür öffnete, durch die der Geist der Veränderung bald Einzug halten sollte, begann die eigentliche Modernisierung der Nation erst im Jahr 1868, als Yoshinobu Tokugawa, der fünfzehnte seiner Linie und der letzte Shogun, der Japan regierte, seine Macht an den Kaiser abgab.

Männer, die sich an die Ereignisse der Restauration erinnern können, sind in Japan etwa so selten wie diejenigen, die sich in diesem Land an die Amtsenthebung von Andrew Johnson erinnern, die im selben Jahr stattfand; und Männer, die eine wichtige Rolle bei der Restauration spielten, sind natürlich noch seltener – so selten wie Amerikaner, die eine wichtige Rolle im Bürgerkrieg spielten. Was Japaner betrifft, die sich an Perrys Besuch erinnern können, so entsprechen sie in Bezug auf die Jahre denen, die sich wie wir an den Beginn des Kampfes um freien Boden in Kansas erinnern können. In keinem der beiden Länder gibt es leider mehr als eine Handvoll solcher alter Leute.

Es ist jedoch so, dass in Japan mehrere bemerkenswerte Männer ein hohes Alter erreicht haben.

Die drei mächtigsten Politiker zur Zeit meines Besuchs waren die achtzigjährigen Adligen, die als Genro oder Elder Statesmen bekannt waren: Feldmarschall Prinz Yamagata, Marquis Matsukata und Marquis Okuma. Prinz Yamagata nahm als Soldat aktiv an den Bürgerkriegen zur Zeit der Restauration teil. Sowohl er als auch Marquis Okuma wurden 1838 geboren, also sieben Jahre bevor Texas als 28. Staat in die Union aufgenommen wurde. Marquis Matsukata wurde 1840 geboren.

Von diesen ehrwürdigen Staatsmännern übten Prinz Yamagata und Marquis Matsukata , wie ich herausfand, einen großen unsichtbaren Einfluss aus; Marquis Okuma jedoch, obwohl er vielleicht nicht aktiver war als seine Kollegen vom Genro , trat häufig in der Öffentlichkeit auf und war eher ein Volksidol, das oft als Japans „Großer Alter Mann" bezeichnet wurde. In der Politik war er seit langem als großer Kämpfer und geschickter Taktiker bekannt; außerdem wurde er mit Sympathie betrachtet, weil er vor vielen Jahren Opfer eines Bombenanschlags geworden war, bei dem er ein Bein verlor.

Ich wusste, dass er so verkrüppelt war, aber durch eine Täuschung des Gedächtnisses konnte ich mich nicht daran erinnern, als ich eines Tages zu einer kleinen Gruppe Amerikaner gehörte, die der Marquis in seinem Haus empfing. Wir blieben etwas mehr als eine Stunde bei ihm, vielleicht zwei Stunden. Während dieser Zeit stand er auf und hielt eine Ansprache, ging im Zimmer umher und ging sogar in den Garten, doch ich wurde nicht ein einziges Mal an seine körperliche Behinderung erinnert. Ich habe noch nie einen Menschen gesehen, der so schwer verkrüppelt war, aber in seinen Bewegungen so wenig davon verriet. Und das mit 83 Jahren!

Ich hätte ihn zwanzig Jahre jünger schätzen sollen. Schlank, groß, drahtig, wachsam, mit kurzgeschnittenem weißem Haar und scharfen schwarzen Augen schien er auf dem Höhepunkt seiner Kräfte zu sein.

Dass er vielseitig war, wusste ich. Alle drei Genro waren zu verschiedenen Zeiten Premierminister und hatten andere hohe Ämter in der Regierung inne, aber die Positionen von Marquis Okuma waren äußerst vielfältig und erforderten die Entfaltung eines breiten Spektrums an Wissen und Talenten. Man erzählte mir, dass er die Nationalistische Partei organisiert, eine Zeitschrift herausgegeben, eine Reihe wichtiger literarischer und historischer

Werke herausgegeben, die Waseda- Universität gegründet und geleitet hatte und seit langem als Gärtner berühmt war.

Es war merkwürdig, ihn in einer Sprache sprechen zu hören, die ich nicht verstand, und dennoch seine Gabe, Menschen mit seiner Redekunst zu beeinflussen, so stark zu spüren.

Die Erfahrung erinnerte mich an das eines mir bekannten Zeitungsmannes, der William Jennings Bryan vor langer Zeit auf einer seiner politischen Redetouren begleitete.

„Ich war ein eingefleischter Republikaner", erzählte er mir, als er von seiner Erfahrung berichtete, „und glaubte nicht an Bryan oder seine Maßnahmen, aber dennoch war ich immer wieder von seiner Redekunst mitgerissen. Während er sprach, brachte er mich dazu, an Dinge zu glauben, an die ich *nicht* glaubte. Ich wollte ihm wie der Rest des Publikums applaudieren und zujubeln.

"Danach ging ich zurück zum Zug und wurde nüchtern. Ich hätte mich am liebsten selbst dafür in den Hintern getreten, dass ich mich so von ihm hatte um den Finger wickeln lassen. Aber als ich ihn das nächste Mal hörte, passierte das Gleiche. Es lag nicht an dem, was er sagte; es lag an seiner Stimme, seiner Ausdrucksweise und seiner Anziehungskraft."

Ich zweifle nicht daran, dass ein Japaner, der des Englischen nicht mächtig ist, Bryans rednerische Fähigkeiten genauso spüren würde wie ich die von Marquis Okuma. Und ich bin mir nicht sicher, ob nicht ein Ausländer, der mit der Sprache des Redners nicht vertraut ist, in gewisser Weise der Zuhörer ist, der dessen Fähigkeiten am besten einschätzen kann.

Die Gesichtszüge des Marquis Okuma wiesen auf eine außergewöhnliche Kampfeslust hin, doch ich muss sagen, dass er seine Kampfeslust vollkommen unter Kontrolle hatte. Er konnte sowohl Leidenschaft als auch eisige Kühle zeigen, und ich glaube, er konnte beides nach Belieben einschalten, so wie man heißes oder kaltes Wasser einschaltet. Wenn er William Jennings Bryan war, dann war er auch Henry Cabot Lodge.

Es ist bemerkenswert, dass diese Elder Statesmen ausnahmslos Selfmademans sind. Keiner von ihnen wurde mit einem Titel geboren; alle waren Mitglieder bescheidener Samurai-Familien; alle stiegen durch ihre Fähigkeiten auf.

In dieser wie in vielen anderen Punkten sind Vergleiche zwischen dem Regierungssystem des kaiserlichen Japan und dem des ehemaligen deutschen Kaiserreichs nicht haltbar. Japan wird nicht von einer erblichen herrschenden Klasse regiert. Der Staatsdienst steht allen Männern offen, es gibt ein System von Auswahlprüfungen, und Beförderungen erfolgen nicht über Familie oder Gunst, sondern sind in fast allen Fällen eine Anerkennung der in niederen Ämtern gezeigten Fähigkeiten. Junge Männer im konsularischen Dienst haben Aussicht auf Botschafterposten und können, wenn sie großes Talent zeigen, vernünftigerweise hoffen, schließlich die höchsten Ämter zu erreichen.

Es scheint außerdem, dass in Japan wie in einigen anderen Ländern in der Regel nicht die stärksten Männer aus aristokratischen und wohlhabenden Familien kommen. So erfuhr ich, dass im gesamten Kabinett von Premierminister Hara nur ein Mitglied aus einer Adelsfamilie stammte, nämlich Graf Oki, Justizminister. Und selbst Graf Oki entstammte erst der zweiten Adelsgeneration.

In der Geschäftswelt gilt die gleiche Regel. Die hochrangigen Geschäftsleute Japans haben sich praktisch ausnahmslos aus bescheidenen Verhältnissen hochgearbeitet. Mir wurde erzählt, dass einer von ihnen, den ich traf, sein Leben als Hausierer begonnen hatte und stolz darauf war. Als ich im nationalen „Who's Who" nach einem anderen Geschäftsgenie suchte, fand ich die folgende Aussage, die vermutlich von dem Herrn stammt, auf den sie sich bezieht:

Kam 1971 mit leerem Geldbeutel in Tokio an und reiste weiter nach Yokohama, wo er sich mit dem Verkauf billiger Lebensmittel über Wasser hielt.

Wäre der Ehrentitel „Großer alter Mann Japans" nicht bereits verliehen worden und hätte man mich aufgefordert, Vorschläge einzureichen, hätte ich den Bereich der Politik verlassen und meine Stimme für Viscount Eiichi Shibusawa abgegeben.

Wäre der Viscount zur Zeit der Restauration ein Mitglied eines der großen Clans gewesen, die für die Rückgabe der Regierungsgewalt an den Kaiser verantwortlich waren, hätte seine Karriere eher der der drei alten Adligen des Genro geähnelt. Doch während Prinz Yamagata, Marquis Matsukata und Marquis Okuma Männer aus Choshu, Satsuma und Saga waren – Clans, die sich der Koalition angeschlossen hatten, die den Kaiser an die Macht zurückbrachte –, stand Viscount Shibusawa auf der anderen Seite, da er ein Gefolgsmann des letzten Shoguns gewesen war.

Die Beute ging natürlich an die Sieger. Starke Männer aus den Clans, die das Kaiserhaus unterstützt hatten, wurden zu starken Männern der zentralisierten Regierung. Selbst heute, wo Clans als solche nicht mehr existieren, lebt das alte Clangefühl weiter, mit dem Ergebnis, dass Männer aus Satsuma- und Choshu- Abstammung den größten Einfluss in der Politik haben. Die militaristische Tendenz, die manchmal im Handeln der japanischen Regierung zu beobachten ist, soll größtenteils auf diese Tatsache zurückzuführen sein, denn der Clan von Satsuma war in früheren Zeiten für seine kriegerischen Neigungen berüchtigt, und es gibt Beweise dafür, dass diese Neigungen bis zu einem gewissen Grad überlebt haben. Marineoffiziere werden heute größtenteils aus alten Satsuma-Familien rekrutiert, während Choshu viele Offiziere für die Armee stellt.

Mit 27 Jahren wurde Viscount Shibusawa dank seiner Fähigkeiten Vizeminister der Schatzkammer des Shogunats. Nach dem Fall des Shogunats widmete er sich natürlich dem Finanzwesen. Er gründete die First Bank of Japan – buchstäblich die erste moderne Bank, die dort gegründet wurde – und wurde, nachdem er großen Erfolg hatte, ein Mann mit großen Geschäften. Wiederholt wurde ihm das Finanzressort der Regierung angeboten, aber er lehnte es immer ab. Vor einigen Jahren zog er sich aus dem aktiven Geschäftsleben zurück und widmete seine Zeit, wie bereits erwähnt, allen möglichen guten Werken.

Als ich ihn traf, war er kurz vor seinem 82. Geburtstag. Er erinnerte sich deutlich an Perrys Ankunft in Japan und die darauf folgenden Ereignisse. Ich wollte die Geschichte eines repräsentativen Mannes erfahren, der diese Dinge gesehen hatte, und bat ihn daher, mir ein Interview zu gewähren. Er war so freundlich, mir dies zu tun und gewährte mir fast zwei Tage Zeit – denn ein Interview mit einem Dolmetscher, selbst wenn er der beste aller Dolmetscher ist, ist eine langwierige Angelegenheit.

Wir unterhielten uns in einem hübschen Backsteinbungalow im Garten des Viscounts. Vor der Tür befand sich ein englischer Rosengarten mit Büschen, die in Baumform gehalten waren.

Vor dieser Zeit hatte ich den Viscount immer im Gehrock oder im Frack gesehen, doch hier zu Hause, an einem Tag ohne Formalitäten, trug er die seidenen Gewänder, die japanische Herren aus Bequemlichkeit anziehen — obwohl sie sie durchaus auch aus Gründen der Eleganz anziehen könnten.

Klein, stämmig, energisch, mit starkem Hals und großem, rundem Kopf, das Gesicht von tiefen Falten durchzogen, war er einer der außergewöhnlichsten Männer, die ich je getroffen hatte. Er strahlte Kraft, Mut und Ehrlichkeit aus. Ich kannte vor langer Zeit einen Sioux-Häuptling, der ein ähnliches Gesicht hatte, sogar die Farbe und die tiefen, humorvollen Falten um Mund und Augen. Und in beiden Fällen enttäuschten diese Falten nicht das Versprechen.

Wenn ich Viscount Shibusawa, nachdem ich ihn mit einem Indianerhäuptling verglichen habe, auch mit einem gedrungenen, wettergegerbten alten britischen Gutsherrn mit kantigem Unterkiefer und perfektem John-Bull-Typ vergleiche , überfordere ich vielleicht die

Vorstellungskraft des Lesers; dennoch steckte in ihm ebenso viel von beidem wie von beidem.

Er wurde auf dem Land geboren und entstammte einer guten, aber nicht aristokratischen Familie. Das Japan seiner Jugend und frühen Jugend war in etwa zweihundertfünfzig oder dreihundert feudale Distrikte aufgeteilt, die jeweils von einem Daimyo oder Häuptling regiert wurden, der seine Burgen, seinen Hof, seine Konkubinen und seine Gefolgsleute hatte – darunter Soldaten in Rüstung , ausgerüstet mit Schwertern, Speeren oder Pfeil und Bogen und mit scheußlichen Masken, die den Feind in Angst und Schrecken versetzen sollten.

Diese Häuptlinge hatten absolute Macht über die Menschen und Ländereien in ihrem Herrschaftsbereich. Sie konnten Gesetze erlassen, Papiergeld ausgeben, Steuern erheben, die Menschen zu Zwangsarbeiten und Strafen zwingen oder ihnen willkürlich Eigentum oder das Leben nehmen.

Es war ein Land ohne Eisenbahnen, ohne Dampfkraft, ohne Fensterglas; ein Land, in dem der Adel in prächtigen Prozessionen auf den Hauptstraßen marschierte, umgeben von seinen Soldaten zu Pferd und zu Fuß, ihren lackierten Sänften und ihren Kuliträgern; ein Land, in dem die einfachen Bürger auf die Knie fielen und mit der Stirn den Boden berührten, wenn große Herren vorbeikamen; ein Land der Duelle, Fehden, Blutrache und Clankriege; ein Land, in dem nur die Samurai oder der Adel ein Schwert tragen durften und in dem eines der von den Samurai am meisten geschätzten Privilegien darin bestand, im Falle einer Verurteilung durch die eigene Hand zu sterben statt durch die Hand des Henkers. Mit dem Privileg des *Harakiri* oder *Seppuku* war ein Eigentumsrecht verbunden. Der Besitz eines Mannes, der vom Henker enthauptet wurde, wurde konfisziert, wohingegen jemand, der Harakiri beging, seinen Besitz seiner Familie vermachen konnte.

Die Ausbildung junger Männer variierte damals je nach Stand. Jugendliche der Aristokratie wurden in den chinesischen Klassikern unterrichtet, die in Japan bei uns Latein und Griechisch ersetzen. Auch Medizin und Astronomie wurden unterrichtet. Die Söhne niederer Samurai erhielten eine Ausbildung, die sie auf praktische Aufgaben vorbereitete. Alle, die das Recht hatten, ein Schwert zu tragen, studierten das Schwertkampfwesen, und der Lernprozess war manchmal hart, denn es war Brauch der Meister, den Schüler plötzlich von hinten anzugreifen oder sogar, wenn er nachts schlief, in der Annahme, dass er jederzeit bereit sein sollte, sich zu verteidigen. Ein Samurai, der tot aufgefunden wurde und sein Schwert vollständig in der Scheide steckte, war entehrt. Mindestens fünf Zentimeter der Klinge mussten zu sehen sein, um zu beweisen, dass der Tote versucht hatte, sich zu verteidigen . Viele junge Samurai wurden auch im Jiu- Jutsu unterrichtet, und hier war es wie im Schwertkampf üblich, dass die Lehrer ihre Schüler überraschend angriffen.

Die Erinnerungen von Viscount Shibusawa an alte Tage, wie er sie mir schilderte, werden ein eigenes Kapitel füllen, doch bevor ich mit diesem Kapitel beginne, möchte ich einige Punkte der Samurai-Tradition erwähnen, darunter Jiu-Jutsu und die fortgeschrittenere Kunst oder Wissenschaft des Jiudo , die von meinem Freund Jigoro Kano entwickelt wurde.

Als sich nach der Restauration die Begeisterung für alles Amerikanische und Europäische in Japan ausbreitete, gerieten die alten Jiu-Jutsu -Künste , die mehr als drei Jahrhunderte lang von Samurai praktiziert worden waren, außer Gebrauch. Vor dieser Zeit hatte es viele verschiedene Jiu-Jutsu -Schulen gegeben , die eine Vielzahl von Systemen lehrten, aber als die alten Meister dieser Kunst in den Ruhestand gingen, fanden sich keine Nachfolger, die ihren Platz einnehmen konnten.

Jiu-Jutsu begann , sah er, dass viele der Feinheiten dieser Kunst aufgrund mangelnden Interesses verloren gehen würden. Um so viel wie möglich davon zu bewahren, bemühte er sich sehr, nicht nur ein System des Jiu-Jutsu zu erlernen , sondern mehrere Systeme, wie sie von den verschiedenen damals lebenden großen Meistern gelehrt wurden.

Sein erstes Interesse an Jiu-Jutsu entstand dadurch, dass er ein schwaches Kind gewesen war und ein starker Mann werden wollte. Als mir Mr. Kano das erzählte, musste ich an Theodore Roosevelts kränkliche Kindheit denken; und es ist interessant, sich daran zu erinnern, dass es Präsident Roosevelt war, der dafür sorgte, dass Jiu-Jutsu in den Vereinigten Staaten erstmals in aller Munde war, und dass er es während seiner Zeit im Weißen Haus bei einem von Mr. Kanos Schülern studierte. Es hat mich auch interessiert, von Mr. Kano zu hören, dass er als junger Mann vor General Grant im Haus von Viscount Shibusawa in Tokio eine Jiu-Jutsu- Vorführung gegeben hat .

Herr Kano ist alles andere als ein Profisportler, sondern ein Gentleman aus einer Samurai-Familie, Absolvent des Literaturkollegs der Kaiserlichen Universität, Sprachwissenschaftler, Reisender , ein hoch angesehener Pädagoge und Träger mehrerer Auszeichnungen. Unter anderem war er Schulleiter der Peers' School in Tokio.

Wie dem Leser zweifellos bekannt ist, bestand die Theorie des Jiu-Jutsu darin, den Gegner nicht durch den Einsatz von Kraft gegen Kraft zu besiegen, sondern indem man den Angriffen des Gegners nachgab und dabei seine Kraft gegen ihn richtete.

Jiudo , was „der Weg oder die Lehre des Nachgebens" bedeutet, ist eine von Herrn Kano entwickelte Kombination aller Jiu-Jutsu -Systeme, verwoben mit einem Plan für geistiges, moralisches und körperliches Training, der darauf abzielt, die Kunst über jede bloße Betrachtung des Kampfes hinaus zu erheben – obwohl dieser Aspekt keineswegs vernachlässigt wird.

Es gibt unzählige spannende und unterhaltsame Geschichten über die heroischen Abenteuer berühmter Jiudo-Kämpfer , aber ich kenne keine, die Herrn Kanos Lehren in moralischer Hinsicht besser beleuchtet als ein Brief, den ihm Kommandant Yuasa von der japanischen Marine geschrieben hat, ein ehemaliger Schüler der Kodokwan , der Jiudo- Schule , die von Herrn Kano in Tokio gegründet wurde. Kommandant Yuasa schrieb diesen Brief, als er im Rahmen seiner dritten Blockadeexpedition in Port Arthur den Dampfer *Sagami Maru* kapern und ihn an der Hafeneinfahrt versenken wollte . Im Folgenden einige Auszüge daraus:

Wir werden alles tun, was menschliche Kraft zulässt, und den Rest dem Himmel überlassen. So können wir in aller Ruhe in den sicheren Tod reiten. Ich freue mich, sagen zu können, dass sich unter den Mitgliedern dieser hoffnungslosen Hoffnung drei Ihrer ehemaligen Schüler befinden: Commander Hirose, Lieutenant Commander Honda und ich selbst. Möge diese Tatsache dem Kodokwan zur Ehre gereichen .

Obwohl ich zutiefst bedaure, dass ich der Freundlichkeit, die Sie mir erwiesen haben, zu Lebzeiten nicht gerecht werden konnte, akzeptieren Sie bitte dennoch als Ausdruck meiner Dankbarkeit die Tatsache, dass ich mein Leben für unser Land gebe, so wie Sie uns in Friedenszeiten so freundlich gelehrt haben, dazu bereit zu sein.

Der Verfasser dieses Briefes kam ums Leben, ebenso wie Commander Hirose, einer der Offiziersbrüder, die er erwähnt. Der andere, Lieutenant Commander Honda, wurde durch eine Granate verwundet, konnte jedoch gerettet werden und überlebte, um davon zu berichten.

eine Jiudo- Vorführung sehen möchten , sind im Kodokwan willkommen . Dort wird nach vorheriger Anmeldung ein Dolmetscher zur Verfügung gestellt. Mittlerweile gibt es etwa zwanzigtausend Jiudo -Praktizierende, die das Kodokwan als Hauptquartier und Herrn Kano als ihren Meister betrachten .

Ein weiterer Ort, an dem man Jiudo erleben kann, ist der Butokukai – die Vereinigung zur Vermittlung militärischer Tugenden – in Kyoto. Letztere ist eine private Organisation, ähnlich einem Sportverein, mit einem schönen tempelähnlichen Gebäude und vielen Zweigstellen im ganzen Land. Sie hat etwa zweihunderttausend Mitglieder, von denen mehrere Tausend aktiv sind.

Die Hauptidee dieser Organisation besteht darin, bestimmte alte japanische Kriegskünste am Leben zu erhalten , wie etwa Jiudo , Bogenschießen, Fechten, den Gebrauch von Lanzen und Speeren und die Verwendung der merkwürdigen lanzenähnlichen *Naginata* , die mit ihrer gebogenen Klinge und dem langen Griff nur von Frauen verwendet wurde.

Butokukai kann man manchmal Wettkämpfe zwischen Männern mit Schwertattrappen und Frauen mit hölzernen Naginatas beobachten . Diese Wettkämpfe sind äußerst interessant, da sie an die Tage erinnern, als die Frauen im alten Japan Seite an Seite mit ihren Männern kämpften und dabei die Naginata als Angriffswaffe und einen kurzen Dolch, der im Obi getragen wurde, als Verteidigungswaffe verwendeten. Dieser entsprach dem kürzeren der beiden Schwerter, die die Männer früher trugen.

Samurai-Frauen wurde beigebracht, sich mit dem Dolch zu verteidigen und ihn zum Selbstmord zu verwenden, wenn sie eine Niederlage oder Schande fürchteten . Familien, in denen die Samurai-Tradition gewissenhaft gepflegt wird, haben es noch immer zur Gewohnheit gemacht, ihren Töchtern bei der Hochzeit Dolche dieser Art zu schenken, obwohl solche Waffen heute nur noch als Symbole eines Geistes gelten, den es zu bewahren gilt.

Der große moderne Samurai-Held Japans war General Graf Nogi , der Held von Port Arthur, zu dessen Gedenken vor kurzem in Tokio ein Schrein eingeweiht wurde.

Dieser Schrein steht auf dem Gelände hinter dem einfachen Haus in Tokio, in dem Graf und Gräfin Nogi lebten und gemeinsam durch eigene Hand starben. Nogi ist in Japan heiliggesprochen und sein Haus gilt als heiliger Ort und wird jedes Jahr von Tausenden von Menschen besucht.

Die Theorie, dass Selbstzerstörung nach alter Samurai-Tradition praktiziert wird und unter bestimmten Umständen breite Zustimmung findet, ist eines der Dinge, die dem abendländischen Verstand Rätsel aufgeben.

Deshalb bat ich Viscount Kentaro Kaneko, der General Nogi kannte , mir die Geschichte seines Todes zu erzählen und mir zu erklären, wie es dazu kam, dass er Seppuku beging.

Viscount Kentaro Kaneko (Harvard '78), Geheimer Rat des Kaisers, Präsident der Amerikanisch-Japanischen Gesellschaft von Tokio und Freund von Präsident Roosevelt

„Als Nogi das Kommando in Port Arthur erhielt", sagte der Viscount, „waren seine beiden Söhne ihm unterstellte Offiziere. Er befahl seiner Frau, drei Särge vorzubereiten und keine Trauerfeier abzuhalten, bis alle drei zur gemeinsamen Beerdigung bereit seien.

„Beim Angriff auf Port Arthur verloren etwa dreißigtausend japanische Soldaten ihr Leben. Dieses Opfer an Menschenleben wurde in Japan zunächst stark kritisiert, doch die öffentliche Meinung änderte sich angesichts der Tatsache, dass der General beide Söhne verloren hatte. Er kehrte zwar als Sieger nach Japan zurück, doch war er ein äußerst unglücklicher Mann. In Gedanken waren immer die Familien der dreißigtausend tapferen jungen Männer, die geopfert werden mussten. Er wollte nicht auf der Straße bejubelt werden, sondern in Ruhe gelassen werden. Er lief in einer alten Uniform herum und versuchte, so unauffällig wie möglich zu sein.

Nogi bei einer Audienz beim Kaiser Meiji beim Weggehen zu ihm etwa, dass er ihn nie wiedersehen würde.

„Der Kaiser begriff, dass Nogi über Seppuku nachdachte und rief ihn zurück.

„‚ Nogi ‘, sagte er, ‚ich brauche dich noch immer. Ich will dein Leben.‘

„Der General führte seinen Plan damals also nicht aus, sondern lebte weiter, wie der Kaiser es ihm befohlen hatte, und wurde Präsident der Schule, an der die Söhne des Adels erzogen werden.

Doch all die Jahre hindurch verfolgte ihn die Erinnerung an die dreißigtausend Soldaten, die er in den Tod schicken musste.

„Als Kaiser Meiji starb, gehörte Nogi zur Ehrenwache , die aus Gleichgestellten bestand und abwechselnd vierzig Tage und vierzig Nächte lang an der kaiserlichen Bahre Wache hielt.

„Dann kam das Staatsbegräbnis. Am Tag der Beerdigung schrieb Nogi ein Gedicht, das sinngemäß erklärte: ‚Ich werde in die Fußstapfen Eurer Majestät treten.‘ Dieses Gedicht zeigte er Prinz Yamagata, der es lediglich so auffasste, dass Nogi in der Prozession sein würde, die den kaiserlichen Überresten zum Grab folgt.

„Aber als die Schüsse den Abschied des Trauerzuges vom Palast verkündeten, war Nogi nicht da. Wie die Samurai der alten Zeit wollte er seinem toten Meister ins Jenseits folgen. Beim Klang der Schüsse nahm er sein Kurzschwert und beging Seppuku, während im Nebenzimmer Gräfin Nogi , seine ergebene Frau, ganz in Weiß gekleidet, sich die Arterien am Hals durchtrennte. So starben die beiden gemeinsam, für den Kaiser und die dreißigtausend Soldaten, die ihr Leben geopfert hatten.“

<hr>

In keinem Punkt stehen die Anschauungen des Orients und des Okzidentals so völlig im Widerspruch wie in ihrer Haltung zum Selbstmord.

Während bei uns Selbstmord als Feigheit verurteilt wird und als Mittel, den Härten des Lebens zu entfliehen, hat ein japanischer Selbstmord oft etwas höchst Heroisches an sich. Zwar treibt Unglück manche Japaner in die Selbstzerstörung, aber in vielen anderen Fällen stellt der Selbstmord eher eine selbst auferlegte Bestrafung für Versagen irgendeiner Art dar. So ist es mit den Schülern, die sich manchmal umbringen, weil sie bei Prüfungen durchgefallen sind. Ebenso hörte ich in Japan von zwei Bahnwärtern, die, weil sie ihr Tor nicht geschlossen hatten, als ein Zug einfuhr, für den Tod eines Mannes verantwortlich waren, der in einer Rikscha reiste . Wenige Tage nach diesem Unfall begingen beide Bahnwärter Selbstmord, indem sie sich unter einen Zug warfen. Für ihre Nachlässigkeit bezahlten sie freiwillig mit ihrem Leben.

"Und", sagte der Viscount, "wir hatten früher eine andere Art von Selbstmord, von der es manchmal sogar heute noch Beispiele gibt. Wenn ein Mann zutiefst an etwas glaubte und nicht in der Lage war, die Aufmerksamkeit auf das zu lenken, woran er glaubte, beging er manchmal Seppuku, um darauf aufmerksam zu machen. Er hinterließ ein Blatt Papier, in dem er seine Überzeugungen darlegte, und die Leute schenkten ihm Aufmerksamkeit, weil sie das Gefühl hatten, wenn ein Mann bereit war zu sterben, um einen Punkt zu betonen, war seine Botschaft es wert, beachtet zu werden."

Der Viscount hielt inne. Dann fügte er etwas nachdenklich hinzu: „Es ist, als ob er seinen Protest unterstreichen wollte – in Rot.“

KAPITEL XVII

Die alte ausländerfeindliche Stimmung – Prinz Yoshinobu Tokugawa – Kaiser und Shogun – Prinz Yoshinobu wird Shogun – Seine Hoheit Akitaké geht nach Frankreich – Humorvolle Episoden – Die Niederlage von Prinz Yoshinobus Armee – Verschiedene Erklärungen – Die Wiedereinsetzung des Kaisers – Prinz Yoshinobus Rücktritt – Die Theorie des Viscounts – Prinz Keikyu Tokugawa – Eine Roosevelt-Anekdote – Schwerter und Uhrkette

„Ich war ein vierzehnjähriger Junge", sagte Viscount Shibusawa, „als Ihr Commodore Perry nach Japan kam. Damals und noch eine beträchtliche Zeit danach war ich ‚ausländerfeindlich' – das heißt, ich war gegen die Aufgabe unserer alten japanischen Isolation und die Aufnahme von Beziehungen mit ausländischen Mächten.

„Die Mehrheit der nachdenklichen Menschen dachte wie ich. Unsere Schwierigkeiten mit den Jesuiten in der zweiten Hälfte des 16. und der ersten Hälfte des 17. Jahrhunderts entstanden durch die in uns aufkeimende Angst, dass die Jesuiten versuchten, die politische Kontrolle über Japan zu erlangen. Diese Angst führte zu ihrer Vertreibung aus dem Land sowie zu Verfolgungen ihrer selbst und ihrer Konvertiten, und zu diesem Zeitpunkt begann unsere Politik der Isolation. In jüngerer Zeit hatten wir den Opiumkrieg in China erlebt, und das hatte unsere Überzeugung verstärkt, dass ausländische Mächte lediglich Territorium suchten und dass sie völlig skrupellos waren.

„Als ich das Alter von 25 Jahren erreichte, wurde ich ein Gefolgsmann von Yoshinobu Tokugawa, einem mächtigen Prinzen und Verwandten von Iyemochi Tokugawa, dem damaligen Shogun. Da ich keiner Adelsfamilie entstammte, gehörte ich nicht zum engeren Kreis von Prinz Yoshinobu , sondern war ein Mitglied dessen, was man als die mittlere Gruppe an seinem Hof bezeichnen könnte.

„Er fungierte damals als Vermittler zwischen dem Shogun und dem kaiserlichen Hof in Kyoto – denn obwohl der Shogun das Land regierte, wie es die Shogune seit Jahrhunderten taten, wurde die Fiktion aufrechterhalten, dass er dies mit kaiserlicher Zustimmung tat.

"Als Iyemochi starb, ernannten die mächtigen Daimyos meinen Herrn, Prinz Yoshinobu , zu seinem Nachfolger. Ich war dagegen, dass er das Amt annahm, denn das Land befand sich damals in einer sehr unruhigen Lage, und ich war überzeugt, dass der nächste Shogun, wer immer er auch sein mochte, mit ernsthaften Schwierigkeiten konfrontiert sein würde; besonders angesichts der wichtigen Frage der Außenbeziehungen und angesichts der Tatsache, dass so mächtige Herren wie die von Satsuma, Choshu , Tosa und

Hizan dem Shogunat gegenüber immer feindseliger und dem Kaiserhaus immer wohlgesinnter wurden.

„Die Tatsache, dass Prinz Yoshinobu als Vermittler zwischen seinem Verwandten, dem vierzehnten Shogun, und dem kaiserlichen Hof in Kyoto fungiert hatte, machte es für ihn später zu einer heiklen Angelegenheit, das Shogunat anzunehmen . Außerdem hatte sein Zweig der Familie, der Mito-Zweig, zwar der Tokugawa-Familie angehörte , jedoch stets auf der kaiserlichen Vorherrschaft in Japan bestanden. Die Umstände zwangen ihn jedoch, das Amt anzunehmen. Ich war sehr enttäuscht, als er dies tat.

„Das geschah zwei Jahre, nachdem ich sein Gefolgsmann geworden war. Ich war jetzt Vizeminister seines Finanzministeriums und hatte zusätzlich die Aufgabe, alle modernen Neuerungen im Auge zu behalten und die neuartigen militärischen Übungen mit Gewehren zu beaufsichtigen, die wir damals aufnahmen.

„Kurz nachdem er Shogun geworden war, beschloss Yoshinobu , seinen Bruder Akitaké zur Ausbildung nach Frankreich zu schicken, und er ernannte mich zum Mitglied des Gefolges, das den jungen Mann begleiten sollte. Ich war damals siebenundzwanzig Jahre alt.

„Wir stachen im Januar 1867 in See – eine Gruppe von 25 Personen, unter ihnen ein Arzt, ein Offizier, der Artillerie studierte, und verschiedene andere Personen neben Akitakés sieben persönlichen Bediensteten.

„Für internationale Zwecke wurde der Shogun nun Tycoon genannt, da das Wort ‚Shogun‘, das ‚Generalissimus‘ bedeutet, keine Konnotation von Herrschaft in sich trägt ; ‚Tycoon‘ hingegen bedeutet ‚großer Prinz‘ – und natürlich schien es angemessen genug, dass ein großer Prinz mit ausländischen Mächten verhandelte. Als Bruder des Tycoons erhielt Akitaké in Europa den Titel ‚Hoheit‘.

Shogunat sehr düster aus , aber ich war der Meinung, dass es das Beste für mich wäre, ins Ausland zu gehen und so viel wie möglich zu lernen, um meinem Land nach meiner Rückkehr besser dienen zu können.

„Die Mitglieder unserer Gruppe trugen japanische Kostüme, einschließlich Haarknoten und zwei Schwertern. Ich jedoch ersann für mich eine besondere Eleganz. Ich hörte, dass der Gouverneur von Saigon, wo unser Schiff anlegen sollte, unsere Gruppe offiziell willkommen heißen wollte, also ließ ich mir einen Frack anfertigen.“ Der Viscount schüttelte sich vor Lachen, als er sich an die Episode erinnerte. „Es war kein Frack – nur der Frack. Und als wir in Saigon ankamen, trug ich tagsüber diesen Frack über meiner japanischen Seide.

„Unsere mangelnde Erfahrung mit den europäischen Gepflogenheiten führte dazu, dass viele amüsante Dinge passierten. Als wir zum Beispiel im Zug den Isthmus von Suez überquerten – damals gab es noch keinen Kanal – warf ein Mitglied der Gruppe, das nicht an Fensterglas gewöhnt war, eine Orangenschale aus dem Fenster und erwartete, sie würde herausfliegen. Die Schale traf das Glas, prallte zurück und fiel einem Beamten in den Schoß, der gekommen war, um uns über den Isthmus zu geleiten. Wir waren sehr verlegen.

„Später geschah in Paris noch etwas Absurdes. Sie müssen wissen, dass es in Japan üblich ist, dass Gäste, wenn sie ein Haus verlassen, in dem sie bewirtet wurden, Kuchen und ähnliches einpacken und mit nach Hause nehmen. Ein Mitglied unserer Gruppe, das noch nie zuvor Eiscreme gesehen hatte, versuchte dies, indem er die Eiscreme in Papier einwickelte und sie vorne in seinen Kimono steckte. Unnötig zu sagen, dass die Eiscreme keine Eiscreme mehr war, als er ins Hotel zurückkam, und er selbst fühlte sich nicht sehr wohl.

„Als wir ankamen, war die Pariser Weltausstellung von 1867 im Gange. Als sie vorbei war, reisten wir durch die Schweiz, Holland, Belgien, Italien und England. Ursprünglich war geplant, dass wir uns nach unserer offiziellen Reise niederlassen und studieren sollten, und ich konnte es kaum erwarten, dass diese Zeit kommen würde. Es dauerte jedoch nicht lange, bis wir die Nachricht erhielten, dass das Shogunat gefallen war.

"Die Nachrichten waren verwirrend. Ich konnte nicht verstehen, was in Japan vor sich ging. Zuerst hörte ich, dass Yoshinobu als Shogun öffentlich die volle Autorität des Kaisers zurückgegeben hatte, aber später kam die Nachricht von der Schlacht von Toba-Fushimi, in der Truppen der Kaiserlichen Partei Truppen des Shoguns besiegten. Dies ließ es erscheinen, als hätte Yoshinobu eine falsche Strategie verfolgt, indem er zuerst öffentlich die Macht des Shoguns abgab und dann darum kämpfte, sie zu behalten. Diese scheinbar widersprüchlichen Handlungen verwirrten mich, denn ich wusste, dass Yoshinobu ein Mann von höchster Ehre war .

„Bald darauf kam ein Bote aus Japan und teilte mit, dass Akitaké Oberhaupt des Mito-Zweiges der Tokugawa-Familie geworden sei, was es für uns notwendig machte, unsere Pläne aufzugeben und zurückzukehren. Wir segelten im Dezember 1867 von England ab und erreichten Japan im November 1868, elf Monate später.

„Ich war sprachlos angesichts der Veränderungen, die ich vorfand. Obwohl ich wusste, dass die Shogun-Regierung gestürzt war, hatte ich mir nicht vorgestellt, was das bedeuten würde. Mein Herr, Yoshinobu , wurde in einem Haus in Suruga gefangen gehalten. Als ich erfuhr, dass es ihm gestattet war, seine engen Freunde und Gefolgsleute zu sehen, reiste ich nach Suruga, wo ich mehrere Male bei ihm Audienz hatte. Ich fand ihn zurückhaltend und konnte ihm nur wenige Informationen über den mysteriösen Weg entlocken, den er verfolgt hatte.

„Nach einem Jahr Gefangenschaft wurde er freigelassen, lebte jedoch noch dreißig Jahre lang in der Nähe von Suruga und führte ein zurückgezogenes Leben. Erst einunddreißig Jahre nach seinem Rücktritt vom Shogunat kam er nach Tokio. Vier Jahre später ernannte ihn der Kaiser zum Prinzen des neuen Regimes. Dies zeigte ziemlich deutlich, dass der Kaiser ihm nicht misstraut hatte.

"Zwanzig Jahre lang nach meiner Rückkehr nach Japan konnte ich dieser Angelegenheit nicht auf den Grund gehen. Ich versuchte, von Yoshinobu selbst eine Erklärung zu bekommen, aber er wich meinen Fragen aus. Inzwischen wurde die Frage in Japan ständig diskutiert. Yoshinobus Gegner behaupteten, er habe nicht aufrichtig gehandelt, sondern sei durch die Belastungen, die mit der Aufnahme außenpolitischer Beziehungen verbunden waren, dazu gebracht worden, das Shogunat niederzulegen , habe seine Meinung später geändert und für dessen Beibehaltung gekämpft. Oberflächlich betrachtet schien dies wahr zu sein. Yoshinobu wurde als Feigling und Verräter bezeichnet und schwer dafür kritisiert, dass er nach der Schlacht von Toba-Fushimi geflohen war.

„Andererseits behaupteten diejenigen, die Yoshinobu unterstützten , dass er logisch und weise gehandelt habe: dass er gesehen habe, dass seine Regierung fallen würde, und dass er ganz ehrlich gewesen sei, als er das Shogunat vor der Schlacht aufgegeben habe. Diese Anhänger bestanden darauf, dass er keine Schlacht gewollt habe, sondern nach Kyoto aufgebrochen sei, um den Kaiser zu treffen, um Einzelheiten zu arrangieren, insbesondere im Hinblick auf das zukünftige Wohlergehen seiner Gefolgsleute. „Aber wenn ein großer Herr zu dieser Zeit reiste, reiste er mit einer Armee, und Yoshinobus Verteidiger behaupteten, dass dies der Grund für die Schlacht war – als die Männer von Choshu und Satsuma erfuhren, dass Yoshinobu mit seinen Soldaten nach Kyoto zog, kamen sie heraus und griffen ihn an, weil sie glaubten oder vorgaben zu glauben, dass er in feindlicher Mission unterwegs war.

„Zu dieser Zeit war der Kaiser erst siebzehn Jahre alt und die Regierung lag in den Händen älterer Staatsmänner der Kaiserlichen Partei. Der Kaiser selbst hatte wahrscheinlich keine Ahnung, in welchem Auftrag Yoshinobu nach Kyoto kam; und ob die älteren Staatsmänner es wussten oder nicht, sie gehörten Clans an, die dem Shogunat feindlich gesinnt waren , und zogen es vor zu kämpfen.

"Viele Jahre vergingen, bevor die Wahrheit ans Licht kam. Als die alten Wunden schließlich ziemlich gut verheilt waren, begann ich, eine Geschichte von Yoshinobus Leben und Zeit zusammenzustellen. Schließlich fragte ich ihn direkt nach den Ereignissen im Zusammenhang mit seinem Rücktritt und der darauffolgenden Schlacht. Er erzählte mir, dass er tatsächlich in friedlicher Mission nach Kyoto aufgebrochen war, aber als die von den großen Clansmännern ausgesandten Truppen auftauchten, konnte er seine eigenen Männer nicht kontrollieren. Er hatte die Schlacht weder gesucht noch gewollt. Da er fühlte, dass seine höchste Pflicht dem Kaiser galt, zog er sich aus der Schlacht zurück, nahm nicht daran teil und kehrte dorthin zurück, woher er gekommen war, und zog sich zurück. Er wusste natürlich, dass die Schlacht ihn in ein falsches Licht rücken würde, und er entschied, dass der klügste und ehrenhafteste Weg für ihn darin bestand, durch sein Leben im Ruhestand seine absolute Unterwerfung unter den Kaiser zu zeigen.

„Um richtig zu verstehen, warum Yoshinobu so bereit war, seine Macht abzugeben, muss man die alte japanische Doktrin der Treue zum Thron vollständig verstehen. Diese Treue ist eine Religion und durchdringt das gesamte Leben Japans. Deshalb haben die Shogune, die Japan so viele Jahrhunderte lang regierten, nie versucht, den kaiserlichen Rang an sich zu reißen, sondern waren zufrieden, während sie die Macht usurpierten, die Regierungsform stets als Vizeregenten beizubehalten.

"Ich bin persönlich davon überzeugt, dass Yoshinobu Tokugawa, als er trotz des Widerstands seiner treuen Gefolgsleute das Shogunat annahm, dies mit der festen Absicht tat, dem Kaiserhaus seine rechtmäßige Macht zurückzugeben. Ich habe ihn immer danach gefragt, und obwohl er es nie zugab, leugnete er es nie. Das war charakteristisch für ihn. Er war der bescheidenste und bescheidenste aller Menschen – der letzte Mensch, der sich selbst die Ehre für eine aufopfernde und heldenhafte patriotische Tat zugeschrieben hätte . Für ihn war die Durchführung dieser Tat ausreichend."

Während meines gesamten Gesprächs mit Viscount Shibusawa spürte ich in ihm die leidenschaftliche Treue eines Gefolgsmannes gegenüber seinem Herrn. Ich hätte mir persönlichere Erinnerungen gewünscht, doch ich sah, dass der Viscount sich selbst in erster Linie in seiner Beziehung zur Familie von Prinz Yoshinobu sah, dem letzten Shogun, dessen Gefolgsmann er war. Er war nicht daran interessiert, mir von seiner eigenen Karriere zu erzählen, aber er war zutiefst daran interessiert, dass ich als Schriftsteller die Beziehung von Prinz Yoshinobu zur kaiserlichen Restauration verstand . Seine Haltung erinnerte mich an die eines alten, edlen Gentleman aus dem Süden, der inzwischen verstorben ist und der Adjutant von Robert E. Lee gewesen war, der Lee liebte und gern über ihn sprach. Als ich mit ihm sprach, war es genauso. Es war sehr schwierig, ihn dazu zu bringen, mir von seinen eigenen Erlebnissen zu erzählen.

Die Loyalität des Gefolgsmannes gegenüber der Familie seines Herrn zeigt sich auch in der Beziehung zwischen dem Viscount und dem jungen Prinzen Keikyu Tokugawa, dem Sohn von Yoshinobu . Nach dem Tod des Vaters fungierte der Viscount weiterhin als Berater des Sohnes. Er wurde sein wichtigster Ratgeber, und als er vor einigen Jahren aus dem Vorstand der Ersten Bank von Japan zurücktrat – der Bank, die er fünf Jahre nach der Restauration gegründet hatte –, übernahm der junge Prinz Tokugawa seinen leeren Stuhl.

Der Prinz, der Mitglied des House of Peers ist, ist in den Vereinigten Staaten bekannt, da er während des Krieges als Vertreter des Japanischen Roten Kreuzes hierher gekommen war.

Viscount Shibusawa ist den Amerikanern ebenfalls nicht unbekannt, da er dieses Land mehrere Male besucht hat. Ich verdanke ihm eine Anekdote, die das erstaunliche Gedächtnis von Präsident Roosevelt illustriert.

„Vor achtzehn Jahren", sagte er, „als Roosevelt Präsident war, besuchte ich ihn im Weißen Haus. Wir hatten ein angenehmes Gespräch. Er lobte das Verhalten der japanischen Truppen während der Boxerkriegskrise und sagte, sie seien nicht nur tapfer, sondern auch ordentlich und diszipliniert gewesen. Dann sprach er voller Bewunderung über die Kunst Japans.

„Ich sagte zu ihm: ‚Herr Präsident, ich bin nur ein Bankier und muss leider sagen, dass in meinem Land das Bankwesen noch nicht so weit entwickelt ist wie die Kunst.'

„Vielleicht ist es das, wenn wir uns wiedersehen", antwortete er.

„Als ich ihn dreizehn Jahre später in seinem Haus in Oyster Bay besuchte, nahm er das Gespräch dort wieder auf, wo wir aufgehört hatten.

„‚Als ich Sie das letzte Mal sah', sagte er, ‚habe ich Sie nicht nach dem Bankwesen in Japan gefragt. Jetzt möchte ich, dass Sie mir alles darüber erzählen.'"

Als ich am späten Nachmittag des zweiten Tages, den ich mit dem Viscount verabredet hatte, den Bungalow durch den Garten verließ, kam mir der Gedanke, dass ich wahrscheinlich nie wieder mit einem Mann sprechen würde, der solche Veränderungen durchlebt hatte. Ich wollte ein Andenken, und ich wünschte, es wäre etwas, das die Veränderungen symbolisierte, die diese klugen, humorvollen alten Augen miterlebt hatten.

Daher fragte ich den Viscount nicht ohne zu zögern, ob er so freundlich wäre, seine beiden Samurai-Schwerter anzulegen und mich ein Foto von ihm machen zu lassen.

Er schickte einen Diener los, der kurz darauf mit den Waffen aus dem Haus zurückkam. Der Viscount steckte sie in seine Schärpe, und ich drückte auf den Verschluss und hoffte inständig, dass das Licht des späten Nachmittags dafür ausreichen würde.

Viscount Shibusawa, einer der Grand Old Men Japans, willigte ein, für mich zu posieren, mit seinen Samurai-Schwertern

Wie der Leser selbst sehen kann, ist das Bild gut gelungen. Es ist sogar besser geworden, als ich es erwartet hatte, denn neben den Schwertern und Seidengewändern des alten Japans ist darin auch eine sehr moderne Note zu erkennen.

Es war der Enkel des Viscounts, der mich darauf aufmerksam machte, als ich ihm das Foto zeigte.

„Ja", sagte er lächelnd, „das sind die Schwerter des alten Japan. Aber die Uhrkette – das ist ein Anachronismus."

KAPITEL XVIII

Das Haus des Viscount Kaneko – Einige Souvenirs – Eine Erinnerung an Roosevelt – Die Prophezeiung von Dr. Bigelow – Ein erstes Treffen mit Roosevelt – Der Russisch-Japanische Krieg – Mittagessen im Weißen Haus – Roosevelts Interesse an der Samurai-Tradition – Sagamore Hill – Mrs. Roosevelt und Quentin – Ein einfaches Zuhause – Der Präsident bringt Decken mit – Eine Bärenjagd – Der Frieden von Portsmouth und ein Bärenfell für den Kaiser – Ein Brief Roosevelts über die Beziehungen zu Japan – Ein Brief aus Mittelafrika – „Amerikanische Samurai"

Während meines gesamten Aufenthalts in Japan fühlte ich mich meiner Heimat nie so nahe wie bei den mehreren Gelegenheiten, als ich in Tokio im Arbeitszimmer von Viscount Kentaro Kaneko saß, seinen Erinnerungen lauschte und seine Erinnerungsstücke an Theodore Roosevelt betrachtete.

Kein Japaner war in den Vereinigten Staaten bekannter oder besser mit unserer Lebensweise vertraut als Viscount Kaneko (Harvard '78), Geheimer Rat des Kaisers, Vorsitzender der Kommission, die die Geschichte der Herrschaft des verstorbenen Kaisers Meiji aufarbeitet, und Präsident der Amerikanisch-Japanischen Gesellschaft in Tokio.

Ich fand ihn in einem großen, aber nicht protzigen Haus, das rein japanisch gebaut war. Die Einrichtung war jedoch nicht rein japanisch. Wie die Häuser anderer Herren aus Tokio, die es gewohnt sind, viele Ausländer zu sehen, lag im Flur ein Teppichboden, sodass man seine Schuhe nicht ausziehen musste, und einige Zimmer waren im westlichen Stil eingerichtet.

In Japan handelt es sich bei solchen Räumen normalerweise um steife Empfangszimmer, die aussehen, als würden sie nur genutzt, wenn sich Besucher aus dem Ausland blicken lassen. In Viscount Kanekos Arbeitszimmer herrschte jedoch eine heimelige Atmosphäre, die mich glauben ließ, dass der Hausherr den Raum aufsuchte, wenn keine Gäste da waren.

An den Wänden hingen gerahmte Fotos berühmter Persönlichkeiten aus Europa und Amerika, wobei die Familie Roosevelt ganz im Vordergrund stand. Unter dem Foto von Präsident Roosevelt bemerkte ich eine herzliche Widmung in der vertrauten Handschrift, so ehrlich und jungenhaft – eine Handschrift, die sich so sehr von der jedes anderen großen Mannes unterschied, wie Roosevelt selbst sich von jedem anderen großen Mann unterschied.

Als ich hinübergegangen war und die Inschrift gelesen hatte, lenkte Viscount Kaneko meine Aufmerksamkeit auf den Rahmen.

„Dieser Rahmen", sagte er, „ist aus einem Stück Oregon-Kiefer gefertigt, das Commodore Perry dem Shogun neben anderen Geschenken mitbrachte. Der

Kaiser schenkte mir ein Stück des Holzes, und ich ließ daraus diesen Rahmen und eine Schreibbox anfertigen, auf der die Szene von Perrys Ankunft in Goldlack dargestellt ist."

Außerdem gab es ein Foto von Mrs. Roosevelt mit zwei ihrer Söhne und eines von Quentin Roosevelt als Kind rittlings auf einem Pony, mit einer Inschrift an den Sohn des Viscounts, Takemaro , vom 7. August 1905. In der Ecke des Rahmens war ein Foto eingelegt, das der Viscount von Quentins Grab in Frankreich hatte machen lassen.

Viscount Kaneko war Student in Harvard, als Roosevelt an die Universität kam, aber zwischen ihnen lagen zwei Jahre und sie kannten sich dort nicht. Ihr erstes Treffen fand 1889 in Washington statt, als Roosevelt Kommissar für den öffentlichen Dienst war und Viscount Kaneko nach Japan zurückkehrte, nachdem er die wichtigsten Länder Europas besucht hatte, um parlamentarische Formen zu studieren. Das erste japanische Parlament trat im darauffolgenden Jahr 1890 zusammen, als Japan eine Verfassung verabschiedete.

Wenn ich auf meine Gespräche mit dem Viscount zurückblicke, staune ich heute wie damals über die Genauigkeit seines Gedächtnisses. Er berichtete Ereignisse von vor fünfzehn oder mehr Jahren mit einer Lebendigkeit und Aufmerksamkeit für Kleinigkeiten, die außergewöhnlich war. Es war, als hätte er sein Gedächtnis aufgefrischt, indem er aus einem Tagebuch vorlas.

„Als ich 1889 nach Washington ging, hatte ich zwei Empfehlungsschreiben an Roosevelt dabei", erzählte er mir. „Eines hatte mir James Bryce, der spätere Viscount Bryce, gegeben, der damals in Gladstones Kabinett war. Das andere erhielt ich von meinem Freund Dr. William Sturges Bigelow."

„Als Doktor Bigelow mir den Brief gab, sagte er: ‚Hiermit lernen Sie einen Mann kennen, der eines Tages Präsident der Vereinigten Staaten sein wird.' Daran habe ich mich immer erinnert und Roosevelts Karriere deshalb mit umso größerem Interesse verfolgt.

„Als ich in Washington ankam, besuchte ich Roosevelt in einer Privatpension, in der er lebte, und er rief mich am nächsten Tag wieder an. Natürlich erkannte ich sofort, dass er ein Mann mit einem außerordentlich lebhaften Geist war. Ich mochte ihn sehr und war erfreut und interessiert, als ich nach meiner Rückkehr nach Japan seinen stetigen Aufstieg miterlebte. Er wurde stellvertretender Marineminister, Oberst der Rough Riders und Gouverneur von New York. ‚Jetzt', sagte ich mir, als ich las, dass er zum Gouverneur gewählt worden war, ‚ist er auf dem Weg, Doktor Bigelows Prophezeiung zu erfüllen.' Dann wurde er Vizepräsident, und ich dachte: ‚Das ist zu schade. Sie haben ihn auf Eis gelegt. Er wird doch nicht Präsident.' Aber McKinley wurde ermordet und Roosevelt kam ins Weiße Haus.

"Anfang 1904, zur Zeit unseres Krieges mit Russland, wurde ich als inoffizielle Gesandtschaft in die Vereinigten Staaten geschickt. Ich ging zuerst nach New York, wo ich eine Woche blieb, und dann nach Washington. Dort besuchte ich meinen alten Freund, Herrn Justice Holmes vom Obersten Gerichtshof - er nannte mich immer 'Bruder Kaneko' - und bat ihn, mich ins Weiße Haus zu bringen, um den Präsidenten zu treffen, von dem ich dachte, dass er sich nicht an mich erinnern würde. Aber Justice Holmes war mit Roosevelt in der Sache Northern Securities anderer Meinung und fühlte sich zu diesem Zeitpunkt im Weißen Haus nicht als persona grata. Deshalb arrangierte ich durch unseren Minister, Herrn Takahira , ein Treffen.

„Eines Morgens im Mai 1904 nahm mich der Minister mit zum Präsidenten. Unser Termin war für halb elf. Wir mussten nicht lange warten. Ich werde nie das Bild von Roosevelt vergessen, als er schnell die Tür aufstieß und ins Zimmer stürzte. Der Minister hatte keine Chance, mich vorzustellen. ‚Ich freue mich, Sie wiederzusehen, Baron!‘, rief der Präsident in seiner wunderbar herzlichen Art aus. Und als wir uns die Hände schüttelten, legte er seinen Arm um meine Schulter und fragte: ‚Warum sind Sie eine Woche in New York geblieben? Warum sind Sie nicht gleich zu mir gekommen?‘

„Während unseres Gesprächs, das eine Stunde dauerte, ließ er mich erkennen, dass er in seiner offiziellen Haltung gegenüber unserem Krieg mit Russland absolut neutral war, ließ mich aber dennoch spüren, dass er viel persönliche Sympathie für Japan hatte. Er erklärte offen, dass die öffentliche Meinung in den Vereinigten Staaten Japan gegenüber positiv eingestellt sei , und fügte hinzu, dass die russische Regierung sich darüber beschwert habe, dass amerikanische Armee- und Marineoffiziere offen projapanisch eingestellt seien. Dies habe es für ihn notwendig gemacht, eine Neutralitätserklärung herauszugeben. Aber obwohl er als Präsident Wert darauf legte, beiden Seiten gegenüber gewissenhaft gerecht zu sein, zweifelte ich nicht an der Freundlichkeit seiner privaten Gefühle.

„Er riet mir, nicht in Washington zu bleiben, sondern mein Hauptquartier in New York einzurichten und nach Washington zu kommen, um ihn zu besuchen, wenn es nötig sei. Das tat ich, und im Laufe der Zeit wurden wir engere Freunde, und er erwies mir oft die Ehre , mich zum Mittagessen einzuladen . *Familie* im Weißen Haus.

„Bei einem dieser Mittagessen erzählte ich ihm von Doktor Bigelows Prophezeiung und davon, wie ich beobachtet hatte, wie er Schritt für Schritt ihrer Erfüllung entgegenschritt. Das schien ihm zu gefallen.

„‚Edith‘, rief er Mrs. Roosevelt über den Tisch zu, ‚hören Sie das? Hier ist ein Mann, der von weit her in Japan ein freundliches Auge auf mich geworfen hat.‘

„Einmal bemerkte er bei einem dieser vertraulichen Mittagessen im Weißen Haus, dass man als Präsident einen gewissen Stil wahren müsse. ‚Wenn Sie uns hier besuchen‘, sagte er, ‚bekommen Sie keine genaue Vorstellung davon, wie unser Familienleben wirklich aussieht. Sie müssen uns diesen Sommer in Oyster Bay besuchen, wenn wir nach Hause kommen. Dann werden Sie mehr über uns erfahren.‘

„Er vergaß die Einladung nicht, sondern wiederholte sie Anfang Juli 1905 per Telegramm. Ich ging nach Oyster Bay und blieb über Nacht . Es war in vielerlei Hinsicht ein unvergessliches Erlebnis.“

„Er war immer sehr an unserer Samurai-Tradition und an der Lehre, die wir Bushid o nennen, interessiert. Ich erinnere mich, dass er mich fragte, wie viel Geld man brauchte, um die Stellung eines Samurai zu halten. Ich erklärte ihm, dass es verschiedene Klassen von Samurai gab – dass die Shogune selbst Samurai gewesen waren und dass andere in verschiedenen Rängen unter ihnen standen.

„‚Samurai der Mittelschicht‘, sagte ich, ‚brauchen nicht viel Geld. Sie brauchen nur genug, um sich bei gesellschaftlichen Anlässen kleiden zu können, für die Ausbildung ihrer Familien und für die Aufrechterhaltung ihrer politischen Position, was auch immer diese sein mag. Sie brauchen kein Geld für Vergnügungen oder Extravaganzen.‘

„‚Trotzdem‘, antwortete der Präsident, ‚möchte ein Mann nicht hinter seinen Vorfahren zurückfallen, weder materiell noch anderweitig. Nehmen wir meinen Fall: Ich möchte meinen Platz behalten, so wie meine Vorfahren ihren behalten haben. Ich wünsche mir weder mehr noch weniger als das, was mein Vater hatte. Ich möchte, dass meine Kinder in diesem alten Haus in Oyster Bay aufwachsen können, so wie es die Kinder meiner Generation taten.‘ Dann begann er, mich mehr über die Einzelheiten des Samurai-Lebens auszufragen.

„‚Was ist mit den Arztrechnungen?‘, fragte er. ‚Diesen Posten haben Sie bei der Schätzung der Lebenshaltungskosten nicht erwähnt.‘

„Ich erzählte ihm von einem merkwürdigen Brauch, den wir pflegten. In jeder Samurai-Klasse gab es Familien von Ärzten, die von der Regierung finanziert wurden, und der Beruf wurde vom Vater an den Sohn weitergegeben. Diese Ärzte kümmerten sich um Samurai-Familien des Rangs, der ihrem eigenen entsprach, und verlangten dafür nichts. Zweimal im Jahr, im Januar und Juli, wenn es üblich ist, Geschenke zu machen, wurden den Ärzten Geschenke gemacht. Sie kümmerten sich aus Nächstenliebe auch um die Armen.

„Das hat ihn auch interessiert. Er war immer sehr an den Samurai interessiert, weil unsere Samurai-Tugenden Tugenden einer Art waren, die er besonders bewunderte – Mut, Stoizismus, Liebe zur Pflicht und zum Vaterland.

„Wir saßen auf der großen Veranda und hatten einen Blick auf den Rasen, der zum Long Island Sound hin abfiel. Mrs. Roosevelt saß bei uns und strickte. Es war Juli, aber sie strickte Fäustlinge. Kurz darauf kam ein Dienstmädchen und sprach mit ihr, und dann verließ sie uns.

„Als sie zurückkam, sagte sie zu mir: ‚Baron, ich möchte Sie um einen Gefallen bitten‘. Quentin hat geweint. Er hat sich heute große Mühe gegeben, sein Pony zu putzen, um es Ihnen zu zeigen, und wir haben ihm versprochen, dass er das tun darf. Er ist auf dem Rasen herumgeritten und hat gehofft, dass Sie ihn bemerken.‘

„Natürlich ließ ich nach Quentin schicken, und er erschien stolz auf seinem Pony. Ich bat ihn, über den Rasen zu reiten, was er auch tat.

„‚Sie reiten prächtig!‘, sagte ich, als er wieder vor der Veranda anhielt.

„Meinen Sie?“, fragte er offensichtlich sehr erfreut.

„Das tue ich allerdings!“, sagte ich und bat ihn, noch einmal um den Rasen herumzugehen.

„Als er zurückkam, erzählte ich ihm von meinem Sohn, der gerade so alt war wie er. ‚Ich werde ihn reiten lernen lassen‘, sagte ich, ‚und wenn er so gut reiten kann wie du, lasse ich ein Foto von ihm auf einem Pony machen und schicke es dir.‘

„Deshalb“, fuhr der Viscount fort, „haben wir dieses Bild von Quentin auf seinem Pony. Er schickte es meinem Sohn, und mein Sohn schickte ihm ein Bild. Ich denke immer gerne an die gute Stimmung zwischen diesen beiden Jungen zurück – einem amerikanischen Jungen und einem japanischen Jungen, die sich noch nie gesehen hatten.

„An diesem Abend saßen wir im Salon, der sich links von der Diele befindet, wenn man das Haus betritt, und unterhielten uns. Mrs. Roosevelt strickte immer noch Fäustlinge für die Kinder. Es war alles wunderbar einfach und heimelig. Ich konnte kaum glauben, dass ich mich im Haus des Oberhaupts einer großen Nation befand. Damals wurde das Haus mit Petroleumlampen beleuchtet, obwohl ich in Japan seit fünfzehn Jahren elektrisches Licht benutzte.

„Gegen zehn Uhr sagte uns Mrs. Roosevelt gute Nacht und zog sich zurück. Bevor sie nach oben ging, ging sie noch ein wenig umher, schloss Fenster und löschte Lampen in den Teilen des Hauses, in denen sie nicht mehr benötigt wurden. Dann brachte sie Kerzen und Streichhölzer, damit wir sie hatten, wenn wir zu Bett gingen.

„Nach einer Stunde Gespräch über den Krieg, der immer noch tobte, stand der Präsident auf und zündete die Kerzen an. Dann löschte er die restlichen Lampen und führte mich nach oben in mein Zimmer. Es war eine kühle Nacht. Er betastete die Decken auf meinem Bett und kam zu dem Schluss, dass ich vielleicht noch eine Decke bräuchte. ‚Ich hole Ihnen eine‘, sagte er und verließ das Zimmer. Und nach ein oder zwei Minuten erschien er mit einer Decke über der Schulter wieder.

„‚Komm‘, sagte er und legte es aufs Bett, ‚ich zeige dir das Badezimmer.‘ Ich ging mit ihm. ‚Hier ist Seife‘, sagte er, ‚und hier sind saubere Handtücher.‘ Dann brachte er mich zurück in mein Zimmer und wünschte mir eine gute Nacht.

„Ich für meinen Teil war fasziniert, fast benommen. Ich sagte mir immer wieder: ‚Dieser Mann, der mir oben mit einer Kerze Licht gegeben, mir eine Decke gebracht und mir gezeigt hat, wo ich Seife und Handtücher finde, ist der Präsident der Vereinigten Staaten! Der Präsident der Vereinigten Staaten hat all diese Dinge für mich getan. Es ist die größte Ehre , die einem Mann zuteil werden kann.‘

„Zu Beginn des gleichen Jahres, bevor der Präsident vom Weißen Haus nach Oyster Bay zog, ging er auf Bärenjagd. Das war kurz vor Admiral Togos Sieg über die russische Flotte im Japanischen Meer.

„Vor seiner Abreise ließ der Präsident nach mir schicken und teilte mir im Beisein von Herrn Taft, dem damaligen Kriegsminister, mit, dass ich mich an Herrn Taft wenden solle, wenn während seiner Abwesenheit etwas Wichtiges anfallen sollte. Sollte es sich um etwas absolut Wichtiges handeln, wüsste Herr Taft, wie man ihn erreichen könne.

„Mr. Taft zeigte mir ein Foto, das an der Wand des Büros des Präsidenten hing und das wilde Land zeigte, in das der Präsident auf seiner Jagdreise reiste.

„Ich bemerkte scherzhaft, dass ich es zum damaligen Zeitpunkt für ratsam hielte, dass der Präsident davon absehe, Bären zu töten, ganz gleich welche anderen Tiere er für geeignet hielte.

„Roosevelt, der an seinem Schreibtisch saß, belauschte mich.

„Was willst du damit sagen?“, fragte er.

„Ich wiederholte, was ich Mr. Taft gesagt hatte.

„‚Warum glauben Sie, dass ich keine Bären töten sollte?‘, fragte der Präsident.

„'Nun, Herr Präsident', antwortete ich, ‚Sie wissen, dass die verschiedenen Nationen ihre besonderen Symbole im Tierreich haben. Amerika hat den Adler, Großbritannien den Löwen, Frankreich den Hahn und Russland, nun ja —'

„Er stand lachend auf und kam zu mir herüber.

„‚Trotzdem', sagte er, ‚werde ich losziehen und Bären töten!'

„Bevor er zu diesem Jagdausflug aufbrach, besuchte ich ihn und bat ihn, mir einen besonderen Gefallen zu tun, indem er mir das Fell eines der Bären gab, die er töten sollte.

„Er lehnte ab und sagte, wenn er anfangen würde, seinen Freunden Trophäen zu überreichen, würden sie alle hinter ihm her sein.

„Daraufhin sagte ich zu ihm: ‚Wenn ich das für mich selbst verlangen würde, Herr Präsident, würde ich die Angelegenheit nicht weiter verfolgen, aber ich frage es nicht für mich selbst. Ich möchte das Bärenfell für unseren Kaiser.'

„‚Also gut', sagte er. ‚Du sollst es haben.'

„Er ging auf seine Jagdreise und kam zurück. Dann folgten die Verhandlungen über eine Einstellung der Feindseligkeiten zwischen Japan und Russland und die Friedenskonferenz von Portsmouth, durch die Roosevelt das Kriegsende herbeiführte.

„Im August desselben Jahres, 1905, erhielt ich diesen Brief von ihm."

Der Viscount reichte mir den Brief zum Lesen. Er lautete wie folgt:

Oyster Bay, N, Y,.
30. August 1905.

persönlich

MEIN LIEBER BARON KANEKO :

Ich kann meine Wertschätzung für die Weisheit und Großzügigkeit Japans nicht genug zum Ausdruck bringen, die die Tapferkeit seiner Soldaten krönen. Wollen Sie dem Kaiser ausrichten, dass ich mir die Freiheit nehme, ihm durch Sie ein Bärenfell zu schicken? Ich möchte, dass Sie bald hierherkommen und zu Mittag essen.

Mit freundlichen Grüßen,
THEODORE ROOSEVELT .

„Später", fuhr der Viscount fort, „wurde ich vom Präsidenten gebeten, nach Oyster Bay zu kommen und eine der Felle auszuwählen. Ich wollte jedoch nicht die Auswahl treffen, also übernahm der Präsident dies. Er suchte das größte Fell von allen aus und gab es mir für Kaiser Meiji.

„Seine Majestät war über das Fell sehr erfreut, nicht nur, weil es eine Trophäe des Präsidenten selbst war, sondern auch wegen des symbolischen Charakters des Geschenks. Dieses Bärenfell befand sich zeitlebens in seiner Bibliothek im Kaiserpalast in Tokio."

Einer der wichtigsten Briefe Roosevelts, die mir Viscount Kaneko zeigte, betraf die japanisch-amerikanischen Beziehungen. Da dieser Brief nicht in der zweibändigen Sammlung von Roosevelts Korrespondenz enthalten ist, die Joseph Bucklin Bishop, Roosevelts Nachlassverwalter, so meisterhaft zusammengestellt hat, habe ich Mrs. Roosevelt und Mr. Bishop um Erlaubnis gebeten, ihn hier zu zitieren.

Es lautete wie folgt:

DAS WEISSE HAUS

WASHINGTON

23. Mai 1907.

Vertraulich

. MEIN LIEBER BARON KANEKO :

Ich bin Ihnen sehr dankbar, dass Sie an Archie denken. Der Kleine war sehr krank, aber jetzt geht es ihm wieder gut. Seine Mutter und ich haben ihn gerade auf einen Kurztrip aufs Land mitgenommen.

Ich war hocherfreut, General Kuroki und Admiral Ijuin mit ihren Stäben zu treffen. General Kuroki ist natürlich einer der berühmtesten lebenden Männer. Über seinen Dolmetscher, einen sehr fähigen jungen Stabsoffizier, sprach ich mit ihm ein wenig über unsere Probleme am Pazifikhang.

Nichts hat mir während meiner Präsidentschaft mehr Sorgen bereitet als diese Probleme. Die Geschichte lehrt oft durch Beispiele, und ich denke, wir können die Lage am besten verstehen und wissen, wie wir ihr begegnen sollten, wenn wir die Veränderungen der internationalen Beziehungen im Allgemeinen während der letzten zwei oder drei Jahrhunderte berücksichtigen.

In dieser Zeit haben alle zivilisierten Nationen große Fortschritte gemacht. Während der ersten Hälfte dieses Zeitraums war Japan im allgemeinen Fortschritt nicht zu sehen, aber im letzten halben Jahrhundert hat es sich so viel schneller entwickelt als jede andere Nation, dass man wohl mit Fug und Recht sagen kann, dass sein Fortschritt, wenn man die letzten drei Jahrhunderte zusammennimmt, insgesamt größer war als der jeder anderen Nation. Aber alle haben Fortschritte gemacht, und zwar vor allem in der Art und Weise, wie die Menschen eines jeden Landes Menschen anderer

Nationalität behandeln. Vor zwei Jahrhunderten zeigten alle Menschen, ob hoch oder niedrig, eines jeden europäischen Landes, mit nur wenigen Ausnahmen, das größte Misstrauen und die größte Böswilligkeit gegenüber allen Menschen, ob hoch oder niedrig, eines jeden anderen europäischen Landes. Die kultivierten Menschen der verschiedenen Länder hatten jedoch bereits begonnen, gut miteinander umzugehen. Aber als zum Beispiel die Hugenotten aus Frankreich verbannt wurden und eine große Zahl von Hugenottenarbeitern nach England ging, erregte ihre Anwesenheit unter den englischen Arbeitern heftigste Feindseligkeit, die sich sogar in Pöbelgewalt äußerte. Die Männer waren durch Rasse und Religion eng miteinander verbunden, sie hatten praktisch dieselbe Kultur, und doch konnten sie nicht miteinander auskommen. Zwei Jahrhunderte sind vergangen, die Welt hat sich weiterentwickelt, und jetzt kann es keine Wiederholung solcher Feindseligkeiten geben. In gleicher Weise wurden in den Beziehungen Japans zu den westlichen Nationen wunderbare Fortschritte erzielt. Vor fünfzig Jahren hätten Sie und ich und Leute wie wir nicht in die Länder der anderen reisen können. Wir hätten sehr unangenehme und möglicherweise sehr gefährliche Erfahrungen gemacht. Aber derselbe Fortschritt, der zwischen den Nationen in Europa und ihren Nachkommen in Amerika und Australien stattgefunden hat, hat auch zwischen Japan und den westlichen Nationen stattgefunden. In diesen Zeiten also kommen Herren, alle gebildeten Leute, Angehörige von Berufen und dergleichen , so gut miteinander aus, dass sie nicht nur in die Länder der anderen reisen, sondern auch auf engstem Raum verkehren. Zu den Freunden, die ich besonders schätze, zähle ich eine Reihe japanischer Herren. Doch war dieses halbe Jahrhundert zu kurz, als dass dieser Fortschritt die Arbeiterklasse beider Länder hätte einbeziehen können.

Genau wie die gebildeten Klassen in Europa in den verschiedenen Nationen schon Generationen früher in der Lage waren, sich zusammenzuschließen, als dies unter den Menschen möglich war, die nicht über solche Bildungsvorteile verfügten, so ist es offensichtlich, dass wir es nicht zu schnell treiben dürfen, die Arbeiterklassen Japans und Amerikas zusammenzubringen. Bereits in diesen fünfzig Jahren haben wir das Ziel zwischen den gebildeten und den intellektuellen Klassen der beiden Länder vollständig erreicht. Wir müssen uns damit zufrieden geben, noch eine Generation zu warten, bevor wir genug Fortschritte gemacht haben, um eine ebenso enge Vertrautheit zwischen den Klassen zu ermöglichen, die weniger Möglichkeiten zur Bildung hatten und deren Leben weniger einfach ist, so dass jede beim Verdienen ihres täglichen Brotes den Druck der Konkurrenz der anderen spüren muss. Ich bin überzeugt, dass der Versuch, auf einmal zu weit voranzukommen, das Risiko von Problemen eingeht. Dies gilt für die eine Nation genauso wie für die andere. Wenn Zehntausende amerikanischer Bergleute nach Saghalin oder amerikanische Mechaniker nach Japan oder Formosa gingen, würde es fast sicher zu Problemen kommen. Genauso werden Tausende japanischer Arbeiter , ob in der Landwirtschaft oder in der Industrie, mit Sicherheit Ärger machen, wenn sie hierher oder nach Australien kommen, vor allem wegen des Drucks, den sie ausüben. Ich erwähne Australien, weil es Teil des britischen Empires ist, weil die Australier die Einwanderung vom Kontinent zugunsten der Einwanderung von den britischen Inseln benachteiligt haben und tatsächlich bis zu einem gewissen Grad die Einwanderung aus England und Schottland gegenüber der Einwanderung aus Irland begünstigt haben .

Mein lieber Baron, die Aufgabe der Staatsmänner besteht darin, ständig zu versuchen, die internationalen Beziehungen zu verbessern, Reibungspunkte zu beseitigen und eine so ideale Gerechtigkeit wie möglich zu gewährleisten, wie es die tatsächlichen Bedingungen erlauben. Ich denke, dass mit diesem Ziel vor Augen und angesichts der Bedingungen, die ich zwar nicht gerne hätte, aber so, wie sie sind, das Beste ist, die Arbeiterklasse eines Landes daran zu hindern, in großer Zahl in das andere zu gehen. Ich glaube, dass in einer Generation alle Notwendigkeit einer solchen Verhinderung vorbei sein wird; und auf jeden Fall bleibt dann allen, die vom Verkehr profitieren können, die Möglichkeit, in das Land des anderen zu gehen. Ich habe gerade eine Kommission für allgemeine Einwanderung eingesetzt, die sehr wahrscheinlich restriktive Maßnahmen hinsichtlich der europäischen Einwanderung fordern wird, und von der ich hoffe, dass sie eine Methode entwickeln kann, mit der das angestrebte Ergebnis mit minimalen Reibungen erreicht wird.

Mit herzlichen Grüßen an die Baronin, glauben Sie mir,

Mit freundlichen Grüßen,
THEODORE ROOSEVELT .

Baron Kentaro Kaneko,

Tokyo, Japan.

Der vorstehende Brief kann gerade jetzt einer eingehenden Betrachtung unterzogen werden, da sich die Lage in Kalifornien aufgrund des Mangels an der von Roosevelt an den Tag gelegten Staatskunst eher verschlechtert als verbessert hat.

Ein weiterer Brief, den mir Viscount Kaneko zeigte, war mit Bleistift auf einem großen gelben Blatt Papier geschrieben, das er aus einem Notizblock gerissen hatte. Er kam aus dem afrikanischen Dschungel und lautete wie folgt:

Mittelafrika , 10. September 1909.

MEIN LIEBER BARON , [3]

Ich habe keine Möglichkeit, hier zu schreiben, aber ich muss Ihnen einfach ein paar Zeilen Dank für Ihre Willkommensnachricht schicken. Ich hatte eine sehr interessante Reise; mein Sohn Kermit hat sich besonders gut geschlagen. Er hat den Geist eines Samurai! Ich hoffe sehr, Japan besuchen zu können, aber wann das möglich sein wird, kann ich nicht sagen.

Mit herzlichen Grüßen an die Viscountess , ³ glauben Sie mir,

Mit freundlichen Grüßen,
THEODORE ROOSEVELT .

3 Obwohl Roosevelt wusste, dass Kaneko zum Viscount ernannt worden war, sprach er ihn in diesem Brief mit seinem alten Titel an.

Der letzte Brief dieser Serie wurde auf dem Briefpapier des Kansas City *Star* *geschrieben* , bei dem Roosevelt Mitherausgeber mit Büro in New York war. Der Brief lautete:

New York, 21. August 1918.

MEIN LIEBER VISCOUNT KANEKO :

Ich danke Ihnen für Ihren Brief, und Mrs. Roosevelt war davon ebenso gerührt wie ich. Denken Sie daran, Ihrem Sohn einen Brief mitzugeben, wenn er hierherkommt, um nach Harvard zu gehen. Eine unserer Zeitungen, die Chicago *Tribune* , sprach, als die Nachricht kam, dass Quentin tot und zwei seiner Brüder verwundet waren, von meinen vier Söhnen als „amerikanischen Samurai“. Ich war stolz auf diese Anspielung! Wie Sie sagen, sind wir alle, die geboren werden, zum Tode verurteilt. Kein Mensch ist lebenswert, der Angst hat, für eine große Sache zu sterben. Meine Trauer um Quentin wird durch meinen Stolz auf ihn aufgewogen.

In Treue, Ihr Freund,
THEODORE ROOSEVELT .

Der vorstehende Brief wurde weniger als fünf Monate vor Colonel Roosevelts Tod verfasst und ist der letzte einer Reihe von Briefen, die mir Viscount Kaneko gezeigt hat.

Beim Lesen musste ich daran denken, was Colonel Roosevelt zu mir sagte, als er das letzte Mal im Krankenhausbett lag, als ich ihn sah.

Über seine vier Söhne im Krieg sagte er:

„Wir waren eine außergewöhnlich geeinte Familie. Was auch immer passieren mag, wir können auf viele absolut zufriedenstellende gemeinsame Jahre zurückblicken.“

KAPITEL XIX

Gelassenheit und Sodans *– Gespräche und Tee – Amerikanische Geschäftsmethoden versus japanische – Die amerikanische Haushälterin in Nippon – Japans Problem – Bevölkerung und Ernährung – Die Militaristen – Landraub – Liberalismus – Auswanderung – Industrialismus – Beispiele für Ineffizienz – „Öffentliche Zwecklosigkeiten"– Komödien des Telefons – Die Kabel*

An anderer Stelle habe ich gesagt, dass die Japaner im Allgemeinen hart arbeiten; daher mag es paradox erscheinen, hinzuzufügen, dass sie auch gemächlich arbeiten. Aber das Paradox ist nicht so groß, wie es scheint. Die Arbeitszeiten sind in Japan länger als in den meisten anderen Ländern, aber die Arbeit wird nicht so energisch vorangetrieben.

Ohne im Geringsten faul zu sein, lassen sich die Japaner für alles Zeit. Mit Herren und Bediensteten, Arbeitgebern und Arbeitern ist es ziemlich dasselbe. Sie wirken gelassen. Sie halten *Sodans*, beraten und arrangieren die Dinge mit schrecklicher Genauigkeit. Wenn Sie versuchen, das Telefon zu benutzen, müssen Sie sich auf einen langen Kampf und eine lange Wartezeit gefasst machen. Die Angestellten im Kabelbüro tun so, als wäre das Kabel gerade erst verlegt worden – als wäre Ihr Telegramm das erste, das sie jemals verschicken sollen, und sie wüssten nicht genau, wie sie damit umgehen oder wie viel sie berechnen sollen. Oft können sie kein Wechselgeld herausgeben. Manchmal haben sogar die Fahrkartenverkäufer kein Wechselgeld. Geschäftskonferenzen werden bei mehreren Tassen hellgrünem Tee abgehalten, und mir wurde gesagt, dass es üblich ist, sie mit einem Gespräch über ein anderes Thema als das Hauptthema zu beginnen. Im Vokabular des japanischen Handels und Gewerbes gibt es kein Wort wie „bissig".

Der geschäftige amerikanische Geschäftsmann, der versucht, die Dinge durchzupeitschen, erregt oft das Misstrauen des japanischen Geschäftsmanns. Was hat er vor? Warum hat er es so eilig? Da muss etwas dahinter stecken. Im Umgang mit einem solchen Mann muss man besonders vorsichtig sein. Verhandlungen ziehen sich hin und hin, bis der Amerikaner, wenn er nervös ist, fast in den Wahnsinn getrieben wird. Und manchmal führt dies dazu, dass er ein schlechtes Geschäft abschließt, nur um durchzukommen.

„Es tut mir leid, dass ich überhaupt nach Fernost gekommen bin!", erklärt er verbittert. „Ich habe das Gefühl, dass ich hier nichts zustande bringe – gar nichts!" Dann erzählt er Ihnen, was das Problem mit den Japanern ist:

„Sie sind es gewohnt, nur mit weißen Chips zu spielen!"

Die amerikanische Haushälterin in Japan kann, wenn sie weiß, was Nerven sind, ähnliche Schwierigkeiten haben. Ihre japanischen Dienstboten werden ihren Haushalt recht gut führen, wenn sie es ihnen auf japanische Art erlaubt, aber wenn sie versucht, ihren Haushalt so zu führen, wie sie ihn in den Vereinigten Staaten führen würde, ist sie verloren. Das ist nicht möglich. Ich kenne eine Amerikanerin, die keine Köchin bekommen konnte, weil ihre Bemühungen, ihren Haushalt zu amerikanisieren, ihr bei der Köchegilde einen schlechten Ruf eingebracht hatten. Eine andere konnte aus einem ähnlichen Grund keine Näharbeiten erledigen. Denn alle Dienstboten und Arbeiter haben ihre Gilden, und Neuigkeiten verbreiten sich. So ist so manche amerikanische Haushälterin in Japan zu einem Nervenbündel geworden .

Andererseits genießen viele amerikanische Geschäftsleute und ihre Frauen das japanische Leben und kommen nur dann nach Hause, wenn es notwendig ist, ihren Kindern eine amerikanische Ausbildung zu ermöglichen. Die Männer sind erfolgreich und ihre Häuser sind komfortabel und gut geführt. Aber man wird immer feststellen, dass sie Menschen mit einem ruhigen Gemüt sind: Menschen, die genügend Ausgeglichenheit besitzen, um sich den Gepflogenheiten des Landes anzupassen.

Der entscheidende Punkt scheint zu sein, dass die Japaner das Leben in einer längeren Perspektive sehen als wir. Während wir uns als Individuen sehen, die in einem relativ kurzen Leben bestimmte Dinge zu erledigen haben, sehen sie sich als bloße Glieder einer endlosen Familienkette. Wir sind uns unserer Eltern und unserer Kinder bewusst, aber sie sind sich ihrer Vorfahren bewusst, die bis in die Nebel der Antike zurückreichen, und ihrer Nachkommen, die dazu bestimmt sind, die nebulösen Gewölbe der fernen Zukunft zu bevölkern.

Aber obwohl diese Lebensauffassung aus philosophischer Sicht genauso gut oder sogar besser sein mag als unsere, glaube ich dennoch, dass sie die Japaner bei der Bewältigung der dringenden materiellen Probleme, mit denen sie konfrontiert sind, behindert. Und obwohl diese Probleme nicht so schrecklich sind wie die des vom Krieg heimgesuchten Europas, sind sie, gemessen an jedem anderen Maßstab, schrecklich genug.

Japans Grundproblem - aus dem alle anderen Probleme Japans erwachsen, die die Welt interessieren - ist, wie ich bereits sagte, die hohe Bevölkerungsdichte bei gleichzeitig unzureichender Versorgung mit Nahrungsmitteln und Rohstoffen. Vor fünfzig Jahren betrug die Bevölkerung Japans selbst weniger als 33 Millionen. Heute sind es über 57 Millionen. In fünf Jahrzehnten hat die Bevölkerung um über 75 Prozent zugenommen, aber die Ackerfläche des Landes hat nicht entsprechend zugenommen.

**Der Film war nicht groß genug, um die Familie dieses jungen
Fischers in Nabuto aufzunehmen . Neun Kinder! Vor fünfzig Jahren
hatte Japan eine Bevölkerung von 33.000.000. Heute sind es fast
60.000.000.**

In Japan selbst gab es verschiedene Theorien darüber, wie dieses Problem
gelöst werden könnte. Die Militaristen, die immer noch sehr mächtig sind,
haben in der Vergangenheit zweifellos das bevorzugt , was wir neuerdings
das preußische System nennen, das System der Landnahme: das System, das
im Fernen Osten nicht nur von Japan, sondern auch von England, Russland,
Frankreich und Deutschland verfolgt wurde – und von den Vereinigten
Staaten (wenn auch in etwas gemäßigterer Form) auf den Hawaii-Inseln und
den Philippinen.

"Wenn die anderen es tun", argumentierten die japanischen Militaristen,
"warum sollten wir es dann nicht tun? Warum sollten wir, die wir zusätzliches
Territorium so viel dringender brauchen als sie, uns nicht den asiatischen
Kontinent als Land sichern, in das wir unsere überschüssige Bevölkerung
umsiedeln und von dem wir Nahrungsmittel und Rohstoffe beziehen
können?"

Worauf die anderen Nationen antworten: „Leider seid ihr zu spät
gekommen. Die guten alten Zeiten des Habgierigen sind vorbei. Die Welt
erstrahlt in einer neuen internationalen Moral, und wehe denen, die dagegen
verstoßen! Deutschland hat es versucht – seht, was daraus geworden ist!"

Japan hat gesehen, was mit Deutschland passiert ist, und die Lektion war für
das Land nicht umsonst. Und nicht zuletzt war die amerikanische
Demonstration militärischer Macht auch nicht der am wenigsten
bemerkenswerte Teil der Lektion. Und um die Wahrheit zu sagen, Japan
brauchte eine solche Lektion; denn seine Siege über China und Russland

hatten seinen Militärs Auftrieb gegeben und sie, und vielleicht auch die Mehrheit seiner Landsleute, zu selbstsicher gemacht, mit dem Ergebnis, dass Japan im Fernen Osten gelegentlich mit dem Säbel rasselte, ähnlich wie Deutschland es in Europa zu tun pflegte.

Doch obwohl sich nicht leugnen lässt, dass die japanischen Militaristen während des letzten Krieges in China und Sibirien eine ungehörige Aggressivität an den Tag legten und obwohl ihre Aktionen seither für den Rest der Welt nicht ganz zufriedenstellend waren, gibt es gute Gründe für die Annahme, dass ihr alter Traum von einer gewaltigen Gebietsvergrößerung schwächer geworden ist, auch wenn er in den Köpfen mancher von ihnen vielleicht noch nicht ganz verschwunden ist.

Diese neue Tendenz zur Mäßigung ist auf die Lehren aus dem Krieg und auf das deutliche Wachstum liberaler und antimilitaristischer Gefühle im japanischen Volk zurückzuführen. Die Militaristen kontrollieren zwar immer noch die Regierung, sind aber weniger aggressiv als früher, sowohl weil die japanische Öffentlichkeit gegen zu viel Aggressivität protestiert, als auch weil die intelligenteren Mitglieder der militaristischen Gruppe jetzt erkennen, dass Japan unweigerlich ruiniert wäre, wenn es einen großen Krieg heraufbeschwören würde. Während also die Macht und Aggressivität dieses gefährlichen Elements langsam abnimmt, gewinnt das liberale Element unter der Führung einiger der vernünftigsten und fähigsten Männer Japans stetig an Stärke.

Der Ausgang dieses Kampfes zwischen den Befürwortern der Gewalt und denen, die für faires Handeln sind, wird meiner Meinung nach weitgehend von der Vorgehensweise anderer Nationen abhängen. Wenn sich aus dem jüngsten Krieg, wie wir alle hoffen, eine neue Ordnung der Dinge entwickelt, werden wir meiner Meinung nach innerhalb weniger Jahre die liberale Gruppe an der Spitze Japans erleben. Wenn die Welt jedoch im Gegenteil einen Rückzieher macht und das alte egoistische System wieder eingeführt wird, werden die japanischen Militaristen dem Volk sagen: „Nun, Sie sehen, dass wir doch recht hatten!"

Aber wie sich diese Dinge auch entwickeln mögen, ich glaube nicht, dass Japan sein Problem der Überbevölkerung jemals durch Auswanderung vollständig lösen wird, sei es in annektierte Gebiete oder in andere Länder. Die Japaner verlassen ihre Heimat nicht gern. In China beispielsweise leben nur etwa 300.000 Japaner, und sie haben nicht annähernd so viel kolonisiert wie in Sibirien. Wenn sie ihre Heimat verlassen, suchen sie ein mildes Klima, aber die Kolonisierung der Vereinigten Staaten, Kanadas und Australiens ist ihnen inzwischen untersagt, und selbst wenn sie sich in Mexiko oder Südamerika niederlassen, sieht man in unserer Presse Proteste. Wenn Japans Bevölkerung jedoch unverändert bleiben soll, müssen jedes Jahr

Hunderttausende Japaner die Inseln verlassen. Alles in allem erscheint es mehr als unwahrscheinlich, dass sie jemals in so großem Stil auswandern werden.

Mit welchen Mitteln kann das Problem also gelöst werden?

Offenbar kamen die Führer der kleinen Gruppe, die Japan regiert, vor einigen Jahren zu dem Schluss, dass die beste Lösung ihrer Schwierigkeiten darin liege, Japan in ein Industrieland zu verwandeln. Sie beschlossen, Waren herzustellen, sie zu exportieren und mit dem Erlös die Einfuhr von Rohstoffen und Lebensmitteln zu finanzieren – kurz gesagt, den Plan zu übernehmen, den England vor fast einem Jahrhundert zu verfolgen begann und dem auch Belgien folgt. Englands Situation war in vielerlei Hinsicht ähnlich der Japans, denn es gab bestimmte wichtige Rohstoffe, die es weder im Inland noch in seinem Besitz hatte; und wie Japan ist es nicht in der Lage, sich selbst zu ernähren. Bei Belgien war die Situation sogar noch schlimmer als bei England. Dennoch haben beide Länder durch ihre Industrialisierung großen Wohlstand erlangt. Ist es dann nicht logisch anzunehmen, dass Japan, wenn es einen ähnlichen Kurs verfolgt, ebenfalls Wohlstand erlangen wird? Jüngste Statistiken scheinen außerdem darauf hinzudeuten, dass mit der Industrialisierung die Geburtenrate tendenziell sinkt.

Bei dem Versuch, ein großes Industrieprogramm zu starten, hat Japan zwei Vorteile: Es verfügt über reichlich billige Arbeitskräfte und die großen Märkte Asiens sind nur einen kurzen Weg entfernt. Geografisch sind wir Japans größter Konkurrent im asiatischen Handel, aber wir müssen unsere Waren mindestens 6.500 Kilometer weiter transportieren. Das ist natürlich ein enormer Nachteil für uns, und die hohen Kosten unserer Arbeitskräfte sind ein weiteres Hindernis .

Angesichts unserer großen Benachteiligung im Handel mit Asien dürfte es Japan kaum schwerfallen, sich den Löwenanteil des asiatischen Handels zu sichern.

Man darf jedoch nicht annehmen, dass Japan bereits weit genug industrialisiert ist, um sein Problem zu lösen. Es muss eine viel größere Produktions- und Exportnation werden, als es heute ist. Und um das zu erreichen, muss es sich in einer Hinsicht erheblich verbessern: Es muss die schreckliche Kunst der „Effizienz" viel gründlicher meistern, als es das bisher getan hat.

Ich will damit nicht sagen, dass die Japaner nie effizient sind, sondern nur, dass sie nicht immer so effizient sind, wie sie sein sollten und werden müssen. Mir ist jetzt bewusst, dass ich in dieser Hinsicht zu viel von ihnen erwartet habe. Berichte über ihre erstaunliche militärische Effizienz zur Zeit ihres

Krieges mit Russland ließen mich sie fast als Übermenschen betrachten. Und das sind sie nicht. Genauso wenig wie jede andere Rasse.

Es mag stimmen, dass sie in militärischen Angelegenheiten sehr effizient sind. Wahrscheinlich sind sie das auch. Meine eigenen Beobachtungen als Reisender auf ihren Schiffen haben mich davon überzeugt, dass sie auf See effizient sind, und diese Meinung wird durch das gestützt, was mir amerikanische Marineoffiziere über ihre Marine und ihre Marinesoldaten erzählt haben. Ich besuchte eine riesige Baumwollspinnerei in der Nähe von Tokio, die eindeutig eine erstklassige Einrichtung dieser Art war; außerdem war ich bei einem Besuch in einem Zuchthaus sehr beeindruckt von den Beweisen ihres Verständnisses für moderne und aufgeklärte Praktiken bei der Führung von Strafanstalten; und ich könnte die Liste weiterer Einrichtungen fortsetzen, die einen positiven Eindruck auf mich gemacht haben .

Aber das ist nicht die Seite, die ich hier hervorheben möchte. Im Gegenteil, ich möchte die Aufmerksamkeit auf die Tatsache lenken, dass die hohe Effizienz, die die Japaner in bestimmten Fällen an den Tag legen, nur dazu dient, ihre weitverbreitete Ineffizienz in anderen Fällen zu unterstreichen.

In einem früheren Kapitel sprach ich davon, dass in Japan drei statt zwei Männer im Führerstand einer Lokomotive sitzen, dass Handkarren zum Bewässern der Straßen verwendet werden und dass dort für ein Haus einer bestimmten Größe mehr Bedienstete erforderlich sind als hier. Dies sind nur geringfügige Faktoren im Vergleich zur allgemeinen Arbeitsverschwendung . Es ist, als ob Japan sich sagte: „Ich muss mich um all diese Leute kümmern und muss so viele wie möglich von ihnen für jede Arbeit einsetzen." Und das ist meiner Meinung nach nicht die Art, wie Japan die Sache betrachten sollte. Anstatt für jede Arbeit mehr Leute einzusetzen, als tatsächlich benötigt werden, sollte es sich bemühen , seine Industrien so weit zu entwickeln, dass jeder einen vollen, ehrlichen Arbeitstag hat. Denn natürlich hält die Arbeitsverschwendung seine Produktions- und Betriebskosten hoch.

Ein Beispiel für die Zeitverschwendung kann man überall dort sehen, wo Eisenbahntrupps arbeiten. Sie schwingen ihre Spitzhacken zur Begleitung eines Liedes, und der langsamste Mann bestimmt den Rhythmus. Auch beim Hausbau zeigt sich Verschwendung. Sie bauen das Dachgerüst auf dem Boden. Dann nehmen sie es auseinander. Dann gehen sie hinauf und setzen es an Ort und Stelle wieder zusammen. Auf diese Weise wird ein ganzes Haus gebaut. Die Teile werden nicht vor Ort gefertigt, während das Gebäude hochgezogen wird, sondern anderswo hergestellt und an den eigentlichen Bauort gebracht, um dort zusammengefügt zu werden. Die Ziegel werden mit Lehm am Dach befestigt, aber anstatt diesen Lehm in großen Mengen nach oben zu tragen, werfen sie ihn von Hand zu Hand, wobei sechs Männer zu diesem Zweck eine Kette bilden.

Oder, um ein ganz einfaches Beispiel häuslicher Ineffizienz zu nennen: Betrachten wir die Art und Weise, wie sie einen Kimono waschen. Anstatt das Kleidungsstück auf einmal zu waschen, reißen sie es auseinander, waschen die einzelnen Teile einzeln, trocknen sie auf einem Brett und nähen sie wieder zusammen.

Auch in der Fabrikleitung findet man manchmal überraschende Ineffizienzen. Ich kenne eine große Fabrik in Japan, die man, wenn man sie durchgehen würde, als durch und durch modern bezeichnen würde. Die Gebäude sind modern, die Maschinen sind modern. Aber es fehlt eine Sache, und zwar eine lebenswichtige. Die Fabrik liegt eine gute halbe Meile von der Eisenbahnlinie entfernt; Kohle und Rohstoffe werden in Karren oder in Körben, die auf dem Rücken von Kulis getragen werden, vom Waggon zur Fabrik transportiert, und das fertige Produkt wird auf die gleiche Weise abtransportiert.

die Arbeitskosten in Japan nach dem Krieg verdreifacht haben, sind die Löhne im Vergleich zu anderen Ländern immer noch niedrig. Aber diese Tatsache, die im Kampf um den Welthandel ausgenutzt werden sollte, wird allzu oft nur als Entschuldigung für die von mir aufgezeigte Verschwendung von Arbeitskräften verwendet . Und aufgrund dieser und ähnlicher Ineffizienzen sind die Japaner heute in bestimmten Bereichen nicht mehr in der Lage, mit anderen Ländern preislich zu konkurrieren, obwohl die Arbeit dieser anderen Länder viel besser bezahlt wird.

Zu den Dingen, die von Besuchern am meisten kritisiert werden, zählen die schlechten Straßen sowohl auf dem Land als auch in den Städten, die Hotels, die bis auf wenige Ausnahmen dürftig sind (ich spreche nur von den Hotels im ausländischen Stil), und die erbärmlichen Bedingungen dessen, was der *Japan Advertiser* humorvoll als „öffentliche Sinnlosigkeiten" bezeichnet.

Tokio hat ein Verkehrsproblem, das eigentlich leicht zu lösen wäre, aber es verfügt über ein völlig unzureichendes Straßenbahnnetz. Die Rush Hour ist dort nur deshalb nicht so schrecklich wie die Rush Hour in New York, weil es dort keine unterirdischen Verbindungen gibt.

Aber gerade in allen Kommunikationsfragen wird die Ineffizienz Japans Fremden am deutlichsten bewusst. Der Postdienst ist schlecht, der Kabeldienst teuer und absurd langsam (als ich in Japan war, dauerte es etwa zehn Tage, um ein Kabel nach Amerika zu schicken und eine Antwort zu erhalten), und der Telefondienst ist unglaublich schlecht. All diese Dienste sind, wie die Eisenbahnen, Eigentum der Regierung und werden von ihr betrieben.

Ich fing an, ihre Telefone zu verdächtigen, als ich die alten, vollbusigen Wandgeräte sah, die sie benutzen und die über Kurbeln zum Läuten verfügen; aber das ganze Ausmaß ihrer telefonischen Rückständigkeit ahnte ich damals noch nicht.

Es ist wie in einer Operette. Obwohl die Nachfrage nach neuen Telefonen das Angebot bei weitem übersteigt, unternimmt die Regierung keine nennenswerten Anstrengungen, um Abhilfe zu schaffen. Jedes Jahr wird dem bestehenden System eine absurd kleine Zahl von Anschlüssen hinzugefügt. Diese werden unter den Antragstellern per Los zugeteilt. Wenn also jemand Glück bei der Ziehung hat, kann er innerhalb von zwei oder drei Jahren ein Telefon bekommen. Aber ich kenne einen Herrn in Tokio, der bei der Ziehung kein Glück hatte. Im reifen Alter von 67 Jahren beantragte er bei der Regierung ein zusätzliches Bürotelefon. Das Gerät wurde kurz nach seinem 80. Geburtstag installiert. Möge er noch lange leben, um es benutzen zu können!

Wenn man es eilig hat, ein Telefon installieren zu lassen, muss man sich nicht an die Behörden wenden, sondern das Problem direkter angehen – entweder über einen Telefonmakler oder durch Werbung. So kann man mit einer Person in Kontakt treten, die eine Installation und eine Nummer verkaufen möchte. Die Nummer muss jedoch in der Vermittlungsstelle des Bezirks liegen, in dem das Telefon installiert werden soll.

Obwohl dies eine sehr teure Methode ist, wird sie in Tokio und anderen großen Städten üblicherweise eingesetzt. Ein Telefon im Geschäftsviertel der Hauptstadt kann bis zu zwölfhundert Dollar kosten, in einem Wohnviertel ist es jedoch erheblich billiger – fünfhundert Dollar oder weniger.

Ein merkwürdiges Detail dieses Geschäfts ist, dass niedrige Nummern auf dem freien Markt den höchsten Preis erzielen. Das liegt, wie ich erfuhr, daran, dass grüne Telefonisten, die gerade eingeschlichen werden, an dem Ende der zentralen Telefonzentrale sitzen, an dem ausnahmslos die hohen Nummern auftreten. Auf diese Weise garantieren sie den Besitzern hoher Nummern einen Service, der sie ins Irrenhaus treibt.

Man darf nicht glauben, dass die Japaner mit ihrem Telefondienst zufrieden sind. Das sind sie nicht. Schon einige Zeit vor meiner Ankunft in Japan hatte die Presse eine Reform gefordert, und schließlich wurde angekündigt, dass Maßnahmen ergriffen würden, um die Lage zu verbessern.

Doch es geschah nur Folgendes: Anstatt den Service zu erweitern, starteten die Regierungsbeamten eine Kampagne, um die Nutzung des Telefons einzuschränken. Bis dahin war der Service unbegrenzt. Nun jedoch wurde eine Pauschalgebühr von zwei Sen (etwa einem Cent) pro Anruf eingeführt.

Die Theorie ging davon aus, dass viele Leute es sich zweimal überlegen würden, zwei Sen für ein unnützes Telefongespräch auszugeben.

Nachdem die Telefonbehörden den neuen Plan einige Tage lang in der Praxis beobachtet hatten, verkündeten sie jubelnd, dass er ein großer Erfolg sei – die Zahl der Anrufe sei merklich zurückgegangen. Offenbar kam ihnen nie in den Sinn, dass das Ergebnis einer solchen Politik, wenn man sie zu Ende führt, die völlige Abschaffung des Telefons sein würde.

Bei den japanischen Kabeln waren die Probleme größtenteils auf Überlastung zurückzuführen. Die Nutzung zweier wichtiger Leitungen wurde durch den Krieg unterbrochen, und da der Betrieb auf diesen Leitungen bis zum Zeitpunkt der Abfassung dieses Artikels aufgrund der Desorganisation Russlands und Deutschlands nicht wieder aufgenommen wurde, wurden die transpazifischen Kabel stark beansprucht. Ich bin jedoch überzeugt, dass die Bedingungen nicht so schlimm wären, wenn die Japaner das Kabelgeschäft völlig effizient abwickeln würden, und meine eigenen Erfahrungen mit Kabelnachrichten, die ich dort gemacht habe, scheinen darauf hinzudeuten, dass dies der Fall ist.

Außerdem weigerten sich die Japaner zu der Zeit, als die Kabelüberlastung am schlimmsten war, ihren transpazifischen Funkverkehr länger als sieben Stunden am Tag zu betreiben; und selbst dann nahmen sie nur Anrufe für San Francisco und Umgebung entgegen, mit der Begründung, dass sie sich nicht mit der Berechnung der Tarife für verschiedene Teile der Vereinigten Staaten befassen wollten. In letzter Zeit haben sie ihren Dienst auf die Staaten Kalifornien, Oregon und Washington ausgeweitet; aber zum Zeitpunkt der Abfassung dieses Artikels ist dies alles, was sie einer Ausweitung zugestimmt haben.

KAPITEL XX

Der durchschnittliche Amerikaner und internationale Angelegenheiten – Die Unbestimmtheit des Orients – Eine Definition des ehemaligen Botschafters Morris – „Sie sagen" – Die „Gelbe Gefahr" – Internationale Beleidigungen – Physiognomie – Was die Japaner über uns lernen sollten – Unsere Rassenprobleme – Rassenintegrität – Assimilation – Kalifornische Methoden – Die zwei stichhaltigen Argumente gegen die Einwanderung aus dem Orient

Wenn die öffentliche Meinung mit verzerrten Tatsachen, ungerechtfertigten Verdächtigungen oder beunruhigenden Gerüchten gefüttert wird ; wenn jede unbedachte Äußerung gedankenloser und unbedeutender Personen in der Druckschrift hervorgehoben wird; wenn jede beiläufige Meinungsverschiedenheit zu einer Krise aufgebauscht wird, werden nüchterne Urteilskraft und überlegtes Handeln unmöglich. – JOHN W. DAVIS , *ehemaliger Botschafter am Hof von St. James* .

Da der Durchschnittsamerikaner sich um seinen Lebensunterhalt kümmert, hat er in der Regel weder die Zeit noch die Neigung, sich mit internationalen Angelegenheiten zu befassen. Er erwartet von seiner Regierung, dass sie sich um solche Dinge für ihn kümmert. Er hat kein Interesse daran, was seine Regierung in Bezug auf andere Nationen tut, es sei denn, seine persönlichen Gefühle sind in irgendeiner Weise damit verbunden. Wenn er also ein Deutschamerikaner ist, nimmt er vielleicht unsere Beziehungen zu Deutschland zur Kenntnis; oder wenn er ein Russischamerikaner ist, möchte er vielleicht, dass wir die sogenannte Regierung von Lenin und Trotzki anerkennen ; oder wenn er ein Irischamerikaner ist, möchte er vielleicht, dass der Präsident der Vereinigten Staaten persönlich nach London kommt und dem britischen Premier den Hut vom Kopf haut. Aber wenn er einfach ein durchschnittlicher Amerikaner ohne Bindestrich ist, ist er wahrscheinlich angewidert von dem Gerede der Bindestriche und gelangweilt von der ganzen Angelegenheit mit Außenbeziehungen und Rassenproblemen. Sein Hauptinteresse an Regierungsangelegenheiten hat derzeit nichts mit Außenbeziehungen zu tun, sondern liegt viel näher an der Heimat. Er ist es leid, hohe Steuern zu zahlen, es leid, exorbitant viel für die Notwendigkeiten des Lebens zu bezahlen. Er möchte, dass seine Regierung diese beiden Dinge behebt. Und weil er die Bindestrich-Bürger und die internen Rassenprobleme satt hat, möchte er die Einwanderung stoppen.

Der Orient ist für ihn völlig vage. Wenn er nicht an der Pazifikküste oder in einer großen Stadt lebt, in der sich Japaner niedergelassen haben, hat er vielleicht noch nie einen Japaner gesehen. Oder wenn er hier Japaner gesehen hat, dann vielleicht in den landwirtschaftlichen Gebieten am Pazifikhang. Ob er sie gesehen hat oder nicht, er hat sich durch Zeitungsberichte über die

Probleme, die es in Kalifornien wegen ihnen gab, einen Eindruck von ihnen gemacht. Er versteht, dass ihre Bräuche, ihre Religion und ihr Essen anders sind als seine – was als Hinweis auf einen gewissen Mangel an Wert in ihnen verstanden werden kann. Er versteht, dass japanische Frauen und Kinder auf den Feldern arbeiten. Seine eigenen Frauen und Kinder arbeiten nicht auf den Feldern, sondern tragen Seidenstrümpfe, kauen Kaugummi und gehen ins Kino – was alles natürlich gegen die Japaner spricht, da es heutzutage fast unamerikanisch ist, auf den Feldern zu arbeiten. Und natürlich ist es noch unamerikanischer, das zu tun, was die japanischen Arbeiter in Kalifornien taten, bis die patriotischen Kalifornier sie davon abhielten: nämlich Geld zu sparen und Farmen zu kaufen.

Dann ist da noch die Sache mit den „Bildbräuten" – der Durchschnittsamerikaner hat vielleicht schon einmal vage davon gehört, obwohl er wahrscheinlich nicht weiß, dass die japanische Regierung aus Rücksicht auf unsere Wünsche keine Bildbräute mehr in die USA lässt. Er würde nicht auf die Idee kommen, sich eine Frau anhand eines Fotos auszusuchen. Und keiner seiner Freunde würde das auch tun.

Vielleicht ist es an der Zeit, den wahren Charakter der Angelegenheit in Kalifornien darzulegen. Dies kann man kurz und knapp am besten durch ein Zitat aus einem vor kurzem erschienenen Leitartikel der New York *World tun* , einer Zeitung, die sich durch die Intelligenz auszeichnet, mit der sie die japanische Frage im Allgemeinen behandelt.

Der Leitartikel der *World* wurde im Zusammenhang mit einer Ansprache von Roland S. Morris veröffentlicht, der unter der Regierung Wilson als Botschafter in Tokio diente und dessen bewundernswerte Arbeit in Tokio möglicherweise gute Früchte getragen hätte, wenn nicht unsere unglückliche Angewohnheit bestünde, Botschafter, wie fähig sie auch sein mögen, abzusetzen, wenn die politische Partei, der sie angehören, die Macht verliert.

Welt sagte :

In seiner Ansprache im University Club zur japanischen Frage in Kalifornien verzichtete Roland S. Morris, amerikanischer Botschafter in Tokio, auf eine Diskussion der Sachlage und definierte die Frage lediglich anhand der Fakten. Nur im Lichte der Fakten kann eine vernünftige Entscheidung getroffen werden, wenn Argumentation und Urteil auf festen Vorurteilen beruhen.

Wie Herr Morris erklärte, stellt Japan das Recht der Vereinigten Staaten, vorbehaltlich ihrer vertraglichen Verpflichtungen Gesetze über die Aufnahme von Ausländern zu erlassen, nicht in Frage. Während den Japanern im Vertrag von 1911 volle Aufenthalts- und Einreiserechte zugestanden wurden, akzeptierte die Regierung in Tokio die Bedingung, dass sie die Auswanderung aus Japan in die Vereinigten Staaten gemäß dem „Gentleman's Agreement" von 1908 weiterhin beschränken würde.4

Die japanische Regierung und das japanische Volk streben nicht die Aufhebung der Einwanderungsbeschränkungen an . Die Japaner haben keinen Anspruch auf die amerikanische Staatsbürgerschaft, genießen in diesem Land jedoch dieselben persönlichen und Eigentumsrechte wie andere Ausländer. Hier ist die Aktion Kaliforniens zu Reibereien geworden.

1913 entzog Kalifornien jenen Ausländern, die nicht die Staatsbürgerschaft erhielten, bestimmte Eigentumsrechte. 1920, so Morris, „wurde diese Gesetzgebung durch ein Volksbegehren ergänzt." Was er nicht erwähnt, ist, dass diese Maßnahme darauf abzielte, die Japaner beim Kauf und der Pacht von Land zu diskriminieren.

Aus diesem Grund protestiert die Regierung in Tokio. Die Japaner lehnen es ab, dass sie als eine eigene Klasse abgesondert werden, politisch benachteiligt sind und die Rechte anderer Ausländer nicht genießen.

Mr. Morris lässt die Frage offen, wenn er sagt: „Der japanische Protest stellt unser gesamtes Volk vor die ganz konkrete Frage: Ist es im größeren Kontext unserer Beziehungen zum Orient klug, Ausländer auf der Grundlage ihrer Berechtigung zur Einbürgerung zu klassifizieren?"

Um seine lokalen Ziele zu verfolgen, hat Kalifornien eine provokative Haltung eingenommen und den japanischen Chauvinisten und Militaristen in die Hände gespielt.

Leider sind diese einfachen Fakten auf einem stürmischen Meer kalifornischer Vorurteile verloren gegangen. Ich fürchte, dieses Meer füllt das Auge des Durchschnittsamerikaners so sehr, dass er die schiffbrüchigen Wahrheitsfresser dort draußen auf ihrem kleinen Floß oft überhaupt nicht bemerkt. Würde er versuchen, seine Ansichten zur Kalifornienfrage darzulegen, würde er höchstwahrscheinlich als Quelle seiner Informationen seine Lieblingsautorität zitieren : „Sie sagen."

"Sie sagen, japanische Einwanderer strömen nach Kalifornien und kaufen das Ackerland auf; sie sagen, die Japaner hätten große Familien; sie sagen, sie seien keine wünschenswerten Nachbarn ; sie sagen, wenn es so weitergeht, werden sie letztlich den Staat kontrollieren. Wir wollen ganz sicher nicht, dass irgendein Teil unseres Landes von Ausländern beherrscht wird." Je weniger er mit bestimmten kalifornischen Eigenheiten vertraut ist, desto eher wird er zu dem Schluss kommen: "Ich schätze, es muss wahr sein, sonst würden die Kalifornier nicht so einen Aufstand darüber machen."

Seine Neigung, so zu argumentieren, wird vielleicht noch verstärkt, wenn er sich an einen Ausdruck erinnert, den er einmal gehört hat: die „Gelbe Gefahr" – einen der giftigsten Ausdrücke, die je geprägt wurden. Er weiß nicht, dass dieser Ausdruck in Deutschland erfunden wurde, um internationales Misstrauen und Missgunst zu schüren. Er ist sich unserer wirklichen „Gelben Gefahr" – der Boulevardpresse – vielleicht nicht bewusst, aber im Gegenteil, er bezieht seine Ansichten über internationale Angelegenheiten vielleicht aus solchen aufrührerischen Blättern wie denen, die von William Randolph Hearst veröffentlicht wurden, der selbst ein Sohn Kaliforniens und ein Anführer des antijapanischen Chors war.

Der Durchschnittsamerikaner weiß wenig über die Politik Kaliforniens und nichts über die Politik Japans. Er ist sich nicht darüber im Klaren, dass kalifornische Politiker maßgeblich für die Schürung antijapanischer Stimmungen verantwortlich sind, genau wie frühere Politiker des Staates für antichinesische Stimmungen verantwortlich waren, und dass in beiden Fällen Stimmenfang ein Hauptmotiv war. Manchmal ist es für einen Demagogen sehr praktisch, eine stimmlose ausländische Rasse zur Hand zu haben, die er einschüchtern kann.

Der Durchschnittsamerikaner weiß wahrscheinlich nicht, dass über zweihunderttausend kalifornische Wähler gegen die im November 1920 verabschiedeten diskriminierenden Gesetze gestimmt haben, obwohl die Presse in Kalifornien im Allgemeinen für Sprecher, die eine gegen die unangemessene Härte gegenüber den Japanern gerichtete Stimmung vertraten, gesperrt war. Noch weniger ist ihm wahrscheinlich bewusst, dass die Politiker in Japan alle Tricks kennen, die ihre kalifornischen Kollegen kennen; dass auch sie wissen, wie man durch das Schüren von Rassengefühlen Stimmen sammelt. Wenn er also in den Schlagzeilen seiner Zeitungen liest, dass ein Japaner, dessen Namen er noch nie gehört hat, der aber, wie die Zeitung sagt, eine hohe politische Stellung einnimmt, von einem Krieg mit den Vereinigten Staaten spricht, beginnt er sich zu fragen, ob diese Leute dort nicht vielleicht Ärger suchen. Und wenn er von Japans großem Marinebauprogramm liest, wird dieser Gedanke in seinem Kopf etwas konkreter.

Natürlich versteht er nicht, dass sich in der Zwischenzeit in Japan ein ganz ähnlicher Prozess abspielt: dass feindselige und beleidigende Äußerungen amerikanischer Politiker per Kabel nach Japan geschickt und dort veröffentlicht werden, wo sie unangemessenes Gewicht haben; und dass, während wir vom japanischen Marineprogramm lesen und uns fragen, was es bedeutet, Japan von unserem Programm liest und sich ebenfalls fragt.

Dass irgendjemand die Vereinigten Staaten aggressiver Absichten verdächtigen könnte, ist für den Durchschnittsamerikaner unvorstellbar. Obwohl die Vereinigten Staaten in letzter Zeit gezeigt haben, dass sie kämpfen können, haben sie auch gezeigt, dass sie dies nicht tun wollen. Der Durchschnittsamerikaner empfindet keine Feindseligkeit gegenüber Japan, und die Vorstellung eines Krieges mit Japan erscheint ihm absurd bis hin zur Phantasie. Seiner Ansicht nach gibt es nur einen Weg, wie ein solcher Krieg ausgelöst werden könnte, und zwar durch japanische Aggression.

Wenn Sie ihm versichern, dass das genaue Gegenteil dieser Ansicht die japanische Einstellung widerspiegelt, werden Sie ihn verblüffen. „Da liegen Sie wohl falsch“, wird er Ihnen sagen. „Die Japaner müssen wissen, dass wir den Krieg hassen und dass wir ihn ebenso wenig führen wollen wie unsere Frauen aus einem Fotoalbum auswählen.“ Und vielleicht fügt er noch etwas über die japanische „Undurchschaubarkeit“ hinzu.

Das ist ein weiterer Punkt:

Wenn der Durchschnittsamerikaner einen Fremden seiner eigenen Rasse oder fast jeder anderen europäischen Nationalität trifft, kann er sich anhand der Physiognomie des Fremden eine gewisse Vorstellung von dessen Charakter machen. Es ist ein Gesichtstyp, den er versteht. Aber die orientalische Physiognomie verwirrt ihn. Er kann sie nicht lesen. Für ihn ist sie wie ein Buch in einer unbekannten Sprache – ein wahres Symbol des Mysteriums.

Dass es für die Japaner genauso schwierig sein könnte, uns zu beurteilen, würde ihm nicht in den Sinn kommen. Unsere Gesichter sind – nun ja, es sind normale *Gesichter*; sie haben nichts Seltsames an sich. *Wir* sind in keiner Weise seltsam. Es sind die anderen Leute, die seltsam sind.

Wenn gewisse einfache Tatsachen über Japan in den Vereinigten Staaten verstanden würden und gewisse einfache Tatsachen über die Vereinigten Staaten in Japan verstanden würden, folgerte dies vielleicht nicht, dass die beiden Nationen danach die gesamte Politik und die Handlungen des jeweils anderen uneingeschränkt billigten. Es sollte jedoch sicherlich folgen, dass sie derartige Politik und Handlungen mit einer größeren Toleranz betrachten könnten.

Sie und ich würden zum Beispiel die aggressiven Methoden eines Wahlwerbers, dem wir begegnet sind, vielleicht nicht gutheißen, aber wenn wir wüssten, dass seine Frau und seine Familie in einem einzigen Raum zusammengepfercht sind und sich fragen, woher das Frühstück für morgen kommen soll, könnten wir dem Mann vieles verzeihen. Und wenn er Sie oder mich dabei sehen würde, wie wir einen hilflosen Gast in unserem eigenen Haus niederwalzen, könnte seine Missbilligung unseres Vorgehens gemildert werden, wenn er begreifen würde, dass die ganze Nachbarschaft es sich zur Gewohnheit gemacht hat, unser Haus als gemeinsamen Campingplatz für unerwünschte Familienmitglieder zu nutzen, und dass diese unwillkommenen Besucher uns in einen Zustand der Verzweiflung getrieben haben.

Was müssen die Japaner unbedingt über uns erfahren?

Sie müssen unsere verschiedenen Rassenprobleme besser verstehen. Sie müssen erkennen, dass ihnen das Problem ihrer Siedler an der Pazifikküste zwar wichtig erscheint, für uns jedoch ein kleines Problem darstellt – eines der geringsten unter den Rassenproblemen, mit denen wir konfrontiert sind.

Sie müssen wissen, dass unsere Bevölkerung aus allen Ländern Europas stammt. Und sie müssen sich darüber im Klaren sein, dass wir diese Situation zwar in der Vergangenheit mit alberner Selbstgefälligkeit betrachtet haben, dies aber nicht mehr tun. Unsere schöne alte Theorie, dass die Vereinigten Staaten eigentlich ein Zufluchtsort für die Unterdrückten aller anderen Länder waren, hat ihren Zweck verloren und ist in den Graben geraten. Einige von uns haben sogar begonnen zu vermuten, dass die Unterdrückten anderer Länder in bestimmten Fällen aus möglicherweise guten und ausreichenden Gründen unterdrückt wurden. Wir haben festgestellt, dass einige dieser Personen bei ihrer Ankunft in den Vereinigten Staaten von unserer freien Luft so begeistert sind, dass sie sich von Unterdrückten in Unterdrücker verwandeln, die uns unsere Regierung gern aus der Hand nehmen und sie im Interesse des Kaisers, der Sowjets oder der interessanten Republik von Herrn De Valera führen würden .

Mit diesen und anderen Rassenproblemen haben wir ständig zu kämpfen. Kaum haben wir ein Problem, taucht schon das nächste auf. Jetzt müssen wir unbedingt einen Verwalter für fremdes Eigentum einsetzen, der eingreift. Jetzt deportieren wir eine Bande der gewalttätigsten Bolschewisten. Jetzt rufen wir Glaser, um neue Fenster in den Union Club in New York einzubauen, wo die britische Flagge (die zur Erinnerung an die Landung der Pilgerväter vor dreihundert Jahren wehte) von Mitgliedern einer Gemeinde, die aus der gegenüberliegenden St. Patrick's Cathedral kam, mit Ziegelsteinen begrüßt wurde.

Wir sprachen mit liebevoller Zuversicht von etwas, das man „Schmelztiegel" nannte und das neu angekommene Einwanderer zu guten amerikanischen Bürgern machen sollte. Manchmal gelang dies auch, aber wir haben in letzter

Zeit erfahren, dass seine Nebenprodukte allzu oft aus Ziegelsteinen und Bomben bestanden.

Wir prahlen nicht mehr mit dem Schmelztiegel. Wir haben ihn überlastet und festgestellt, dass er die von uns gestellte Arbeit nicht bewältigen kann. Wir brauchen Zeit, um sozusagen die Rückstände aufzuholen. In der Zwischenzeit dürfen keine neuen Aufträge angenommen werden.

Aber obwohl uns die Probleme, die sich aus der europäischen Einwanderung ergeben, in den letzten Jahren am meisten Sorgen bereitet haben, stellen sie nicht unser größtes Rassenproblem dar. Immer im Hintergrund unseres Bewusstseins, wie ein ruhender, aber sehr lebendiger Vulkan, lauert unser gigantisches Negerproblem - das Problem, das wir als Erbe der Sünden unserer Sklaven importierenden und sklavenhaltenden Vorfahren erben und vor dem wir uns, gemäß unserer charakteristischen Art, große ruhende Probleme zu „bewältigen", immer zu verstecken versuchen . Denn es ist nicht unsere Art, auf einen Stier zuzugehen und ihn bei den Hörnern zu packen. Wenn ein Stier versucht, bei den Hörnern gepackt zu werden, muss er selbst vorgehen. Wir Amerikaner wissen das alle über uns selbst, aber es ist unsere Art, das Versagen zu entschuldigen, indem wir damit prahlen, wie wir dem Stier einen Kampf liefern werden, wenn er uns jemals in die Enge treibt.

Es ist nicht nötig, hier die Tragödien des Negerproblems zu umreißen, aber es gibt einen Aspekt der Angelegenheit, der angesprochen werden sollte. Die Erfahrung hat gezeigt, dass Einwanderer aus Europa letztlich in das aufgenommen werden können, was wir als amerikanische Rasse bezeichnen können, während der Neger, der das Abzeichen seiner Rasse in der Farbe seiner Haut trägt, nicht aufgenommen werden darf. Sogar der Achteljährige ist deutlich vom Weißen zu unterscheiden. Die Negerrasse muss, soweit man die Zukunft voraussagen kann, eine Rasse für sich bleiben.

Der Fall der Indianer ist ein weiteres Beispiel für das Scheitern der Verschmelzung zweier Rassen, die sich durch Farbe und andere körperliche Merkmale voneinander unterschieden. In den frühen Tagen der Besiedlung dieses Landes, als die Indianer stark dominierten, nahmen sie die damals wenigen Weißen nicht auf. Als die Zeit kam, als es eine gleiche Anzahl von Indianern und Weißen gab, verschmolzen sie immer noch nicht. Und jetzt, wo nur noch eine Handvoll der einst mächtigen Indianernationen übrig ist, bewahrt dieser Rest immer noch seine rassische Integrität .

Hier geht es jedoch nicht um rassische Minderwertigkeit. Weiße und Indianer haben in einem gewissen Ausmaß untereinander geheiratet, und wenn beide Parteien die Besten ihrer jeweiligen Rasse repräsentieren, gibt es nicht nur kein Gefühl der Erniedrigung gegenüber einer der beiden, sondern die weißen Nachkommen solcher Verbindungen sind oft auch stolz auf ihr indianisches Blut.

In der ganzen Angelegenheit der Verschmelzbarkeit von Rassen gibt es also kein Grundprinzip der Unterlegenheit oder Überlegenheit. Solche Fragen sind hier ebenso irrelevant wie im Fall von Öl und Wasser, die sich zwar nicht vermischen, deshalb aber nicht als eine überlegene und eine unterlegene Flüssigkeit bezeichnet werden.

Tatsächlich sagt uns ein inneres Bewusstsein, dass die charakteristischen körperlichen Merkmale der wichtigsten Rassen der Welt ihnen nicht umsonst gegeben wurden; dass die Natur beabsichtigte, dass die groben Rassenlinien erhalten bleiben; und wir erfahren, dass Kreuzungen, bei denen diese natürliche Rassenunterteilung missachtet wird, in der Regel durch Verfall bestraft werden.

Es wäre absurd, in dieser Wahrheit auch nur den geringsten Anflug einer Beleidigung zu finden. Es wäre ebenso lächerlich, die Aussage „Gleiches gesellt sich gern" zu verurteilen, wie die Aussage „Ehrlichkeit währt am längsten".

Kein Volk besteht stärker auf Rassenintegrität als die Japaner. Selbst der fanatischste englische Reiter könnte kaum pingelig sein, wenn es um die Erhaltung reinrassiger Vollblüter geht. Ehen zwischen gebürtigen Japanern und Ausländern werden nicht gefördert und kommen selten vor. In den oberen Klassen kommen sie fast nie vor. Ein japanischer Bürger kann keine legale Ehe mit einem Koreaner oder Formosa eingehen, obwohl Korea und Formosa japanische Kolonien sind. (Mir ist bekannt, dass 1918 Schritte unternommen wurden, um solche Ehen zu legalisieren, aber bis zum Zeitpunkt des Schreibens dieses Artikels ist dies noch nicht geschehen.)

Das Gesetz, das die Handlungen der japanischen Kaiserfamilie regelt, gestattet es Mitgliedern dieser Familie nicht, Personen zu heiraten, die nicht japanischer kaiserlicher oder adeliger Herkunft sind. Dieses Gesetz musste geändert werden, um vor einigen Jahren die Heirat einer japanischen kaiserlichen Prinzessin, der Tochter von Prinz Nashimoto , mit dem Erben der koreanischen Königsfamilie zu ermöglichen - eine Familie, die heute übrigens als eine Art japanischer Adel gilt. Man kann hinzufügen, dass die Heirat bei den japanischen Massen unpopulär war, da sie der festen Überzeugung waren, dass japanisches Blut, insbesondere japanisches kaiserliches Blut, nicht verwässert werden sollte. Wäre der Prinz ein Europäer gewesen, wäre wahrscheinlich ein lauterer Protest zu vernehmen gewesen, denn die Japaner sehen Eurasier in der Regel nicht mit Wohlwollen . Es gibt Ausnahmen, aber im Großen und Ganzen lebt der Mann oder die Frau gemischten orientalischen und abendländischen Blutes sozial an einer internationalen Grenzlinie, auf deren keiner Seite überschwängliche Herzlichkeit zu spüren ist.

Die intelligente und patriotische Stimmung in den Vereinigten Staaten spricht sich gegenwärtig in überwältigender Mehrheit für einen Einwanderungsstopp aus. Und selbst wenn man eines Tages das Gefühl haben sollte, die Schleusen könnten erneut geöffnet werden, werden sie - wenn die Vernunft siegt - nicht weit geöffnet, sondern nur solche Ausländer einlassen, die für eine Assimilation empfänglich sind.

Was bedeutet Assimilation?

Das bedeutet, dass der Einwanderer seine rassische Identität in unserer verliert. Das bedeutet, dass er durch Heirat in den Körper unserer Rasse aufgenommen werden kann oder zumindest seine Kinder für eine solche Aufnahme empfänglich sind. Und das wiederum bedeutet unter anderem, dass er keine unausrottbaren körperlichen Merkmale haben wird, die ihn stark von unserem nationalen körperlichen Typ unterscheiden.

Dies ist meiner Meinung nach einer der Hauptgründe, warum sich Orientalen niemals in den Vereinigten Staaten niederlassen sollten. Generell sind sie ebenso wenig geeignet, Bürger der Vereinigten Staaten zu werden, wie wir Bürger Japans oder Chinas werden können.

Ein weiterer Hauptgrund, warum wir die Einwanderung japanischer Arbeitskräfte nicht akzeptieren, ist, dass die Japaner mit weniger auskommen als wir. Sie sind bereit, für weniger Lohn länger zu arbeiten. Außerdem sind sie sparsam. Das sind Tugenden; aber die Tatsache, dass es Tugenden sind, macht die japanische Konkurrenz für weiße Arbeitskräfte nicht willkommener .

Auch dieser Punkt sollte für die Bevölkerung Japans leicht verständlich sein, da sie es aus genau demselben Grund für notwendig hält, chinesische Arbeitskräfte grundsätzlich auszuschließen - nämlich weil ein Chinese mit weniger auskommen kann als ein Japaner und deshalb für einen niedrigeren Lohn arbeiten kann.

Hätte Kalifornien in seinem Bestreben, die weitere Landnahme durch japanische Siedler zu verhindern, seine Argumente auf diese beiden klaren Punkte gestützt: nämlich Nichtassimilierbarkeit und wirtschaftliche Notwendigkeit; hätte es auf Beschimpfungen verzichtet und die Angelegenheit rein nach ihren Vorzügen betrachtet; hätte es seine Pflicht als Staat gegenüber der Nation anerkannt und mit der Regierung in Washington zusammengearbeitet , anstatt die internationale Tragweite der Frage zu ignorieren und die Regierung durch radikale und unabhängige staatliche Maßnahmen in Verlegenheit zu bringen; und hätte es vor allem die Bereitschaft gezeigt, mit den Japanern so gerecht umzugehen, wie es die

Umstände erlaubten, dann hätte die gesamte Nation zweifellos hinter Kalifornien gestanden. Und was vielleicht ebenso wichtig ist: Die ganze Angelegenheit hätte Japan dann auf vernünftige und gemäßigte Weise präsentiert werden können, ohne Anstoß zu erregen, aber dennoch mit Argumenten, deren Kraft sich Japan kaum entziehen konnte.

Aber es liegt offenbar nicht in der Natur des durchschnittlichen Kaliforniers, die Dinge gemäßigt anzugehen. Mäßigung gehört nicht zu seinen Eigenschaften. Sein Vater oder Großvater war ein robuster Pionier, der seinen Unmut mit einem Bowiemesser ausdrückte und auf Feindseligkeit mit einem 45er Colt reagierte. Bei den Nachkommen sind diese Familieneigenschaften abgemildert, aber nicht ausgelöscht. Wenn er die Art und Weise, wie ein liebenswürdiger Fremder seine Augenbrauen trägt, nicht gutheißt, wird er ihn wahrscheinlich irgendwie anschreien – ohne zu lächeln.

Antagonismus? Warum sollte ihn Antagonismus stören? Er mag ihn. Er hat das Bedürfnis danach. Er muss etwas haben, gegen das er ankämpfen kann – etwas, das den ewigen Sonnenschein und die penetrante Süße der Orangenblüte und der Rose neutralisiert.

Und leider gibt es da noch Senator Hiram Johnson, von dem die New York *Times* kürzlich bemerkte: „Er würde sein politisches Eigentum verlieren, wenn die Differenzen mit Japan friedlich beigelegt würden. Und wir wissen", fuhr die *Times* fort, „dass es besser ist, einer Bärin zu begegnen, die ihrer Jungen beraubt wurde, als einem Politiker, der seiner Nachkommen beraubt wurde." Und leider gibt es auch Ex-Senator Phelan – obwohl das Ex-, das kürzlich zu seinem Titel hinzugefügt wurde, dazu beitragen könnte, seine Wirksamkeit als Hetzer der Japaner in gewissem Maße zu dämpfen. Und dreimal leider gibt es Mr. VS McClatchy, den Imker aus Sacramento, dessen „Biene" darauf trainiert ist, die Japaner dort zu stechen, wo es am meisten wehtut.

Alle nachdenklichen Bürger beider Länder werden zustimmen, dass die Schwierigkeiten zwischen ihnen beigelegt werden müssen. Ich persönlich sehe nicht, wie dies ohne eine gewisse Änderung des gegenwärtigen diskriminierenden Ausländerrechts in Kalifornien erreicht werden kann – ein Gesetz, das sich nur gegen eine Gruppe von Ausländern richtet und nicht mit dem amerikanischen Rechtsempfinden vereinbar ist.

Die japanischen Arbeiter , die bereits legal hier sind – viele von ihnen wurden übrigens ursprünglich auf Veranlassung kalifornischer Arbeitgeber hierhergebracht – sollten absolut fair behandelt werden. Sie sollten nicht der gerechten Belohnung für ihren Fleiß und ihre Sparsamkeit beraubt werden.

Ihre rassischen Tugenden sollten gewürdigt und könnten durchaus nachgeahmt werden.

Es sollte jedoch klar sein, dass zu unserem Wohl und dem Wohl der Japaner keine weiteren Einwanderer aus ihrer Arbeiterklasse jemals in die Vereinigten Staaten einreisen sollten. Und es sollte ebenso klar sein, dass eine solche Aussage keinen Grund zur Beleidigung darstellt.

Die Vereinigten Staaten handeln nicht immer klug. Japan auch nicht. Aber das amerikanische Herz ist am rechten Fleck, und das japanische Herz auch.

Versuchen wir also, auf beiden Seiten diese Probleme mit ehrlichen und unvoreingenommenen Augen zu betrachten. Versuchen wir, den Standpunkt des anderen zu verstehen. Gehen wir sogar so weit, der Schwäche der menschlichen Natur, wie sie sich auf beiden Seiten des Pazifiks zeigt, gebührende Beachtung zu schenken .

Doch denken wir gar nicht daran, den guten Willen zu strapazieren, indem wir versuchen, in größerem Maßstab Bewohner desselben Hauses, unter demselben nationalen Dach zu werden.

KAPITEL XXI

Einige Überlegungen zur New Yorker Gastfreundschaft – und zur Gastfreundschaft Japans – Empfehlungsschreiben – Verbeugungen – Warum japanische Höflichkeit manchmal missverstanden wird – Ausländer unterhalten – Das Land von seiner besten Seite zeigen – Was ist die mysteriöse „Wahrheit" über Japan? – Japaner versus Chinesen – Führung im Fernen Osten – Wird Japan eine moralische Führungsrolle übernehmen? – Eine „erstklassige Macht" – Die neuen „langen Hosen" – Wie man Japan behandelt – Die Weisheit von Roosevelt und Root.

Eine lebhafte und anhaltende Gastfreundschaft muss einen, der New York sein Zuhause nennt, immer wieder in Erstaunen versetzen; denn New York ist ohne Zweifel die ungastlichste Stadt der Welt. Der abgestumpfte Hotelangestellte, der gelangweilte Kassenwart und der fischäugige Oberkellner verkörpern den Geist der Gastfreundschaft.

Da gibt es keine Verstellung. Der Fremde ist in New York so willkommen, wie er sich fühlt. Wenn ein Hotelzimmer, ein Theatersitz oder ein Restauranttisch frei ist, kann er ihn haben, gegen Bezahlung. Wenn alles belegt ist, kann er, soweit New York das betrifft, nach draußen gehen und, unter Berücksichtigung der Jahreszeit und der Verkehrsvorschriften, an einem Sonnenstich sterben oder in einer Schneewehe umkommen – woraufhin sein Fall automatisch unter die Aufsicht der Straßenreinigungsbehörde fällt – und was auch immer diese Behörde sonst auf den Straßen New Yorks liegen lassen mag, sie hinterlässt sie nicht mit toten Fremden übersät. Der Platz in unserer Stadt ist zu wertvoll.

Der Besucher, der in New York mit einem Empfehlungsschreiben an einen wichtigen Herrn ankommt oder der sich für einen wichtigen hält, erwartet vielleicht ein paar Minuten Gespräch mit dem Herrn in seinem Büro und betrachtet es vielleicht als eine feine Aufmerksamkeit, wenn sein Gastgeber auf sein Herumgezappel verzichtet.

Sollte der Fremde über Informationen verfügen, die der New Yorker wissen möchte, wird er möglicherweise zum Mittagessen eingeladen. Sie werden in einem Club in einem Wolkenkratzer in der Innenstadt zu Mittag essen. Oder wenn das Empfehlungsschreiben einen gesellschaftlichen Charakter hat , erhält der Ausländer bald darauf per Post in seinem Hotel eine Gästekarte für einen Club in der Oberstadt.

Wenn er es wagt, diesen Club zu besuchen, wird er dort niemanden vorfinden, mit dem er sprechen kann, außer einem strengen Türsteher und einigen Kellnern. Der Türsteher wird ihm kaltherzig sagen, wo er Hut und Mantel abgeben kann. Er wird ein paar Mitglieder im Club sehen, aber er wird sie nicht kennen, und sie werden auch nicht den Wunsch haben, ihn kennenzulernen. Alle New Yorker kennen ohnehin mehr Leute, als ihnen lieb ist. Der Fremde mit einer Gästekarte eines New Yorker Clubs fühlt sich dort so wohl wie eine Katze in einer Kathedrale.

Im Westen ist es anders.

Und wiederum ist es in Japan anders.

Wer Japan gut kennenlernt, erlebt dort Erfahrungen, die man in kaum einem anderen Land machen kann. Die japanische Höflichkeit und Gastfreundschaft verblüfft den durchschnittlichen Angelsachsen. Der westliche Geist ist von den bloßen Äußerlichkeiten verblüfft.

Sie sehen zwei Japaner aufeinandertreffen – zwei Herren, zwei Damen oder eine Dame und einen Herrn. Sie stehen sich in ziemlich geringer Entfernung gegenüber. Dann verneigen sie sich tief aus der Hüfte, als hätten sie ein vom Ausländer nicht bemerktes Zeichen gegeben, und ihre Köpfe gehen mit so wenig Abstand aneinander vorbei, dass die eine Hälfte erwartet, sie würden zusammenstoßen. Dreimal hintereinander verneigen sie sich gleichzeitig auf diese Weise, während ihre Hände an ihren Oberschenkeln vorn auf und ab gleiten, wie Kolben, die am Hubbalken eines Seitenraddampfers befestigt sind.

In Verbindung mit dieser tiefen und langgezogenen Verbeugung wird der Umstehende oft ein zischendes Geräusch hören, das durch das Einziehen von Luft durch die Lippen entsteht, besonders wenn es sich bei den Verbeugenden um Japaner der alten Schule handelt oder wenn sie nicht an den Umgang mit Ausländern gewöhnt sind. Nach japanischer Auffassung drücken solche Geräusche die Wertschätzung eines köstlichen spirituellen Geschmacks aus . Diese alte Höflichkeitsform wird jedoch von den kultivierten jungen Japanern aufgegeben, weil Ausländer sie merkwürdig finden; und der Brauch, Nahrung hörbar einzusaugen als Ausdruck geschmacklicher Ekstase, kommt aus demselben Grund ebenfalls aus der Mode. Nichtsdestotrotz halten viele Aristokraten mittleren Alters oder älter an den alten Bräuchen fest.

Der Amerikaner, der daran gewöhnt ist, Zischen als Zeichen der Missbilligung und lautes Essen als unhöflich anzusehen, ist natürlich erschrocken, wenn er diese Äußerungen zum ersten Mal sieht. Japanische Verbeugungen, die an ihn gerichtet sind, empfindet er als beunruhigend. Er möchte vielleicht so höflich sein wie die Höflichsten, aber er hat nichts Passendes in seinem Repertoire, um eine solche Ehrerbietung zu erwidern.

In diesem Land haben wir uns nie daran gewöhnt, uns zu verbeugen, wie es in anderen Ländern üblich ist . Unsere Männer blicken lateinamerikanische Männer schief an, wenn sie zum Gruß voreinander den Hut lüften, und man kann beobachten, dass manche von uns dazu neigen, den Hut sogar beim

Gruß vor Damen ein wenig zu lüften, indem sie verstohlen an der Krempe greifen und den Hut vielleicht auf dem Kopf lockern, um ihn dann hastig wieder festzudrücken.

Tatsache ist, dass nur sehr wenige amerikanische Männer kultivierte Manieren haben. Wir lehnen alles ab, was auch nur annähernd höfisch ist. Wir fühlen uns dabei „albern". Die Verbeugung in der Tanzschule, die wir in den Tagen unserer ansonsten glücklichen Jugend üben mussten , war für uns ein Alptraum, und jetzt, als Erwachsene, haben wir das Gefühl, etwas völlig Dummes zu tun, wenn wir bei einem formellen Abendessen einer Dame den Arm reichen müssen, als wollten wir ihr Schutz für die Gefahren des Weges vom Salon zur Tafel zusichern. Wir ziehen es viel vor, Hals über Kopf ins Esszimmer zu schlendern.

In diesen Dingen, wie in so vielen anderen, sind wir also das genaue Gegenteil der Japaner. Und obwohl Amerikaner, die bereit sind, die Vorzüge von Eigenschaften zu schätzen, die sie selbst nicht besitzen, nichts als Bewunderung für die japanische Höflichkeit in ihrer Vollkommenheit empfinden, kommt es bedauerlicherweise manchmal vor, dass weniger intelligente Menschen, die in den Orient reisen, die Bedeutung japanischer Höflichkeit völlig missverstehen und sie mit Unterwürfigkeit verwechseln, was sie ganz entschieden nicht ist. Weit davon entfernt, unterwürfig zu sein, ist sie eine stolze Höflichkeit – eine Höflichkeit, die auf Tradition, natürlicher Sensibilität und Feingefühl beruht, was den Besitzer veranlasst, von anderen eine ähnliche Sensibilität und Feinfühligkeit zu erwarten und ihn dazu zu bringen, sie an Takt und Rücksicht zu übertreffen.

Und das ist noch nicht alles, was manche Amerikaner tun, um die japanische Höflichkeit und Gastfreundschaft als das zu schätzen, was sie ist. Unsere Boulevardpresse und organisierten Japanhasser wissen, dass die größere Gastfreundschaft Japans oft offiziellen oder halboffiziellen Charakter hat. Sie geben sich nicht damit zufrieden, eine einfache Erklärung dafür zu suchen, sondern ziehen es vor, darin etwas Hinterhältiges und Bösartiges zu erkennen.

Es ist völlig richtig, dass der Fremde, der mit guten Empfehlungsschreiben nach Japan kommt, auf eine Gruppe trifft, die fast ausschließlich aus Regierungsbeamten, großen Geschäftsleuten und deren Familien besteht. Es ist auch richtig, dass er wahrscheinlich eine ausgewählte Gruppe solcher Männer treffen wird. Der Grund dafür ist einfach. Obwohl Englisch die zweite Sprache ist, die in japanischen Schulen unterrichtet wird, und obwohl viele Japaner ein wenig gebrochenes Englisch sprechen, gibt es immer noch relativ wenige Männer und noch weniger Frauen, die im Ausland erzogen wurden und mit fremden Sprachen, Bräuchen und Ideen ausreichend vertraut sind, um sich bei der Unterhaltung von Ausländern wohl zu fühlen.

Diese Klasse wird außerdem noch weiter durch die finanzielle Belastung eingeschränkt, die mit umfangreichen Unterhaltungen verbunden ist.

So kommt es, dass in Japan eine soziale Gruppe existiert, die mit einem lose organisierten Unterhaltungskomitee verglichen werden kann, mit dem Ergebnis, dass die meisten Amerikaner, die in diesem Land Unterhaltungsmöglichkeiten nutzen, im Großen und Ganzen auf denselben Personenkreis treffen.

Die Japaner sind in ihrem Wunsch, die Welt für Japan zu interessieren, völlig offen. Die Regierung unterhält ein Büro, um Touristen zu ermutigen, das Land zu besuchen und ihnen das Reisen zu erleichtern. Die großen japanischen Dampfschifffahrtsgesellschaften Toyo Kisen Kaisha und Nippon Yusen Kaisha bemühen sich energisch um Passagiergeschäfte. Journalisten, Autoren, Geschäftsleute und andere, die im Inland wahrscheinlich Einfluss haben, werden besonders ermutigt, Japan zu besuchen. Die Japaner haben das Gefühl, dass in den Vereinigten Staaten ein Vorurteil gegen sie besteht und dass der beste Weg, dieses zu überwinden, darin besteht, den Amerikanern Japan zu zeigen und sie ihre eigenen Schlüsse ziehen zu lassen. Sie sind stolz auf ihr Land und glauben, dass diejenigen, die es kennenlernen, gut über es denken werden.

Manche Amerikaner werfen ihnen vor, sie würden versuchen , die Dinge von ihrer besten Seite zu zeigen, als wäre das eine hinterhältige Sünde.

Die Haltung der Japaner in dieser Angelegenheit kann mit der eines Mannes verglichen werden, der ein Haus in einer nicht sehr zugänglichen Gegend besitzt, dessen Vorteile von seinen Freunden bezweifelt werden. Der Besitzer ist stolz auf sein Haus und gastfreundlich. Er fordert seine Bekannten auf, es zu besuchen.

Wenn seine Gäste eintreffen, zeigt er ihnen nicht zuerst die kranke Kuh oder die Ecke hinter der Scheune, wo der Abfall entsorgt wird, sondern er führt sie zur Westveranda – der Veranda mit der wundervollen Aussicht.

Für den Durchschnittsbürger erscheint ein solches Vorgehen völlig normal. Doch es gibt Kritiker Japans, die das anders sehen. Ihre Haltung könnte man mit der eines Menschen vergleichen, der, wenn man ihn auf die Veranda führt, um die Aussicht zu bewundern, erklärt, die Aussicht werde nicht um ihrer selbst willen gezeigt, sondern weil der Gastgeber dem Butler die Kehle durchgeschnitten habe und nicht wolle, dass seine Gäste die Leiche unter dem Salontisch bemerkten .

Wenn ein Amerikaner mit einem gewissen Einfluss nach Japan geht, dort herzlich empfangen wird, sich einen Eindruck verschafft und mit einem guten Wort für die Inseln und die Menschen zurückkehrt, haben die professionellen Japanhasser ihre Antwort parat. Der Mann ist Opfer der

„Propaganda" geworden. Er wurde durch gesellschaftliche Aufmerksamkeiten geschmeichelt, mit Essen und Trinken benebelt, in einen Zustand der Idiotie versetzt und in diesem Zustand „persönlich" durch Japan geführt, und zwar auf eine so listige Art und Weise, dass er nicht über die „Wahrheit" stolpert.

Die genaue Natur dieser „Wahrheit" wird nie enthüllt. Sie wird lediglich als eine vage Schrecklichkeit hinter einem sorgfältig zugezogenen Vorhang angedeutet.

Da ich diese Gerüchte so oft gehört hatte, reiste ich voller Misstrauen nach Japan. Dort angekommen, machte ich es mir zur Aufgabe, hinter das zu blicken, was wie ein Schleier des Mysteriums aussah. Wie dem Leser, der mir bis hierhin gefolgt ist, bekannt sein wird, stieß ich auf eine Reihe von Mysterien – die faszinierenden Mysterien einer alten und eigenartigen Zivilisation, aus der rasch eine interessante Moderne erwuchs.

Ich habe mich in Japan sehr gut unterhalten gefühlt; japanische Freunde haben mir bei meinen Besichtigungen oft geholfen; aber die bedeutsame Tatsache ist, dass niemand jemals versucht hat, mich daran zu hindern, alles zu sehen, was ich sehen wollte. Und ich wollte alles sehen, Gutes und Schlechtes. Ich habe die schlimmsten Elendsviertel besucht, ein Zuchthaus, ein Armenhaus, ein Krankenhaus und einige Fabriken. Ich habe Fragen gestellt. Manchmal waren es peinliche Fragen – über den Militarismus in Japan, über Shantung, über Korea und Formosa, über die Mandschurei und Sibirien. Und obwohl ich nicht erwarte, dass mir irgendein Japanhasser glaubt, möchte ich hiermit den Japanern gegenüber Gerechtigkeit walten lassen, dass sie mir die gewünschten Informationen gegeben haben, auch wenn es ihnen manchmal wehgetan hat.

Ich habe Dinge gesehen und gelernt, die Japan Ehre machen und Dinge, die es nicht wert sind, so wie man in anderen Ländern Dinge in beiden Kategorien sieht und lernt. Ich habe festgestellt, dass die Japaner weder Engel noch Teufel sind. Sie sind Menschen wie der Rest von uns, mit ihren Tugenden und ihren Fehlern.

Ich habe sie als Menschen gemocht und respektiert. Diese Tatsache verkünde ich in dem vollen Bewusstsein, dass diejenigen, die sie nicht mögen, dies akzeptieren werden, nicht als Zeichen irgendeiner Leistung der Japaner, sondern als Beweis meiner Inkompetenz oder Schlimmeres.

„Aber du warst noch nie in China", sagen einige meiner Freunde. „Dir würden die Chinesen besser gefallen als die Japaner."

Das mag wahr sein oder auch nicht. Ich neige zu der Annahme, dass zwischen Amerikanern und Chinesen oberflächlich betrachtet mehr natürliche Sympathie und Verständnis herrscht als zwischen Amerikanern und Japanern. Der Chinese ist für uns leichter zu verstehen. Außerdem ist er sanftmütig. Wir können von oben herab mit ihm reden. Er wird tun, was wir ihm sagen. Er ist kein Angeber – anders als der Japaner ganz bestimmt – und daher kommt man leichter mit ihm aus. Als Individuum hat er viele Qualitäten, die für ihn sprechen, obwohl weder Patriotismus noch Sauberkeit dazuzugehören scheinen.

Wenn ich jemals nach China reise, hoffe und erwarte ich, nicht in die Denkweise zu verfallen, die Reisende im Orient im Allgemeinen zu dem Gefühl verleitet, dass sie, wenn sie einen Chinesen mögen, einen Japaner nicht mögen können und umgekehrt. Ich behalte mir hiermit das Recht vor, beide zu mögen.

China scheint ein liebenswürdiger, schlaffer, schläfriger Riese zu sein, der sich lange Zeit schikanieren, schikanieren und ausrauben ließ. Japan dagegen ist ein kleiner, eng verbundener, streitlustiger Einzelgänger, der gut in der Lage ist, für sich selbst zu sorgen und dies auch zutiefst tut. Natürlich kommen die beiden nicht gut miteinander aus, und ebenso natürlich kommt der impotente Riese dabei den Kürzeren. Insofern tut er einem leid, aber man kann ihn kaum so respektieren, wie man es tun würde, wenn er sich erheben und behaupten würde. Man kann sich andererseits wünschen, dass der kleine Japaner weniger aufmüpfig wäre, aber man muss ihn für seine Tapferkeit respektieren. Physisch und materiell hat er sich die unangefochtene Führung des Fernen Ostens verdient. Es bleibt jedoch die Frage, ob er geistig groß genug ist, um auch ein moralischer Führer zu werden. Mit dieser Frage hängt die Zukunft des Orients zusammen. Einige Zeichen sind hoffnungsvoll, andere nicht. Die Antwort liegt in den Gewölben der kommenden Zeit.

Es ist nicht überraschend, dass die Japaner stolz auf die Führungsrolle sind, die sie bereits innegehabt haben. Da sie relativ neue Mitglieder der haarsträubenden, nagelbewehrten Familie sind, die wir Völkerfamilie nennen, und schnell zu wichtigen Mitgliedern geworden sind, neigen sie dazu, mehr als nötig auf dieser für sie so neuen und so erfreulichen Bedeutung herumzureiten. Sie reden gern darüber. Sie erfreuen sich daran, sich selbst als „erstklassige Macht" zu bezeichnen. Sie freuen sich außerordentlich über ihr Bündnis mit Großbritannien, nicht weil das Bündnis selbst irgendeine wirkliche Bedeutung hätte (angesichts der Haltung Australiens und Kanadas gegenüber Japan und der britischen Rücksichtnahme auf die amerikanische Gesinnung kann es das nicht haben), sondern wegen der schmeichelhaften Verbindung. Japan sieht man gern mit den Großen. In dieser Hinsicht erinnert es einen ein wenig an einen Jugendlichen, der stolz und selbstbewusst sein erstes Paar „lange Hosen" trägt.

Bei einem Jugendlichen in seinen ersten „langen Hosen" muss man Folgendes bedenken: Er erfordert vorsichtigen Umgang. Wenn Sie ihn wie ein Kind behandeln, ihn herablassend behandeln oder ignorieren, werden Sie ihn tödlich beleidigen und ihn möglicherweise zu wütenden Aktionen treiben, um seine Männlichkeit zu beweisen. Wenn Sie sich jedoch andererseits von seinem reifen Aussehen täuschen lassen und von ihm alles erwarten, was Sie von einem vollkommen reifen Mann erwarten würden, werden Sie höchstwahrscheinlich enttäuscht sein.

Bei einem Jugendlichen in diesem Zwischenstadium gibt es nur einen Weg, den man verfolgen kann. Er muss mit Takt, Festigkeit und Geduld geführt werden. Im Umgang mit jungen Menschen verstehen viele Erwachsene dies nicht, und im Umgang mit einer Nation in einem entsprechenden Entwicklungsstadium sind andere Nationen in der Regel sogar noch dümmer als erwachsene Individuen.

Großbritannien, das in internationalen Angelegenheiten das weiseste Land der Welt, hat diesen Fehler in seinen Beziehungen zu Japan nicht begangen. Das Bündnis ist ein Beweis dafür. Der Besuch des japanischen Kronprinzen in England im Frühjahr 1921 ist ein weiterer. Und nie zuvor war Großbritanniens Taktgefühl in dieser Situation besser zu erkennen als in der Rede von König George, als er auf den kaiserlichen Gast anstieß und sagte:

„Weil er unser Freund ist, haben wir keine Angst davor, dass er unsere Probleme sieht. Wir wissen, dass er uns mitfühlt und dass er Verständnis haben wird."

Könnten die Vereinigten Staaten nur aus diesen beiden kurzen Sätzen des englischen Königs eine einfache Lehre ziehen. Könnten wir lernen, diesen liebenswürdigen Tonfall anzunehmen. Könnten die Amerikaner nur verstehen, wie sofort die Japaner – ja, und alle anderen Nationen – auf derartige Annäherungsversuche reagieren.

Das Problem der Aufrechterhaltung freundschaftlicher Beziehungen zu diesem Nachbarn auf der anderen Seite des Pazifiks ist in Wahrheit bei weitem nicht so schwierig wie viele unserer anderen Probleme. Es wurde vor allem durch unsere eigene unglaubliche Stümperei erschwert.

Unter Menschen wird ein Stümper oft genauso gefürchtet und verachtet, als wäre er böswillig, und unter Nationen ist die Situation genauso. Keine Nation, wie stark sie auch sein mag, kann es sich leisten, andere Großmächte unnötig zu beleidigen; und die Vereinigten Staaten können es sich am allerwenigsten leisten, jene Mächte unnötig zu reizen, mit denen sie ihren Vorgarten und ihren Hintergarten teilen: nämlich Großbritannien und Japan. Und doch ärgern wir diese beiden Nationen ständig, ohne ein ausgleichendes gutes Ziel zu erreichen.

Großbritannien, das wie wir die Bande der Blutsverwandtschaft spürt und zudem ein scharfes Auge auf seine eigenen Interessen hat, verzeiht uns oder tut zumindest so. Im Falle Japans haben wir es jedoch mit einer ganz anderen Situation zu tun. Es gibt keine Blutsverwandtschaft, die die Spannung mildern könnte; und in Tokio herrscht auch nicht immer die ruhige, phlegmatische, eigennützige Staatskunst Londons. Tokio ist manchmal launisch.

Wenn wir so weiterpfuschen, werden wir uns letzten Endes Japans Feindseligkeit auferlegen und dann werden wir mit ziemlicher Sicherheit nicht nur auf ein finster dreinblickendes Nippon blicken, sondern auf eine Koalition zwischen Japan, Russland und Deutschland - eine Koalition, in die wir Japan durch unsere Haltung selbst getrieben haben.

Es liegt an uns, zu entscheiden, ob wir eine solche Allianz fördern wollen.

Mit Herrn Hughes im Außenministerium haben wir, wie es scheint, guten Grund zur Hoffnung, aber Herr Hughes hatte bisher noch keine Zeit, eine wesentliche Verbesserung der amerikanisch-japanischen Beziehungen herbeizuführen. Wenn ihm dies gelingt, wird er der erste amerikanische Staatsmann sein, der in dieser Angelegenheit Fortschritte erzielt hat, seit Roosevelt im Weißen Haus und Elihu Root im Außenministerium waren; denn seit ihrer Zeit war in unseren Beziehungen zu Japan keine eindeutige und verständnisvolle Politik erkennbar. Das Versagen unserer Diplomatie spiegelt sich nur allzu deutlich in der stetigen Abnahme des damals herrschenden guten Gefühls wider.

Obwohl Roosevelt nie Japan besuchte, gelang es ihm mit seinem erstaunlichen Verständnis für die Menschen, die Japaner perfekt zu verstehen. Er kannte ihre Tugenden und ihre Schwächen. Er erkannte genau, welchen Zustand sie in ihrer Entwicklung vom Mittelalter zur Moderne erreicht hatten. Er kannte ihre Samurai-Loyalität und ihren Stolz, ihre Sensibilität, ihre Liebe zur Höflichkeit.

„Sprich leise und trage einen großen Stock", pflegte er zu sagen. In diesen Worten ist ein großer Teil seiner Außenpolitik zusammengefasst. Er wusste, wann er dem Kaiser ein Bärenfell und wann er eine Flotte schicken sollte.

Selbst als er diese Flotte von sechzehn Schlachtschiffen schickte, war der Besuch ein Zeichen der Höflichkeit. Und Höflichkeit ist, wie ich zu zeigen versucht habe, Japan nie fremd.

TEIL IV

KAPITEL XXII

Das fehlende Mittagessen – Der japanische Chauffeur – Die kleine Eisenbahn – Japanische Eisenbahnen – Das Eisenbahn-Mittagessen – Die Eisenbahn-Teekanne – Betrachtungen über amerikanische Lebensgewohnheiten – Sind die Japaner ehrlich? – Eine Geschichte des Viscounts Shibusawa – Reisebräuche – Eine Lauschepisode

Weder das Lunchpaket noch das Auto, das uns zum Bahnhof bringen sollte, standen bereit, obwohl beides am Vorabend bestellt worden war. Wir warteten bis zwanzig Minuten vor Abfahrt des Zuges und rasten dann mit einem Taxi zum Bahnhof, das zufällig vorbeikam – etwas, was Taxis in Tokio selten tun.

Die Fahrt führte uns mehrere Meilen quer durch die Stadt. Durch ein malerisches und unzusammenhängendes Verkehrsgewirr, über Kanäle, vorbei an dem riesigen Betonamphitheater, in dem Ringkämpfe ausgetragen werden, über eine Stahlbrücke über den Sumida-Fluss, durch ein Labyrinth schlammiger Straßen, gesäumt von Geschäften mit offenen Ladenfronten, die teilweise durch Vorhänge aus indigoblauer Baumwolle mit Werbung in großen weißen chinesischen Schriftzeichen vor der heißen Sonne geschützt waren, flogen wir gefährlich, gerieten ein halbes Dutzend Mal in Kollisionen, entkamen ihnen aber auf magische Weise, wie man es immer hinter einem japanischen Chauffeur tut. Es heißt, der japanische Chauffeur sei in der Regel kein guter Mechaniker. Das kann ich nicht sagen, aber ich versichere Ihnen, dass er fahren kann. Mit unglaublicher Geschwindigkeit wird er Sie durch die dichten, langsam dahintreibenden Menschenmengen eines Straßenfestes oder um die Haarnadelkurven eines schlammigen Gebirgspasses wirbeln, wobei ein Rad dem rutschigen Rand eines Abgrunds folgt, aber er wird Ihnen nie auch nur ein Haar krümmen, es sei denn, es tut Ihren Haaren weh, wenn sie zu Berge stehen.

Der Bahnhof Ryogoku , wo unsere Freunde auf uns warteten, ist ein bescheidenes Fachwerkgebäude und Endstation einer unbedeutenden Eisenbahnlinie, die die Bauern- und Fischerdörfer der Halbinsel Boso bedient . Diese Halbinsel hängt so vom Festland ab, dass sie eine Barriere zwischen der Bucht von Tokio und dem Pazifik bildet.

Der Zug schien auf uns gewartet zu haben. Er fuhr los, sobald wir eingestiegen waren, und schaukelte mit vierzig bis fünfzig Stundenkilometern durch das offene Land. Dieser kleine Zug hatte etwas feierlich Verspieltes an sich. Die Waggons waren nicht schwerer als Straßenbahnen, und die Lokomotive hätte Mühe gehabt, zwei Pullmanzüge zu ziehen, doch in seiner jetzigen Rolle lieferte er eine pompöse Vorstellung ab, zischte, pfiff und schnaubte so wichtig, als wäre er die Lokomotive eines großen Schnellzuges. Auch die kleinen Schaffner beteiligten sich ernst an dem Spiel und riefen die

Namen der Landbahnhöfe so majestätisch, als wäre jeder eine Metropole. Und selbst die Landschaft nahm ihren Platz in der Laune ein, denn unsere Spielzeugeisenbahn fuhr darüber wie über einen flachen Teppich mit dem Muster kleiner grüner Reisfelder.

Die japanische Regierung, die ihre Telefone und Kabel so schlecht handhabt, kommt mit ihren Eisenbahnen besser zurecht. Sie werden ziemlich gut geführt. Die Züge sind fast immer pünktlich und die Waggons sind nicht unbequem, obwohl sie aufgrund der geringeren Spurweite der japanischen Straßen zwangsläufig kleiner sind als unsere Autos.

Der gewöhnliche japanische Schlafwagen ist in zwei Hälften geteilt. Eine Hälfte ist wie ein amerikanischer Pullman-Schlafwagen, nur in deutlich verkleinerter Form, während die andere Hälfte einem europäischen *Schlafwagen* im Miniaturformat ähnelt, mit einem schmalen Gang auf einer Seite und Abteilen, in denen die Betten quer zum Zug angeordnet sind.

Wie in Europa gibt es drei Klassen von Tageswagen. Außer wenn die Züge überfüllt sind, was häufig der Fall ist, kann man in der zweiten Klasse genauso bequem reisen wie in der ersten. Die Wagen aller drei Klassen sind wie Straßenbahnen mit langen Sitzen, die auf beiden Seiten von einem Ende zum anderen verlaufen. Normalerweise ist der Wagen in der Mitte durch eine Trennwand geteilt, wobei theoretisch ein Ende für Raucher vorgesehen ist. In der Praxis scheinen die Japaner, die eingefleischte Tabakkonsumenten sind, während der Fahrt zu rauchen, wann und wo es ihnen gefällt.

Expresszüge verfügen über Speisewagen, die wie kleine Nachbildungen unserer Wagen aussehen. Einige dieser Wagen servieren japanische Gerichte, andere europäische und wieder andere beides.

Offenbar wurde viel darüber nachgedacht, wie man englischsprachigen Menschen das Reisen erleichtern kann. Jeder Waggon jedes Zuges trägt ein Schild, auf dem in englischer Sprache das Ziel des Zuges angegeben ist; Fahrpläne in englischer Sprache sind leicht erhältlich, Bahntickets sind in beiden Sprachen gedruckt und der Name jeder Stadt ist auf den Bahnhofsschildern dreifach aufgeführt, und zwar in Englisch, in chinesischen Schriftzeichen und in Kana.

Wie in den USA tragen die Bahnhofswärter rote Mützen, aber sie haben den europäischen Trick, Gepäck durch die Fenster der Waggons hinein und hinaus zu tragen, damit die Türen nicht blockiert sind, wenn Passagiere ein- und aussteigen möchten. Außerdem gibt es an Bahnhöfen von größerer Bedeutung Jungen mit grünen Mützen, die Zeitungen, Tee und Mittagessen verkaufen.

Das japanische Eisenbahn-Mittagessen ist eine ebenso gut organisierte Institution wie das englische Eisenbahn-Mittagessen. Auf den Bahnsteigen aller großen Bahnhöfe können Sie fast jede gewünschte Art von Mittagessen kaufen, ordentlich in Papierservietten eingewickelt und in einer makellosen Holzkiste verpackt. Auf jeder Kiste ist das Datum aufgestempelt, sodass der Reisende sicher sein kann, dass alles frisch ist. Sie können eine Kiste mit großzügigen Portionen gebratenem Huhn und Kamakura-Schinken, mit Salat und hartgekochten Eiern und einem zierlichen Bambusmesser und einer Bambusgabel erhalten; oder wenn Sie eine leichte Mahlzeit wünschen, eine Kiste mit verschiedenen Sandwiches, dünn und saftig, wie Sandwiches immer sein sollten, es aber so selten sind. Oder Sie können auch eine Auswahl japanischer Gerichte erhalten, ähnlich verpackt.

Auf dieser Reise wählte ich eine Schachtel dieser Delikatesse namens *Tai-Meshi* und bedauerte nicht, dass meine Bestellung für das Mittagessen im Hotel übersehen worden war. Tai-Meshi besteht aus einer schmackhaften Mischung aus Reis und zerkleinerter Dorade, gekocht in einer Soße mit Sake , die den fischigen Geschmack der Dorade überdeckt. Die Schachtel kostete mich umgerechnet siebzehn Cent, Stäbchen inbegriffen. Von dem Jungen mit der grünen Mütze, der sie mir verkaufte, kaufte ich für fünf Cent auch eine Tonkanne mit Tee und eine kleine Tasse, und als ich den Tee getrunken hatte, erfuhr ich, dass ich die Kanne an praktisch jeder Station für ein paar Cent mehr mit heißem Wasser auffüllen lassen konnte.

So wie Ihr englischer Reisender den Lunchkorb im Zug stehen lässt, wenn er ihn nicht mehr braucht, lässt Ihr japanischer Reisender die Teekanne und die Tasse zurück. Während ich das Getränk des Philosophen trank, fragte ich mich, ob ein solches System in den Vereinigten Staaten erfolgreich sein würde. Ich kam zu dem Schluss, dass es nicht erfolgreich sein würde. Einige der Lunchkörbe und Teekannen würden zu ihren rechtmäßigen Besitzern zurückkehren, aber viele würden verschwinden. Es gibt einen bestimmten Typ Amerikaner, und es gibt viele davon, der eine angeborene Abneigung dagegen hat, sich einem schönen, ordentlichen Brauch dieser Art anzupassen. Dafür hat er zu viel – nennen wir es Initiative. Wenn er der Meinung wäre, dass der Lunchkorb und die Teekanne es wert wären, mit nach Hause genommen zu werden, würde er sie mit nach Hause nehmen; und er würde sich auch nicht von der bloßen Tatsache abschrecken lassen, dass sie ihm nicht gehörten, da sie ihm nur vermietet worden waren. Sein unterbewusstes Gefühl der Bedeutung seiner eigenen „Persönlichkeit" würde ihn über jedes kleine Hindernis dieser Art hinwegheben. Ohne darüber nachzudenken, würde er das Gefühl haben, dass sie ihm gehörten, weil er sie benutzt hatte. Was er benutzt hatte, sollte niemand anders benutzen – selbst wenn es für ihn nicht mehr von Nutzen war. Wenn er also der Meinung war, dass der Korb und die Teekanne es nicht wert waren, mitgenommen zu werden, würde er ihnen seinen „Aufdruck" verleihen. Er könnte den Korb auseinandernehmen, um zu sehen, wie er gemacht wurde, oder er könnte sein Taschenmesser herausholen und Löcher hineinschneiden. Dann würde er überlegen, was er mit der Teekanne machen würde. Als er feststellte, dass sie gut in seine Handfläche passte und ihre Zerbrechlichkeit spürte, würde er sie als Wurfgeschoss verwenden wollen. Wenn er stolz auf die Genauigkeit seiner Würfe wäre, würde er sie auf einen Telegrafenmast werfen, aber wenn er ganz sicher wäre, dass er keinen Mast treffen würde, würde er auf einen großen Felshaufen oder eine Fabrikmauer warten und sie mit aller Kraft dagegen schleudern, um die größtmögliche Explosion zu erzeugen.

Ich werde oft gefragt, ob die Japaner ehrlich sind. Die Zweifel in dieser Hinsicht beruhen meiner Meinung nach größtenteils auf der alten Geschichte, dass in japanischen Banken chinesische Kassierer beschäftigt sind – alle Chinesen sind vertrauenswürdig und alle Japaner umgekehrt. Ich kenne kein besseres Beispiel für die Vitalität einer Lüge als das Überleben dieser Lüge. Es ist eine dreifache Lüge. Japanische Banken haben keine chinesischen Kassierer. Die Japaner als Rasse sind nicht unehrlicher als andere Völker. Die führenden Bankiers Japans, von denen ich viele getroffen habe, sind Männer von höchstem Charakter und größter Aufklärung und würden in jedem Land als solche anerkannt werden. Und das ist nicht nur meine Meinung. Es ist die Meinung, die ich von mehreren der größten Bankiers und Hersteller in den Vereinigten Staaten gehört habe – Männern, die mit japanischen Bankiers Geschäfte gemacht haben und sie genau kennen.

Es stimmt, dass einige japanische Hersteller und Händler Marken und patentierte Waren aus anderen Ländern gestohlen haben und dass diese abscheuliche Praxis bis heute teilweise fortgeführt wird. Aber die Bedingungen in dieser Hinsicht verbessern sich, da die Geschäftsmoral wächst. Man darf auch nicht vergessen, dass der gegenwärtige Standard der internationalen Handelsethik, der solche Diebstähle so streng missbilligt, in der ganzen Welt vergleichsweise neu ist. Man muss jedoch zugeben, dass Japan in dieser Hinsicht nicht ganz auf der Höhe der anderen großen Nationen ist.

Was die durchschnittliche Redlichkeit der Bevölkerung im Allgemeinen angeht, kann ich Folgendes sagen: Wenn ich das Risiko eingehen müsste, einen wertvollen Besitz an einem öffentlichen Ort zurückzulassen, in der Hoffnung, dass er von einer ehrlichen Person gefunden und mir zurückgegeben wird, würde ich das Risiko lieber in Japan eingehen als in den meisten anderen Ländern. Natürlich würde ich es lieber dorthin mitnehmen als in die Vereinigten Staaten – es sei denn, ich könnte bestimmte ländliche

Gebiete der Vereinigten Staaten benennen, in denen ich glaube, dass meine Chancen besser sind als in der Umgebung von New York.

Die Japaner respektieren Eigentum, privat wie öffentlich. Man kann die historischen Gebäude Japans besuchen, ohne einen einzigen Hinweis auf Vandalismus zu finden. Das hat mich zutiefst beeindruckt. Es war so anders als zu Hause! Mehr als einmal musste ich an einen Besuch vor einigen Jahren in Monticello denken, dem wunderschönen alten Herrenhaus, das Thomas Jefferson in der Nähe von Charlottesville, Virginia, erbaut hatte, und an das, was der Hausmeister mir erzählt hatte. Alle Besucher, sagte er, müssten bewacht werden. Sonst würden Weinreben aus den Wänden des Hauses gerissen, Ziegelsteine abgesplittert und Marmorstatuen zerbrochen. Sie hatten es sogar für notwendig befunden, einen Eisenzaun um Jeffersons Grab zu errichten, um das Denkmal vor amerikanischen Patrioten zu schützen, die kleine Stücke davon mit nach Hause nehmen wollten.

Der Brauch, historische Stätten und die Gräber historischer Persönlichkeiten zu besuchen, ist in Japan viel weiter verbreitet als in Amerika. Viele der berühmtesten Monumente Japans stehen unter keinem Denkmalschutz, aber anstatt sie in Stücke zu reißen, um Souvenirs zu erbeuten, zündet der Pilger ein wenig Weihrauch vor ihnen an und hinterlässt vielleicht eine Visitenkarte für den Geist des Verstorbenen. Oder er schreibt ein Gedicht.

Dr. John H. Finley hat mir eine Geschichte erzählt, die die sensible und ehrfürchtige Haltung der Japaner in solchen Angelegenheiten gut illustriert.

Als Baron – heute Viscount – Shibusawa vor einigen Jahren in die Vereinigten Staaten kam, gab die Japan Society, deren Präsident Dr. Finley damals war, in New York ein Bankett zu seinen Ehren .

Beim Bankett bemerkte Doktor Finley gegenüber dem Ehrengast, er habe gehört, er habe einen Abgesandten mit einem Kranz geschickt, der auf dem Grab von Townsend Harris, dem ersten amerikanischen Gesandten in Japan, der in Brooklyn begraben liegt, niedergelegt werden soll.

„Nein", sagte Baron Shibusawa, „so genau ist es nicht geschehen. Ich habe den Kranz nicht geschickt. Ich habe ihn selbst genommen und auf das Grab gelegt. Und ich habe zwei Gedichte zum Gedenken an Townsend Harris geschrieben und sie in die Zweige eines japanischen Ahornbaums gehängt, der über seiner Ruhestätte thront."

Aber kommen wir zurück zu unserer kleinen Eisenbahn.

Die Männer unter unseren japanischen Mitreisenden saßen wie wir auf den Sitzen mit den Füßen auf dem Boden, aber die Frauen und Kinder hatten ihre Holzschuhe ausgezogen und hockten mit dem Rücken zum Gang auf den Sitzen, schauten aus dem Fenster oder dösten mit dem Kopf auf den Händen oder gegen den Fensterrahmen gestützt. Eine ältere Dame lag ausgestreckt auf dem Sitz und schlief, ihre nackten Füße ruhten auf den Kissen.

Die Japaner fürchten sich viel weniger als wir vor dem Interesse ihrer Mitreisenden, und was Fremde ihrer eigenen Rasse betrifft, ist dies sogar gerechtfertigt, denn japanische Reisende schenken einander wenig oder gar keine Aufmerksamkeit. An Ausländern sind sie interessierter. Ein Japaner, der Englisch spricht, beginnt häufig ein Gespräch mit einem Reisenden aus dem Ausland und bemüht sich fast immer, hilfreich zu sein. Bauern starren den Fremden mit einer Art stummen Interesses an, genau wie amerikanische Bauern einen Japaner anstarren würden; und junge japanische Rüpel kichern manchmal, wenn sie einen Ausländer sehen, und machen Bemerkungen über ihn, genau wie junge amerikanische Rüpel es tun würden, wenn sie einen Japaner vorbeigehen sehen – besonders, wenn er seine Nationaltracht trägt.

„Pipe the Jap", könnte ein New Yorker Straßenbummler ausrufen, während ein ungezogener Jugendlicher aus Tokio, Kobe oder Yokohama ähnlich sagen könnte: „ *Keto* ", was „haariger Ausländer" bedeutet. Der Begriff „ *Keto* " ist nicht schmeichelhaft gemeint, aber sein Benutzer meint damit auch nicht mehr Schaden als ein amerikanischer Besserwisser, der von „Schlitzaugen", „ Kykes " oder „Micks" spricht. Solche Begriffe veranschaulichen lediglich die instinktive Feindseligkeit kleingeistiger Menschen auf der ganzen Welt gegenüber allen, die nicht genau so sind wie sie selbst.

Einige japanische Landleute, die uns auf unserer Reise zur Halbinsel Boso gegenübersaßen , zeigten offensichtlich großes Interesse an uns - insbesondere an den Damen in unserer Reisegruppe, und da so wenige Ausländer die japanische Sprache verstehen, konnten sie sich getrost untereinander über uns unterhalten.

„Was für ein seltsames kleines Ding, das man da auf dem Kopf trägt!", sagte der Ehemann zu seiner Frau und bezog sich dabei auf einen hübschen kleinen Turban, den eine unserer Damen trug.

„Ja", sagte die Frau, „und ich weiß nicht, wie sie in diesen Schuhen mit den hohen, dünnen kleinen Absätzen laufen kann. Sind die nicht komisch?"

Diese und andere Bemerkungen, die ihre interessierten Spekulationen darüber offenbarten, welche Frauen aus unserer Gruppe mit welchen Männern verheiratet waren, wurden uns von dem Freund übersetzt, der den Ausflug organisiert hatte. Da er ein ziemlicher Witzbold war, ließ er sie über uns reden, bis das Thema erschöpft schien. Dann richtete er eine beiläufige Frage auf Japanisch an den Ehemann gegenüber. Ich habe selten einen Mann gesehen, der verstörter aussah als dieser gerade in diesem Moment. Er beantwortete die Frage, aber das war das letzte Wort, das wir von ihm hörten. Obwohl eine Stunde verging, bevor er und seine Frau aus dem Zug stiegen, und obwohl sie bis dahin wortreich miteinander gesprochen hatten, wurde die völlige Stille, die sie überkam, nicht einmal durch ein einziges Wort unterbrochen, bis sie den Bahnsteig erreichten. Dort sahen wir jedoch, dass sie wieder zu reden begannen, und ihre Gesten zeigten eine nicht geringe Erregung. Ich hatte das Gefühl, dass jeder dem anderen die Schuld für die ganze Angelegenheit gab. Die Beziehungen zwischen Mann und Frau sind, zumindest in mancher Hinsicht, in allen Ländern viel ähnlicher, als gemeinhin angenommen wird.

KAPITEL XXIII

*Katsuura und die Basha – Eine edle Küste – Szenen auf einer Landstraße – Die Fischer
– Ein Tempel und zahme Fische – Wir kommen zu einem Gasthaus – Ich sehe ein Bad
– Ich nehme eins – Badebräuche – Der aufmerksame Nesan – In der Wanne*

Nach einer Fahrt von etwa dreieinhalb Stunden erreichten wir die
Küstenstadt Katsuura , die Endstation der kleinen Eisenbahnlinie. Der
Wirtschaftszweig von Katsuura ist die Fischerei, und dort wird eine Art
getrockneter Fisch angeboten, der einen ziemlichen Ruf genießt. Fast jede
Stadt in Japan hat ihre eigene Spezialität, sei es essbar oder etwas anderes –
etwas, das der Reisende kaufen und als Souvenir mit nach Hause nehmen
kann. Viele der besten japanischen Farbdrucke wurden ursprünglich zu
diesem Zweck angefertigt – Souvenirs von Städten und Dörfern, berühmten
Gasthäusern, berühmten Schauspielern und berüchtigten Kurtisanen.

Wir verließen den Zug, stiegen in eine *Basha* – einen primitiven Ein-Pferde-
Omnibus mit winzigen Rädern – und nahmen eine Landstraße, die nach
Süden an der Küste entlangführte. Es war ein strahlender Tag, und unsere
Straße, die am Rand der hohen Küstenhügel entlangführte, auf halbem Weg
zwischen ihren grünen, dicht gedrängten Gipfeln und dem gelben Strand, an
dem unten die Brandung spielte, war in der heißen Sonne weiß und staubig.
Auf ebenen Strecken und Gefällen ritten wir in der Basha , aber bergauf
stiegen wir immer aus und gingen zu Fuß, um das ehrwürdige Pferd zu
schonen. Reisende , die schon einmal einem solchen System gefolgt sind,
werden auch nicht überrascht sein, dass von den dreißig Kilometern, die wir
auf unserem Weg nach Kamogawa zurücklegten , volle fünfzehn Kilometer
bergauf zu sein schienen.

Diese Küste erinnerte mich ständig an andere Küsten – die Bretagne in der
Gegend von Dinard und Cancale und die Klippen zwischen Sorrent und
Amalfi. Aber hier waren die Konturen sanfter. Ich sah viele Strände mit
winzigen Häusern, die am Rand des Sandes verstreut waren, Fischerbooten,
die in Reihen angelegt waren, und dunkelhäutigen Männern und Frauen, die
zwischen den Netzen und Körben herumwuselten, was mich an die Marina
von Capri denken ließ. Sogar die Luft war wie die von Capri im Frühling.
Aber hier gab es kein Lied.

Tai-no- ura – Kleine Häuser, die am Rand des Sandes verstreut sind, Fischerboote, die in Reihen aufgestellt sind, und dunkelhäutige Männer und Frauen, die zwischen den Netzen und Körben herumwuseln.

Eine Reihe hoher, aggressiv in Richtung Meer ragender Vorgebirge machte die Straße interessant. Manchmal lenkten sie ihren Verlauf und zwangen sie, um sie herumzubiegen; in anderen Fällen durchzogen Tunnel die Barriereberge, und wir stapften neben der Basha durch feuchte, hallende

Dunkelheit, den Blick auf einen fernen Lichtpunkt gerichtet, der den Ausgang vor uns markierte.

Es war eine vielbefahrene Straße. Immer wieder begegneten uns andere Bashas, die langsam durch den weißen Staub knarrend dahinfuhren oder vor Gasthäusern und Teehäusern anhielten, wo die Passagiere eine Erfrischung einlegten. Den ganzen Nachmittag über begegneten wir keinem einzigen Automobil, und als nach ein oder zwei Stunden eine Japanerin, wunderschön gekleidet und durch einen großen Sonnenschirm vor der Sonne geschützt, in einer glänzenden Rikscha vorbeiraste , die von zwei Kulis gezogen wurde, bot sie vor dem Hintergrund dieser staubigen Landstraße voller einfacher Leute ein seltsam kultiviertes, elegant exotisches Bild.

Alle Frauen dieser Gegend waren schwer bei der Arbeit. Einige schufteten neben ihren Männern im Schlamm und Wasser der Reisfelder, andere waren am Strand beschäftigt, stapelten Seetang und trugen ihn zu riesigen Holzbottichen, in denen er gekocht wurde, um den Saft zu gewinnen, aus dem Jod gewonnen wird, wieder andere transportierten Körbe mit frischem, glänzendem Fisch von den neu gelandeten Booten zu den Dorfmärkten oder zogen schwere Karren voller Fischkörbe von einem Dorf zum anderen. Denn diese Küste ist das größte Fischereigebiet ganz Japans.

In den Straßen aller Dörfer sahen wir, wie mit Fischen umgegangen wurde – große, leuchtende Fische, die in Reihen auf Strohmatten ausgebreitet und für den Versand vorbereitet wurden, riesige Bottiche mit kleineren Fischen und große Körbe mit silbernen Sardinen. Und wir konnten die Aktivitäten der Fischer nicht nur unseren Sehorganen verdanken. Ab und zu erreichte ein Informationsschwall unsere Geruchsorgane und verriet mit unverkennbarer Offenheit die Nähe eines Haufens verrotteter Heringe, die zum Düngen der Felder verwendet werden.

Wir schlängelten uns einen Hügel hinab durch einen Hain uralter Bäume, während auf der einen Seite des Weges das Meer zwischen den Stämmen glitzerte. Wir stießen auf einen verwitterten Tempel, und als wir ihn von der Rückseite umrundeten, fanden wir an seinem Fuß ein winziges Dorf in einer so lieblichen kleinen Bucht, wie man sie sich nur wünschen kann: niedrige, braune Häuser, eingebettet zwischen Felsen und knorrigen Kiefern, ein sichelförmiger gelber Strand mit Fischerbooten, die außerhalb der Reichweite der Flut an Land gezogen waren, und zwischen ihnen spielende Kinder, die aussahen wie zum Leben erwachte nackte Bronzefiguren.

Dieser Ort, bekannt als Tai-no- ura (Seebrassenküste), ist trotz seiner geringen Größe und Abgeschiedenheit in ganz Japan berühmt. Denn hier lebte im 13. Jahrhundert der Fischerpriester Nichiren , der, obwohl er Martin Luther um etwa zweieinhalb Jahrhunderte vorausging, manchmal als der Martin Luther des japanischen Buddhismus bezeichnet wird. Die Nichiren-

Sekte ist bis heute mächtig und hat mehr als fünftausend Tempel und eineinhalb Millionen Anhänger. Ihre Schriften sind als *Hokkekyo bekannt, und ich finde es irgendwie seltsam interessant, dass der gefiederte Sänger unter einem Namen bekannt ist, der „Schrift lesender Vogel"* bedeutet , weil dieses Wort an den Ruf der japanischen Nachtigall erinnert.

Der alte, verwitterte Tempel, den wir besuchten, ist als *Tanjo-ji* oder Geburtstempel bekannt und soll 1286 errichtet worden sein. Was mich an diesem Viertel aber am meisten anzieht, ist der Respekt, der bis heute Nichirens Verbot des Fischfangs an diesem heiligen Ufer entgegengebracht wird. Die Fischer von Tai-no- ura fahren weit hinaus, bevor sie ihre Netze auswerfen, und das ist schon so lange so, dass die Fische inzwischen begriffen haben, dass sie in Küstennähe sicher sind, und an die Oberfläche kommen, wenn man an die Bordwand eines Bootes klopft.

Die Tore des Tanjo-ji- Tempels, der Nichiren , dem „Martin Luther Japans", gewidmet ist

Ich wäre gern an diesem Ort geblieben, aber der Nachmittag neigte sich dem Ende zu, und wir hatten noch mindestens ein halbes Dutzend Meilen vor uns.

Der Sonnenuntergang hing wie eine rosige Flüssigkeit in der Luft, als unser Basha die Hauptstraße von Kamogawa entlangfuhr und vor der Tür des Gasthauses anhielt.

Für einen Amerikaner, der in seinem Heimatland an den zwanglosen Empfang gewöhnt ist, der Hotelgästen zuteilwird, ist die Ankunft in einem gut geführten japanischen Gasthaus geradezu sensationell. Die Räder unseres Wagens hatten kaum aufgehört zu drehen, als eine Schar von Dienern herausgerannt kam, um uns willkommen zu heißen und zu helfen. Ein Paar Kulis schleppte unsere Taschen in den Portikus, und als wir ihnen folgten, wurden wir von der grauhaarigen Besitzerin und einer Schar von Nesans eskortiert , die uns alle anstrahlten und sich tief aus der Hüfte verbeugten.

Während ich auf der Türschwelle saß und meine Schuhe auszog, kamen zwei Kulis von der Rückseite des Gebäudes und trugen zwischen sich eine Stange, an der zwei riesige Eimer mit heißem Wasser hingen. Sie schoben eine Schiebetür aus Papier zurück und betraten einen angrenzenden Raum. Einen Moment später hörte ich ein lautes Plätschern, als würde Wasser eingegossen, und als ich ihnen nachsah, sah ich, dass sie ihre Eimer in eine große, feststehende Wanne aus Holz leerten. Und ich war nicht der einzige Zeuge der Vorbereitung des Bades. Zwei Japanerinnen und drei Kinder standen bereit, um es zu benutzen. Und sie waren alle bereit, hineinzusteigen.

Diese ganze Vorstellung hatte etwas wunderbar Sachliches an sich, das mir plötzlich ein Verständnis vermittelte. Alle Erklärungen der Welt hätten mir nicht so viel über die japanische Sichtweise auf solche Dinge sagen können wie das Betrachten dieses Bildes.

Adam und Eva waren weder die Vorfahren dieser Menschen, noch war der Apfel eine in Japan heimische Frucht.

Die anderen Mitglieder unserer Gruppe bereiteten sich darauf vor, vor dem Abendessen im Meer zu baden, aber ich wünschte mir ein heißes Bad und hatte gleich bei meiner Ankunft darum gebeten. Während ich mich in meinem Zimmer fertigmachte, fragte ich mich, ob ich gleich ein Erlebnis mit gemischten Bädern haben würde und wenn ja, wie gut meine Philosophie der Belastung standhalten würde.

Doch die eigentümlichen Vorstellungen der Ausländer hinsichtlich der Privatsphäre im Bad waren der Wirtin des Gasthofs offenbar nicht unbekannt. Als ich in dem kurzen Baumwollkimono, den das Haus zur Verfügung stellte, die Treppe hinabstieg, wurde ich nicht in das große Badezimmer in der Nähe des Eingangs geführt, sondern von einer kleinen Nesan ins Schlepptau genommen , die mir bedeutete, ich solle Holzpantoffeln anziehen – eine Reihe davon standen neben der Tür – und ihr über die Straße in das Nebengebäude folgen.

Das Bad war fertig. Als sie mit mir das Zimmer betrat, schloss die Nesan die Tür und begann in einer sachlichen Art, die nur auf eine Weise interpretiert werden konnte, ihre Ärmelenden mit einer Kordel nach hinten zu binden.

„Sie hat vor, dich zu schrubben!", schrie alles Konventionelle in mir. „Schmeißt sie raus!"

„Aber magst du es nicht, geschrubbt zu werden?", fragte der innere Philosoph.

„Dass sie eine Frau ist, macht mich verlegen", antwortete ich meinem anderen Ich.

„Das sollte es nicht. Dass Sie ein Mann sind, macht sie nicht verlegen. Was haben wir vorhin noch über falsche Bescheidenheit gesagt?"

"Soweit ich mich erinnern kann", antwortete Convention ausweichend, "waren wir uns einig, dass die Amerikaner voller falscher Bescheidenheit sind."

Daraufhin drehte ich mich zu dem kleinen Nesan um und rief mit einer Geste in Richtung Tür: „Kacka!"

Sie verstand zwar die Bedeutung der Bewegung, aber nicht das Wort, und lief gehorsam davon und schloss die Tür hinter sich. Sie ging jedoch nicht weit. Durch das Papier konnte ich hören, wie sie im Flur mit einem anderen Nesan flüsterte . Ich ging zur Tür, um sie zu verschließen, aber es gab keinen Riegel, mit dem ich das hätte tun können. Das hinterließ bei mir ein gewisses Gefühl der Unsicherheit, während ich badete.

Ein gut gepflegtes japanisches Badezimmer wie dieses hat einen Holzdoppelboden mit Abflüssen darunter, so dass man nach Herzenslust herumplanschen kann. Die eigentliche Wäsche erledigt man außerhalb der Wanne, indem man sich mit warmem Wasser abspült, das man aus einem Eimer aus einem abgedeckten Behälter an einem Ende der Wanne schöpft. Erst wenn der Reinigungsvorgang abgeschlossen ist, steigt man ins Wasser, um zu baden und sich aufzuwärmen. Badewannen in Hotels und wohlhabenden Häusern sind groß, und ihre Größe macht die Vorbereitung eines Bades zu einer mühsamen Angelegenheit; denn fließendes heißes Wasser ist ein Luxus, der in Japan noch praktisch unbekannt ist, da das Wasser für ein Bad entweder in der Küche oder mithilfe eines kleinen

Holzkohleofens erhitzt wird, der an der Außenseite der Wanne angebracht ist. Das Erhitzen des Bades mit dem letztgenannten System, das üblicherweise verwendet wird, dauert ein oder zwei Stunden; daher ist es offensichtlich unpraktisch, für jedes Mitglied des Haushalts ein separates Bad vorzubereiten. In einem Privathaus reicht im Allgemeinen eine Wanne Wasser für alle.

Ausländer, die gerade erst in Japan angekommen sind, empfinden dieses Badesystem als unangenehm, und in japanischen Gasthäusern legen sie im Allgemeinen großen Wert darauf, als Erste die Gelegenheit zu haben, zu baden.

Obwohl ich nicht erwarte, den Leser davon zu überzeugen, dass das, was ich sage, wahr ist, muss ich bezeugen, dass es eher die Idee als die Tatsache des japanischen Bades ist, die zunächst unangenehm ist. Sie müssen verstehen, dass die Japaner körperlich das sauberste Volk der Welt sind; dass sie, wie ich bereits sagte, gründlich baden, bevor sie in die Wanne steigen; dass das Baden weniger ein Teil des Reinigungsprozesses als vielmehr ein Mittel zum Aufwärmen ist; und dass das Wasser in einer Wanne, die von mehreren Personen benutzt wurde, so frisch aussieht wie beim ersten Einlassen.

Ich habe einmal einen kosmopolitischen Japaner gefragt, ob er unsere Badeweise nicht vorziehe. Er antwortete, dass er das nicht tue. „Ich glaube nicht, dass Ihre Art ganz so sauber ist wie unsere", erklärte er. „Es sei denn, Sie nehmen zwei Bäder hintereinander, wie ich es immer tue, wenn ich in Europa oder Amerika bin. Ich wasche mich im ersten Bad. Dann lasse ich ein frisches Bad ein, um mich abzuspülen."

So wie dieser Herr seinen heimischen Badestil bevorzugt, bevorzuge ich meinen; dennoch hätte ich nichts dagegen, ihm beim Baden nachzufolgen. Und ich bin auch nicht der Einzige, der die tiefe Geräumigkeit der großen japanischen Badewanne mag. Ein amerikanischer Herr, der sich zu meiner Zeit in Japan aufhielt, lässt sich in sein Haus in der Nähe von New York ein japanisches Badezimmer einbauen.

Beim Bad des Proletariats ist das System dasselbe, aber die Wanne ist kleiner und weniger praktisch. Es besteht praktisch aus nichts anderem als einem großen Fass, an dessen Seite ein kleiner Holzkohleofen angebracht ist. Oft steht es im Freien.

Als ich aus dem heißen Wasser stieg, stellte ich fest, dass ich kein Handtuch hatte. Ich ging zur Tür, öffnete sie weit genug, um meinen Kopf durch die Öffnung zu stecken, und rief den Nesan herbei, der in der Nähe stand .

„Handtuch", sagte ich.

Sie lächelte und schüttelte verständnislos den Kopf.

Ich öffnete die Tür etwas weiter, streckte einen Arm aus und reibte sie darauf.

„ *Hai!* " rief sie fröhlich und huschte davon.

Da es im Zimmer kühl war, kehrte ich zum Whirlpool zurück, um zu warten. Dort blieb ich einige Minuten. Dann kam mir der Gedanke, dass der Nesan , der meinen Wunsch nach Privatsphäre im Bad verstand, vielleicht draußen mit meinem Handtuch wartete, also stieg ich wieder aus, um in den Flur zu schauen.

Doch gerade als ich herauskam, öffnete sich die Tür und sie kam herein.

„Scheiße!", rief ich. Daraufhin reichte sie mir zwei Handtücher und floh.

Es war gut, dass sie zwei mitgebracht hatte, denn das einheimische Handtuch besteht aus einem Streifen dünnen Baumwollstoffs, der kaum größer ist als eine Serviette. Die Japaner geben nicht vor, sich mit diesen Handtüchern gründlich abzutrocknen, sondern wringen sie, wie ich an anderer Stelle erwähnt habe, in heißem Wasser aus und verwenden sie als Wischmopp, danach gehen sie hinaus und lassen die Luft die Arbeit beenden.

Ich trocknete mich so gut es ging ab, schlüpfte in den Baumwollkimono und kehrte in das Hauptgebäude des Gasthofes zurück.

Auf dem Flur traf ich meinen Freund, den Linguisten.

„Ich möchte ein Foto von dieser Badewanne machen", sagte ich ihm.

„Auf einem Foto erklärt sich das nicht", erwiderte er, „es sei denn, es ist jemand darauf zu sehen."

Ich wusste, was er meinte. Ein Amerikaner oder Europäer, der an Badewannen gewöhnt ist, die auf dem Boden stehen, würde bei einem Bild dieser Badewanne natürlich annehmen, dass sie ähnlich aufgebaut sei. Aber das war nicht so. Sie reichte etwa zwei Fuß unter den Boden; auf halber Höhe befand sich innen eine Stufe, die das Ein- und Aussteigen erleichterte; sie war so tief, dass eine kleine Person, die darin stand, fast bis zu den Schultern eingetaucht wäre.

„Dann steigst du doch ein, ja?"

„Du solltest einen Japaner haben."

„Aber das kommt nicht in Frage."

„Nein, ist es nicht."

Das war es auch nicht. Als ich meine Kodak holte und einen Film einlegte, hatte er ein Motiv für mich.

Es war die kleine Nesan , zu der ich „Kacka!" gesagt hatte. Und eine *Grande Dame* in einer Opernloge hätte auch nicht mehr Souveränität an den Tag legen können, als sie es tat, als ich sie fotografierte.

Auch hätte eine *Grande Dame* in einer Opernloge nicht mehr Selbstbewusstsein zeigen können, als sie es tat, als ich sie fotografierte

KAPITEL XXIV

Ein Spaziergang im Kimono – Abendessen im Gasthaus – Süße Diener – Ein bezaubernder Abend – Die Nachteile von Ramma – Meine Nachbarn ziehen sich zurück – Ein japanisches Bett – Frühstück – „Bärenmilch" – Das Dorf Nabuto – Eine Insel und eine Höhle – Die Abelone- Taucher – Eine Segeltour mit Fischern

„Lass uns vor dem Abendessen einen Spaziergang machen", sagte der Linguist, als unser fotografisches Vorhaben abgeschlossen war.

„Na gut. Ich gehe und ziehe mich an."

"Komm wie du bist."

„Nach einem heißen Bad könnte ich mir in diesem dünnen Kimono eine Erkältung einfangen."

„Nein. Das ist das Merkwürdige an heißen Bädern in Japan. Die Reaktion darauf ist ähnlich der, die wir zu Hause auf kalte Bäder bekommen."

„Aber sehen wir so angezogen nicht komisch aus?" Ich musterte den Saum meines Kimonos, der mir knapp über die Knie reichte.

"Es ist die Tracht des Landes."

„Aber bei uns ist es furchtbar kurz. Ich finde, wir sollten wenigstens Unterwäsche anziehen."

„Unsinn. Ein Mann weiß nicht, was Bequemlichkeit ist, bis er nach einem Bad im Kimono hinausspaziert."

Unsere Kostüme waren identisch. Wir sahen gleichermaßen absurd aus. Ich stimmte zu.

Meine einzige Schwierigkeit bei diesem Spaziergang waren meine Holzschuhe. Ich konnte nicht so schnell gehen wie mein Begleiter und traute mich auch nicht, die Füße vom Boden zu heben, weil ich befürchtete, die Holzschuhe könnten herunterfallen. Und doch sehe ich, dass es viel Gutes für jemanden gibt, der mit Holzschuhen aufwächst . Sie sind haltbar und billig. Sie drücken den Fuß weder ein noch verkrampfen sie ihn.

Einmal sprach ich mit einem japanischen Freund über die Vorzüge des Clogs, doch obwohl er zugab, dass seine Clogs tragenden Landsleute keine Probleme mit ihren Füßen hätten, hielt er Clogs im Großen und Ganzen für eine schlechte Sache. „Die Bewegung für gute Straßen in Japan", sagte er, „begann, als die Menschen anfingen, Schuhe zu tragen. Diejenigen, die Clogs tragen, haben nichts gegen schlechte Gehwege, und wir werden nie gute bekommen, bis die Mehrheit die Clogs ablehnt."

Wir waren noch nicht einen Häuserblock weit gegangen, als mir auffiel, dass mein Begleiter die Argumente für den Kimono als Kostüm für einen Spaziergang an einem lauen Abend nicht übertrieben hatte. Er engt einen nirgendwo ein, sondern lässt Arme und Beine wunderbar frei. Außerdem dringt die Luft bis zum Körper, und das Gefühl nach einem sehr heißen Bad ist so erfrischend wie eine Alkohol-Einreibung.

Die Straßen waren voller Menschen, viele von ihnen Fischer, die ähnlich gekleidet waren wie wir. Aber obwohl mir die Vernunft sagte, dass wir in unseren Kimonos weniger auffielen als in unserer üblichen Kleidung, konnte ich das Gefühl nicht loswerden, dass wir Maskierte waren und dass uns eine Menschenmenge folgen würde, wenn die Leute uns in der Dunkelheit als Ausländer erkennen würden. Obwohl unser Spaziergang also völlig ereignislos verlief, war ich im Großen und Ganzen erleichtert, als wir, nachdem wir die Hauptstraße entlang und zurück gegangen waren, wieder das Hotel betraten.

Unser Abendessen an diesem Abend war rein japanisch; die Nesans brachten die üblichen kleinen, 30 cm hohen Lacktische mit, beladen mit abgedeckten Schalen aus Porzellan und Lack; wir saßen auf seidenen Kissen auf den Matten im Zimmer des Linguisten und kämpften tapfer mit unseren Stäbchen.

Das Zimmer lag im zweiten Stock. Durch das offene Shoji konnten wir über einen winzigen Garten in andere Räume blicken, die wie unseres der milden Abendluft ausgesetzt waren, und wir konnten die Nesans zwischen diesen Räumen und der Küche hin- und hergleiten sehen, wie sie mit ihrem charakteristischen, nach innen gerichteten Schlurfen über den polierten Holzboden der Galerie liefen.

In einem amerikanischen Hotel wäre unsere kleine Gruppe von einem Kellner bedient worden; hier wurden wir von drei Nesanern bedient , von denen einer auf der Matte neben dem Reiseimer hockte und bereit war, uns zu helfen, wenn wir unsere Schüsseln nach mehr hinhielten (denn wir hatten Reis zu unserer Suppe, unserem Fisch und unserem Tee), während die anderen beiden Dinge aus der Küche unter der Treppe brachten. Und egal, wie oft sie schon im Zimmer gewesen waren, sie fielen beim Betreten immer auf die Knie und neigten ihre Stirn in respektvoller Begrüßung fast bis zum Boden, bevor sie den neuen Gang servierten.

Diese für sie so selbstverständliche Höflichkeit ließ mich mich sehr, sehr weit weg von zu Hause fühlen, denn in ihr schien der romantische Charme der Antipoden kristallisiert zu sein. Die ganze Umgebung verstärkte mein Gefühl zusätzlich. Die erlesene Schlichtheit unseres Zimmers und der anderen Zimmer auf der anderen Seite des Gartens; das sanfte Licht, das hier und da durch das Shoji-Reispapier schien; die so japanischen Silhouetten, die darüber hinwegzogen; das Schimmern der dunkelgrünen Blätter kleiner Bäume, deren obere Äste ein wenig über den Boden reichten; das Klingeln eines Samisen, das in einem abgelegenen Teil des Gebäudes gespielt wurde; die mandelförmigen Augen und das dichte, ebenholzfarbene Haar unserer sanften kleinen Diener, ihre Schmetterlingskostüme, das seltsame, sanfte Rasseln ihrer Sprache, die merkwürdigen, unbekannten Aromen der Speisen; all dies vereinte sich und ließ mich mich wie jemanden fühlen, der in einen Zauber versetzt wurde, so lebendig und phantastisch wie ein Gemälde von Rackham oder Dulac .

Und doch, so fasziniert ich auch von all dieser magischen Schönheit war, empfand ich eine leichte Melancholie. Denn die Shoji im hinteren Teil des Raumes waren wie die anderen nach hinten geschoben, und vom Strand, auf den sie hinausgingen, drang durch die Dunkelheit ein hartnäckiger Ton eindeutiger und beinahe schrecklicher Realität zu mir: das Murmeln jenes Ozeans, schwarz, ruhelos, stürmisch, bedrohlich, unvorstellbar groß, durch den ich von zu Hause abgeschnitten war .

Mein Zimmer lag neben dem des Linguisten, aber das Zimmer dahinter wurde von einem japanischen Paar bewohnt. Die Zimmer waren durch Wände aus undurchsichtigen Papierschirmen unterteilt, die in Rillen glitten, und selbst diese schwachen Trennwände waren unvollständig, denn wie in allen japanischen Häusern befanden sich über den Schirmen *Ramma* oder Gitter. Der Zweck dieser Ramma besteht darin, nachts für Belüftung zu sorgen, wenn das Gebäude fest mit hölzernen Fensterläden umschlossen ist. Obwohl es stimmt, dass sie eine gewisse Luftzirkulation ermöglichen, ist es ebenso wahr, dass sie die Zirkulation von Schall und Licht ermöglichen. Hierin liegt der Haupteinwand des Ausländers gegen den japanischen Hausstil – es gibt keinerlei Privatsphäre.

Ich bemühte mich , beim Zubettgehen leise zu sein, und ich bin sicher, meine japanischen Nachbarn versuchten das ebenfalls, doch ihr Flüstern und die leisen Rascheln, die sie bei ihren Bewegungen machten, verstärkten mein Bewusstsein ihrer Nähe eher, als dass sie es minderten.

Nachdem ich mein Licht gelöscht hatte, wurde mein Zimmer noch eine Zeit lang von dem Licht erhellt, das von beiden Seiten durch das Ramma drang. Dann ging das Licht des Linguisten aus, aber das Licht aus dem Zimmer meiner anderen Nachbarn blieb und hielt mich wach. Dies war das erste Mal, dass ich Stühle als Teil des japanischen Lebens sehr vermisste; wenn ich einen Stuhl hätte, könnte ich einen Kimono darüberhängen, um meine Augen abzuschirmen. Schließlich hörte ich jedoch ein leises Klicken, dem sofort Dunkelheit folgte. Dann das Geräusch leiser Schritte. Dann ein behagliches Seufzen. Dann Stille.

Es war meine erste Nacht in einem japanischen Bett. Das Bett bestand aus zwei dünnen Matratzen aus Florseide, die übereinander auf der Matte lagen und teilweise mit etwas bedeckt waren, das aussah wie ein Handtuch. Es war alles sehr sauber. Das Kissen war ein Baumwollzylinder von etwa 15 cm Durchmesser, gefüllt mit einer Substanz, die so schwer und knisternd war wie Kiefernnadeln, aber geruchlos . Ich glaube, die Füllung bestand aus Reishülsen. Mein Nachthemd war ein Baumwollkimono wie der, in dem ich spazieren gegangen war, und meine Bettdecke war die übliche Bettdecke Japans – ein gesteppter Satinmantel, sehr lang, mit Armlöchern und weiten Ärmeln: eine Kreuzung zwischen Bettdecke und Kimono. Ich benutzte die Ärmel nicht, sondern zog sie darüber, als ob man unter einem Mantel schlafen würde.

In jeder Hinsicht war es ein bequemes Bett, bis auf eine Sache. Was mich störte, war das harte, runde Kissen. Ich bewegte es hin und her, versuchte es zu glätten, versuchte es mit der Hand darunter und darüber, zwischen dem Kissen und meinem Gesicht.

„Auf so einem Kissen werde ich nie schlafen können!", dachte ich gereizt. Und plötzlich war es Morgen und Zeit aufzustehen.

Dieses Gasthaus war außergewöhnlich gut ausgestattet und verfügte über getrennte Waschräume für Männer und Frauen. Wir gingen hin und badeten. Dann frühstückten wir. Das Frühstück war dem Abendessen am Vorabend sehr ähnlich – Reis, Suppe, Fisch und Tee.

„Wenn jemand Lust auf Kaffee hat", sagte der Linguist, „können wir ihn vielleicht besorgen, aber er wird wahrscheinlich nicht sehr gut sein. Ich habe auch eine Dose Kondensmilch hier." Er hielt die Dose hoch. Ich bemerkte, dass sie „Bear Brand"-Milch hieß und dass auf dem Etikett das Bild eines Bären abgebildet war.

„Gibt es in diesen Gasthäusern keine frische Milch?", fragte jemand.

„Einige von ihnen haben sie jetzt", antwortete er, „aber erst in den letzten Jahren haben die Leute hier in der Gegend gelernt, überhaupt Milch zu verwenden."

Dies erinnerte ihn an eine Geschichte, die er uns erzählt hatte.

Auf einer seiner Wanderungen hatte er in einem Gasthof Halt gemacht, der damit prahlte, von einem kaiserlichen Prinzen besucht worden zu sein. Der Freund, der den Linguisten auf dieser Reise begleitete, wollte Kaffee zum Frühstück, und der Wirt konnte ihn besorgen. Der Linguist hatte eine Dose „Bear Brand"-Milch in seinem Brotbeutel, aber er wollte sie nicht öffnen, wenn im Gasthof Milch erhältlich war.

„Kannst du mir etwas Milch bringen?", fragte er den Nesan .

„Was für eine Milch?", fragte sie.

Als er merkte, dass sie nichts von unserem Brauch wusste, Milch in Tee und Kaffee zu geben, erheiterte er sich mit der Antwort:

"Walmilch."

Der Nesan ging nach unten und kam bald zurück, um zu sagen, dass es keine Walmilch mehr gäbe.

„Dieses Gasthaus wurde von einem kaiserlichen Prinzen besucht", rief der Linguist und heuchelte Erstaunen, „und Sie haben keine Walmilch?"

Der Nesan gab zu, dass dies der Fall war.

„Dann", sagte er, „bring mir Elefantenmilch. Ich werde versuchen, es hinzubekommen."

Wieder ging sie fort.

„Der Besitzer tut mir sehr leid", berichtete sie, als sie zurückkam, „aber ihm ist gerade die Elefantenmilch ausgegangen."

„Zeigen Sie mir den Besitzer."

Als dieser erschien, entschuldigte er sich zutiefst. In den letzten Tagen habe es eine beispiellose Nachfrage nach Elefantenmilch gegeben, erklärte er, und sein Vorrat sei aufgebraucht. Er hatte erwartet, bald mehr zu bekommen, aber der Express war langsam.

„Also gut", sagte der Linguist, „ich schätze, ich werde wohl so gut es geht mit Bärenmilch auskommen müssen." Daraufhin öffnete er die „Bear Brand"-Dose und goss etwas von ihrem Inhalt in seinen Kaffee, während der Hotelbesitzer und der Nesan mit großen Augen zusahen.

„Sie sollten sich schämen", sagte ich ihm, als er mit der Geschichte fertig war.

„Der Witz fiel auf mich zurück", sagte er. „Danach wurde ich eine Persönlichkeit im Gasthof und musste beim Verlassen entsprechend Trinkgeld geben – denn nach alter Sitte des Landes ist die Höhe des Trinkgelds in einem Hotel nicht proportional zum erhaltenen Service, sondern proportional zum Rang des Trinkgeldgebers. Und außerdem war der Besitzer sehr neugierig und wollte wissen, wie sie die Bären melken. Ich hatte höllische Mühe, ihm das zu erklären."

Nach dem Frühstück machten wir uns zu Fuß auf den Weg zum Dorf Nabuto , das mehrere Meilen weiter die Küste entlang liegt. Die Straße, die sich um die Wallhügel windet, war genauso schön wie die, die wir am Tag zuvor bereist hatten, und genauso voller interessanter Figuren und intimer Einblicke in das Leben dieser liebenswürdigen, fleißigen Fischer.

Nabuto erwies sich als winzige Siedlung an der Spitze eines felsigen Vorgebirges, geschützt vor direkten Angriffen des Meeres durch eine kleine, mit Zinnen versehene Insel, die als Niemon Island bekannt ist, weil sie einer dort ansässigen Familie gleichen Namens gehört und ihr seit acht Jahrhunderten gehört.

Eine alte Seefrau, die aussah wie eine Figur aus einem der Gemälde von Winslow Homer, rief den Fährmann mit einem Ton auf einer Muschelschale herbei, und ein paar Minuten später stiegen wir aus seinem Boot auf eine natürliche Plattform aus Granit am Rand der Insel. Als wir an Land gingen, wurden wir von einem Führer aufgenommen, der zunächst auf bestimmte runde Löcher im Granit zeigte, die, wie er erklärte, von den Hufen von Yoritomos Pferd entstanden waren. Der Legende nach nutzte dieser mittelalterliche Kriegsheld die Insel Niemon als Versteck, als er verfolgt wurde. Und die Hufabdrücke des Pferdes sind nicht der einzige Beweis, der diese Geschichte stützt. Man kann die Höhle sehen, in der sich der große Yoritomo versteckte.

Dorthin führte uns der Führer über einen holprigen, ansteigenden Pfad. Es war eine kleine, feuchte Höhle. Wenn Yoritomo lange dort gelebt hatte, muss er seine Feinde mehr gefürchtet haben als Rheuma. Darin befand sich ein kleiner Schrein, der dem alten Krieger gewidmet war, und daneben hing eine Schnur, mit der man eine Glocke läuten konnte, um dem Geist des Verstorbenen mitzuteilen, dass Besucher angekommen waren. Der Führer gab uns zu verstehen, dass Yoritomos Geist zutiefst erfreut wäre, wenn wir ein paar Kupfermünzen in die Kiste vor seinem Schrein werfen würden. Nachdem wir gespendet hatten, durften wir die Glocke läuten.

Von der Kante draußen hatte man einen Blick auf Meilen und Meilen von amethystfarbenem Meer, in das eine Reihe grüner, mit Bastionen versehener Landzungen hineinragten. Unter uns, am Fuß der Klippe, wo die langen Wellen in rhythmischer Folge brachen, schaukelten mehrere kleine Boote gefährlich nahe dem Rand der Gischt. Dies, sagte der Führer, waren die Boote der Abalone-Fischer – denn die Familie Niemon empfängt nicht nur Touristen und verkauft ihnen Schmuck, Ansichtskarten und Flaschen mit Osaka-Whiskey, sondern ist auch im Geschäft der Konservenherstellung von Abalone-Fleisch tätig. Ich habe versucht, Abalone zu essen. Wenn man bedenkt, dass es sich um ein Weichtier handelt , das ein absolut sesshaftes Leben führt, hat es eine erstaunliche Muskelentwicklung. Ein Mann, der es kauen kann, sollte auch in der Lage sein, die Dose zu kauen, in der es geliefert wird.

In jedem Boot saßen zwei Männer: ein Ruderer und ein Taucher. Der Ruderer steuerte sein leichtes Boot in der Nähe der Stelle, wo die Wellen an der Felswand der Insel brachen, während der Taucher stand und mit dem Auf und Ab des Bootes schwankte und begierig in die blauen Tiefen spähte. Dann, plötzlich, mit der Schnelligkeit eines geworfenen Messers, durchschnitt der braune Körper das Wasser und verschwand. Einer wartete. Einer wartete lange genug, um ein wenig Angst zu bekommen. Doch als es schien, dass menschliche Lungen nicht so lange den Atem anhalten konnten, tauchte ein Kopf nassen schwarzen Haars aus dem Wasser und der glänzende Körper des Tauchers glitt mit der geschmeidigen Leichtigkeit einer schwimmenden Robbe über die Bordwand. Einen Moment später stand er wieder im Bug des Bootes, eine Gestalt in wunderschöner Haltung, die mit den verzückten Augen eines Sehers in die schwankenden, gestreiften Geheimnisse der Unterwasserwelt blickte.

Hier draußen wehte die frische Meeresbrise wie ein kühler Windhauch über die Strahlen der heißen Mittagssonne. An Land wehte kein Lüftchen. Ich begann, die meilenlange, glühend staubige Autobahn zurück nach Kamogawa zu fürchten . Dann schlug jemand vor, dorthin zu segeln, und der Linguist schickte den Führer los, um sich nach einem Boot umzusehen.

Das Schiff, das er sicherte, war ein zweimastiges Fischerboot mit einem kühnen Wikingerbug und langen, glatten Linien. Es war ein Piratenschiff und die Besatzung sah noch mehr wie ein Seeräuber aus. Sie waren wie die malaiischen Piraten in Abenteuerbüchern für Jungen: fast nackt und gebräunt und verwittert bis zu einer dunklen Kupferfarbe . Zwei von ihnen trugen kurze weiße Hemden, die vorne offen waren und an der Taille endeten, aber die anderen hatten keine derart raffinierten Kurzwaren, die gesamte Kleidung bestand aus einem Paar Handtüchern – eines um die Lenden, das andere um den Kopf gewickelt.

Viel zu schnell landeten wir am Strand hinter dem Hotel.

„So", sagte der Linguist, als wir durch den tiefen Sand wateten, „packen wir unsere Sachen, essen zu Mittag und machen uns auf den Weg."

Und genau das haben wir getan.

Das gesamte Personal des Gasthofs versammelte sich, um uns zu verabschieden. Die Wirtin überreichte uns kleine Geschenke. Es gab viele Verbeugungen. Dann knarzte der Basha davon.

KAPITEL XXV

Ich mache Gens Foto — Der Lohn der Fischer — Wo alle Welt arbeitet — Wir helfen Gen, ihren Karren zu ziehen — Und überraschen einige Wanderer — Der Weg wird lang — Märchenhafte Debütantinnen

In einem außergewöhnlich malerischen Fischerdorf ein paar Meilen weiter hielt ich an, um ein paar Fotos zu machen. Auf einer Plattform vor einem alten Haus, das über die graue Ufermauer am Strandrand ragte, luden drei Frauen Körbe mit Fisch von einem schweren Handkarren. Eine von ihnen war volle sechzig Jahre alt, eine andere schätzte ich auf dreißig, aber die dritte war ein Mädchen, kaum über zwanzig, ein kräftiges braunes Mädchen mit Augen wie die eines wilden Hirsches und einem bereitwilligen Lächeln, das ein Paar herrlicher weißer Zähne zeigte. Sie war ein so hübsches Bauernmädchen, wie ich es in Japan noch nie gesehen hatte, weshalb ich meinen zweisprachigen Freund um Erlaubnis bat, sie fotografieren zu dürfen.

Aus der Menge, die meine Freundin redete, und dem Gelächter, das sie auf beiden Seiten begleitete, schloss ich, dass die Bitte, als sie sie erreichte, mit Galanterie geschmückt war. Jedenfalls willigte sie bereitwillig ein, sich fotografieren zu lassen — wie es ein hübsches Mädchen im Allgemeinen tut — und als der Verschluss auslöste, bat sie mich, ihr einen Abzug zu schicken. Ich willigte ein, dies zu tun, wenn sie ihren Namen und ihre Adresse in mein Notizbuch schrieb. Sie tat dies in Kana, was, wie mein unschätzbarer Begleiter übersetzte, ihren Namen als Gen Tajima enthüllte.

**Die hübsche Gen war zwischen den Deichseln, das andere Mädchen
zog an einem Seil, und die Großmutter war hinten und schob**

Auf die Frage, ob alle drei aus derselben Familie stammten, antworteten die
Frauen, sie seien bloß Nachbarinnen . Sie wohnten im Dorf Amatsu-machi ,
einige Meilen weiter die Straße entlang, auf der wir unterwegs waren, und
ihre tägliche Aufgabe war es, den Karren von Amatsu-machi hierher zu
ziehen, beladen mit Körben voller Fisch, der gesalzen und verschifft werden
sollte. Ihr Lohn für diese Arbeit betrug in unserem Geld umgerechnet 25
Cent pro Tag.

„Ich nehme an, Sie sind alle verheiratet?", fragte mein Freund.

Die alte Frau antwortete, dass sie verheiratet sei; die anderen beiden lachten
und erklärten, dass sie es nicht seien. Aber sie verrieten sich bald gegenseitig.
„Glaubt nicht, was *sie* sagt!", warnten sie uns fröhlich. „Sie *ist* verheiratet. *Ich
bin* derjenige, der nach einem Partner sucht." Dann, nach ihrem kleinen
Scherz, gestand jede, dass sie einen Mann und Kinder hatte. Ihre Männer

waren Fischer und verdienten, wie sie sagten, zwei Yen pro Tag – etwa einen Dollar.

„Du arbeitest hart?", fragte mein Freund.

"Natürlich."

„Warum ,natürlich'?"

„Jeder hier unten arbeitet hart."

„Auch die, die es nicht müssen?"

„Ja. Auch Leute mit viel Geld arbeiten hart. Hier würde jeder ausgelacht, der nicht arbeitet."

Es waren typische japanische Frauen aus der Fischerklasse, glücklich, unschuldig, fleißig. Sie interessierten mich zutiefst. Aber wir hatten eine lange Reise vor uns und mussten weiter. Wir verabschiedeten uns von ihnen, stiegen in die Basha und fuhren davon.

Aber das war noch nicht alles. Als wir etwa eine Viertelmeile gefahren waren, kamen sie mit ihrem Karren hinter uns hergerannt. Die hübsche Gen stand zwischen den Deichseln, das andere Mädchen zog an einem Seil, das an einer Seite befestigt war, und die Großmutter schob hinten. Sie liefen mit nach innen gerichteten Füßen wie Indianer, und durch den Aufruhr, den ihre Stricksandalen und die Räder verursachten, hinterließen sie eine Staubwolke.

Voller Fröhlichkeit kamen sie auf uns zu. Einer von ihnen rief uns etwas auf Japanisch zu.

„Was hat sie gesagt?", fragte ich.

Mein Freund übersetzte:

„Sie sagt, dass sie uns begleiten werden, weil wir Fremde sind."

„Komm", sagte ich und sprang aus dem Basha . „Lass uns ihnen helfen, den Karren zu ziehen."

Er gesellte sich sofort zu mir. Natürlich nahmen wir unsere Plätze zu beiden Seiten von Gen ein.

Sie hatte viele Fragen. Woher kamen wir? Wie lange dauerte es, den ganzen Weg von Amerika hierher zu kommen? Wie war Amerika? Mochten die Amerikaner die Japaner nicht? Ihr Bruder war Seemann. Er hatte eine Reise nach Amerika gemacht und sagte, es sei ein sehr schönes Land und alle seien reich. In Japan war das nicht so. Hier waren fast alle arm. Es war schwer, genug zum Leben zu verdienen, jetzt, wo Lebensmittel so teuer waren.

Wir stellten fest, dass sich mittlerweile zu viele hilfsbereite Hände am Wagen befanden, und so stiegen die Großmutter und die andere Frau aus und setzten sie auf unsere Plätze in der Basha .

„Schade, dass du nicht mitfahren kannst", sagte mein Freund zu Gen, „aber es ist besser, du bleibst hier und achtest darauf, dass wir den Wagen nicht stehlen."

Woraufhin die alte Frau, die sich aus dem Rücksitz des Basha lehnte , bemerkte, dass es ihrer Meinung nach viel wahrscheinlicher sei, dass wir den Wagen stehlen würden, wenn Gen mitginge.

Das hat für viel Heiterkeit gesorgt. Gen war, glaube ich, ein wenig verlegen, aber es hat ihr trotzdem Spaß gemacht.

„So wie die Dinge stehen", sagte sie lächelnd und auf die Straße blickend, „bin ich sehr zufrieden damit, zu Fuß zu gehen."

Das Geplapper war so lebhaft, dass ich große Schwierigkeiten hatte, alles zu verstehen, was gesagt wurde. Für meinen Begleiter war es keine leichte Aufgabe, seinen Teil des Gesprächs gegenüber allen dreien aufrechtzuerhalten und gleichzeitig für mich zu übersetzen. Ich hatte das Gefühl, ausgeschlossen zu werden.

Außerdem hatte ich nicht damit gerechnet, dass wir so viel Aufmerksamkeit erregen würden. Allein die Tatsache, dass wir Ausländer waren, ließ uns in diesem Teil des Landes auffallen, und der Anblick von zwei ausländischen Männern, die einem Bauernmädchen halfen, einen Karren zu ziehen, während die üblichen Begleiter des Mädchens in der vergleichsweise prachtvollen Basha voranfuhren , veranlasste die Leute in den Dörfern, durch die wir fuhren, nicht nur, erstaunt zu starren, sondern auch ihre Freunde zu rufen, damit sie kommen und das unerhörte Schauspiel miterleben.

Ich erinnere mich an eine alte Frau, die unter einer großen Last Stroh, die sie auf dem Rücken trug, gebeugt war und die, als sie aufblickte und uns sah, aussah, als würde sie jeden Moment umfallen. Und ich werde nie den fragenden, verwirrten, starren Blick eines Kulis mittleren Alters vergessen, der eine Last Holz auf dem Rücken und eine kleine Pfeife im Mund hatte und sich bei unserem Anblick eilig auf die Böschung am Straßenrand setzte, um an uns vorbeizugehen. Er war ein feiner Typ. Ich ließ die Deichsel los, nahm meine Kodak aus der Hand und balsamierte seine Gesichtszüge auf einem Film ein.

Der Kuli mittleren Alters setzte sich eilig ans Ufer, um an uns vorbeizugehen und uns zu mustern

„Komm zurück!", rief mein Begleiter. „Gen und ich brauchen dich mit unserem Wagen."

Gen und ich!... *Unser* Wagen, in der Tat! Wer zuerst auf die Idee kam, Gen mit ihrem Wagen zu helfen, würde ich gerne wissen!

Ohne Begeisterung kehrte ich zurück und hielt mich wieder an der Deichsel fest. Der Wagen wurde immer schwerer. Er und Gen zogen nicht so, wie sie sollten. Sie waren zu sehr mit Reden beschäftigt – das war ihr Problem!

„Sagen Sie, wie weit ist es bis zu der Stadt, in der diese Leute wohnen?", fragte ich ihn.

„Ich schätze, es ist nicht mehr weit", unterbrach mein Freund sein Gespräch mit Gen, um zu antworten.

„Das will ich hoffen! Wir haben diesen Höllenkarren schon etwa acht Kilometer weit gezogen.“

„Wenn es dir nicht gefällt“, antwortete er, „warum gehst du dann nicht zurück in die Basha ?“

„Wie soll ich das machen, wenn diese alte Frau an meiner Stelle ist?“

„Sag ihr, dass du mitfahren willst. Sag ihr, sie soll wieder hierher kommen und sich wieder an die Arbeit machen.“

Ich sah zu ihr auf. So etwas kam überhaupt nicht in Frage. So sehr ich meinen Platz im Basha auch genießen sollte , sie genoss ihn noch mehr. Sie und die jüngere Frau hatten eine großartige Zeit, schwatzten, kicherten und grüßten jeden Bekannten, an dem sie vorbeikamen. Und wenn andere Bauern, die sie kannten, erstaunt zuschauten, brachen sie in lautes Gelächter aus. All das verlieh unserem Vorankommen mehr denn je den Anschein einer Zirkusparade, in der ich, so schien es mir, die Rolle des Clowns spielte.

Ich war meinen eigenen Gedanken überlassen und versuchte , die Situation mit philosophischer Gelassenheit anzugehen. Wenn ich so dumm gewesen war, mich auf dieses Karrenziehen-Abenteuer einzulassen, dann war meine Torheit von der Art, wie sie meinem Geschlecht gemein ist. Unzählige andere Männer hatten sich noch lächerlicher gemacht. Und während dieser Zwischenfall in Kürze vorbei sein würde, gerieten manche Männer in Schwierigkeiten, die ihr ganzes Leben lang anhielten. Es war angenehm, darüber nachzudenken.

Ich begann, in der Episode eine Allegorie zu erkennen. Im Kleinen war es wie die Geschichte einer überstürzten Heirat... Ein Mann, der im bequemen Basha des Junggesellendaseins durchs Leben reist, sieht ein hübsches Mädchen. Strahlende Augen, weiße Zähne in einem Lächeln, und er springt hinaus.

„Lass mich dir helfen, den Wagen zu ziehen!“, ruft er, ohne einen Gedanken an die Zukunft zu verschwenden. Also hält er sie fest, und höchstwahrscheinlich lässt sie nach und überlässt ihm das Ziehen.

Er wünscht sich Gesellschaft, aber was entdeckt er, als er beginnt, danach zu suchen? Er entdeckt, dass sie kein Wort seiner Sprache kennt und er kein Wort ihrer. Er hat sein Geburtsrecht für ein Stück Schönheit verkauft.

Der Weg ist lang, die Hügel steil, der Karren schwer. Plötzlich erscheint ein anderer Mann und bietet seine Hilfe an – ein Klugscheißer, der ihre Art von Sprache *beherrscht* . Und natürlich beginnt dieser sprachkundige Esel, ihr eine Menge Unsinn zu erzählen und dreht ihr den Kopf weg. Je länger sie ihm zuhört, desto aufgeblasener wird er. Das passiert manchen Männern, wenn ein hübsches Mädchen ihnen ein wenig Aufmerksamkeit schenkt! Hält er sich eine Minute lang inne, um zu überlegen, dass sein Vorteil einzig und allein auf die Sprache zurückzuführen ist? Überhaupt nicht! Der Idiot hält sich für faszinierend.

So viel dazu.

Aber stellen Sie sich jetzt ein anderes Bild vor. Nehmen Sie diese beiden Männer aus einer Situation, in der einer von ihnen offensichtlich einen unfairen Vorteil hat, und stellen Sie sie auf gleicher Augenhöhe in eine völlig andere Umgebung. Nehmen wir sie beispielsweise in eine amerikanische Stadt, versetzen Sie sie in einen Ballsaal, lassen Sie eine Menge wunderschöner Debütantinnen herein – Hunderte von ihnen, alle in hübschen kleinen Abendkleidern und Satinschuhen – und lassen Sie die Band beginnen. *Und dann* sehen Sie, was passiert!

Einer dieser Männer ist ein Bücherwurm. Er kennt sich gut mit Sprachen aus. Er kann Japanisch sprechen. (Sie sehen, ich bin ihm gegenüber vollkommen fair.) Der andere hingegen kann zwar kein Japanisch, ist aber – Sie verstehen, dass dies ein rein fiktiver Fall ist – ein gutaussehender, flotter, eleganter Kerl. Während der eine Japanisch lernt, hat der andere ein paar effektive Schritte gelernt. In den komplizierten Labyrinthen des Tanzes scheint er gottgleich durch die Luft zu schweben.

Also gut! Nun frage ich Sie, welcher dieser beiden Männer wird bei all diesen Debütantinnen Erfolg haben ? Bringt ein Japaner einen Mann bei einer amerikanischen Debütantin sehr weit ? Ehrlich gesagt sage ich: Nein! Eine Debütantin ist zu schlau – zu schlau mit den Füßen –, um sich von bloßem sprachlichem Talent täuschen zu lassen. Bei ihr zählt der wahre Wert. Sie sucht bei einem Mann nach soliden Verdiensten. Mit anderen Worten: *Was für ein Tänzer ist er?*

Ist die Schlussfolgerung nicht offensichtlich? In der Umgebung, die ich beschrieben habe, wird einer der beiden Männer praktisch allein sein, während der andere ständig von einer Schar zierlicher, schöner ... umgeben sein wird.

„Das ist Amatsu-machi ", hörte ich meinen Begleiter sagen.

Mit einem Ruck kam ich nach Japan zurück.

„Sie lassen uns an der Kreuzung zurück", sagte er.

Der Basha hielt an. Die beiden Frauen stiegen aus. Sie bedankten sich freundlich. Dann fuhren wir unter vielen " *Sayonaras* " davon, während sie dastanden und uns zusahen, lächelten und winkten, bis wir hinter einer Straßenbiegung aus ihrem Blickfeld verschwanden.

„Sie haben ein bezauberndes Wesen, diese Japanerinnen", bemerkte der Linguist sofort.

„Wenn Sie sich viele amerikanische Debütantinnen ansehen ", antwortete ich, „werden Sie feststellen, dass sie ungefähr so sind …"

„Du verstehst das nicht", unterbrach er sie. „Ich spreche nicht von bloßer Schönheit – obwohl du kaum sagen würdest, dass das Mädchen Gen nicht hübsch war. Ich spreche von spiritueller Qualität. Konntest du nicht allein durch ihren Anblick erkennen, dass sie durch und durch süß war?"

„Ich denke, es geht ihr gut", antwortete ich beiläufig.

Das befriedigte ihn nicht ganz. Aber obwohl er noch lange herumtüftelte und versuchte, mich zu etwas Enthusiasmusvollerem zu bewegen, ließ ich mich nicht dazu zwingen. Er war ohnehin schon zu aufgeblasen.

Ich hatte noch einen weiteren Grund, diesem hübschen Bauernmädchen mein vollstes Lob vorzuenthalten. Ich musste den Debütantinnen treu bleiben , die wie ein Schwarm Feen von weit her hergeflogen kamen, um mich zu trösten, als ich Gen Tajimas schwerfälligen Karren über eine staubige Straße an der Küste Japans zog.

KAPITEL XXVI

Das Taschentuch als Reisetasche – Taschen und Flaschen – Die Zeit berechnen – Die mystischen Tiere des Tierkreises – Aberglaube über sie – Wahrsagen im Tempel – Eine Ekisha – Das Ema – Yuki erzählt von einer wunderbaren Heilung

Die nationale Reisetasche der Japaner ist ein großes, robustes Taschentuch aus Seide oder Baumwolle, in das die auf Reisen mitgenommenen Gegenstände eingewickelt werden. Die Elastizität dieses Behältnisses, das Furoshiki genannt wird , ist sein großer Vorteil. Es ist so groß oder so klein, wie es sein Inhalt erfordert, und wenn es leer ist, muss man es nicht wie einen leeren Koffer mit der Hand herumschleppen, sondern kann es einfach in die Tasche stecken.

Das Problem mit unseren Koffern und Taschen ist, dass sie schwer, sperrig und nicht anpassungsfähig sind. Mal sind sie überfüllt, mal tragen wir sie halb leer. Meine eigenen Taschen erinnern mich an meine Einstellung zu Weinflaschen in den fröhlichen Tagen, als man es sich leisten konnte, solche Dinge mit einem etwas kritischen Auge zu betrachten. Ich hatte immer das Gefühl, dass Weinflaschen entweder zu groß oder zu klein waren. Pints fassten ein wenig zu viel für eine Person, aber nicht genug für zwei; und Quarts fassten etwas mehr als für drei Personen erforderlich war, aber vier waren unbefriedigend. Lassen wir dieses Thema jedoch beiseite. *De mortuis …*

Ich war oft überrascht, dass die Japanerinnen zwar schwerer gekleidet zu sein scheinen als die Ausländerinnen und obwohl ihre Frisur im Allgemeinen aufwändiger ist, sie auf Reisen jedoch viel weniger Gepäck mit sich herumschleppen. In Yukis Furoshiki war immer Platz für meine Zigarren, Zigaretten, Bücher und Kodak -Filme. Ihre eigenen Sachen schienen überhaupt keinen Platz einzunehmen.

Dafür gibt es mehrere Gründe. Eine Japanerin hat keine Haarbürste dabei und trägt ihren Kamm im Haar. Auch nehmen Japaner normalerweise keine Nachtwäsche mit auf Reisen, denn ein sauberer Baumwollkimono zum Schlafen wird von allen japanischen Hotels zur Verfügung gestellt. Mehr als einmal, als ich Yuki mit uns auf eine zwei- oder dreitägige Reise aufbrechen sah, mit Gepäck bestehend aus einem Furoshiki , das an ungefähr zwei gewöhnliche Romane gebunden war, musste ich an Johnnie Poes berühmte „dreiundfünfzig Gepäckstücke – ein Kartenspiel und eine Zahnbürste" denken.

Ein beliebtes Motiv für die Dekoration des Furoshiki sind die Zeichen des chinesischen Tierkreises, der aus zwölf Tieren besteht. Der chinesische Kalender wurde vor Jahrhunderten von den Japanern übernommen und wird dort noch immer verwendet, obwohl sie heute im Allgemeinen unseren gregorianischen Kalender zur Berechnung der Zeit verwenden. Trotzdem ist ihre Ära nicht die christliche Ära, sondern beginnt mit dem Beginn der Herrschaft von Jimmu Tenno dem Göttlichen, den die Japaner als den ersten ihrer kaiserlichen Linie betrachten und der 660 V. CHR. DEN THRON BESTIEGEN HABEN SOLL . Somit ist unser aktuelles Jahr, 1921, in Japan das Jahr 2581. Die Zeit wird auch willkürlich anhand der Regierungszeiten der Kaiser gemessen; das aktuelle Jahr ist Taisho 10 oder das zehnte Regierungsjahr des aktuellen Kaisers.

Der chinesische Tierkreis spielt jedoch eine große Rolle im japanischen Aberglauben. Da es zwölf Tiere gibt, werden die Jahre in Zwölferzyklen gezählt; und dieselben Tiere werden auch mit Tagen und Stunden in Zwölferzyklen in Verbindung gebracht. Man nimmt an, dass die Attribute des astrologischen Tieres, das das Geburtsjahr bestimmt, mit einem selbst verknüpft sind.

„Meine Mutter ist eine Kuh", erklärte mir eine Japanerin. „Mein Mann ist eine Schlange und ich bin ein Kaninchen."

Die Überlieferungen dieser Tiere sind kompliziert. Ich kenne nur ein paar Brocken davon, aber das, was ich weiß, reicht aus, um die allgemeine Tendenz dieses Aberglaubens aufzuzeigen.

Es gilt als Glücksbringer, im Jahr des Pferdes geboren zu sein, denn Pferde sind stark und voller Energie. 1920 war das Jahr des Affen. Im Jahr des Affen zu heiraten, ist Unglücksbringer, denn das Wort „ *saru* ", das „Affe" bedeutet, bedeutet auch „zurückgehen", was darauf hindeutet, dass die Braut in ihr früheres Zuhause zurückkehrt oder sich mit anderen Worten scheiden lässt. Eine Frau, die im Jahr des Hasen geboren ist, wird fruchtbar sein. (Die Dame, die sagte: „Ich bin ein Hase", war zwar sehr jung, aber Mutter von vier Kindern.)

Ebenso bringen die Tiere in ihrem Zyklus Glück oder Unglück in Verbindung mit Ereignissen, die an bestimmten Tagen stattfinden. Es ist ein Unglück, sich am Tag der Kuh krank zu Bett zu legen, denn die Kuh steht nur langsam auf. Es ist ein Glück, am Tag des Tigers eine Reise anzutreten, denn der Tiger kehrt, auch wenn er tausend Meilen zurücklegt, immer zu seinem Ausgangspunkt zurück; aus demselben Grund ist es aber auch ein Unglück für ein Mädchen, an diesem Tag zu heiraten, denn sie kann wie der Tiger an den Ort zurückkehren, von dem sie aufgebrochen ist: das Haus ihres Vaters. Und der Tag des Tigers ist ein schlechter Tag für Beerdigungen, denn der Tiger schleppt seine Beute mit sich, was darauf hindeutet, dass bald eine weitere Beerdigung folgen wird. Die Bedeutung, die jedem Tier nach japanischer Vorstellung zukommt, ist für den Fremden nicht immer ohne Erklärung ersichtlich. Ich weiß zum Beispiel, dass es als Glücksbringer gilt, wenn eine Braut am Tag des Hahns ihren Kimono zerschneidet, aber ich weiß nicht, warum. Ich weiß auch nicht, warum es als besonders glücklich gilt, wenn in einer Familie drei Menschen unter dem gleichen Sternzeichen geboren sind.

Aberglaube aller Art spielt im täglichen Leben der Japaner eine große Rolle, und intelligente Personen wenden sich oft an Wahrsager, zu denen auch die buddhistischen Priester bestimmter Tempel zählen.

In Asakusa , dem großen Volkstempel Tokios, ist das Wahrsagergeschäft so lebhaft, dass ständig zwei oder drei Priester damit beschäftigt sind.

In Asakusa , dem großen Volkstempel Tokios, ist das Wahrsagen so geschäftig, dass ständig zwei oder drei Priester damit beschäftigt sind. Das System ist einfach. Der Wahrsager schüttelt eine Menge nummerierter Stäbchen in einer Schachtel, zieht eines heraus und nimmt aus einer kleinen Schublade einen Zettel mit einer Nummer, die der auf dem Stäbchen entspricht. Ihr Schicksal wird in Multigraphie auf den Zettel geschrieben. Ich habe zwei Cent für meins bezahlt, und als es mir übersetzt wurde, hatte ich das Gefühl, zu viel bezahlt zu haben.

Als Yuki sah, dass ich geneigt war, die Sache auf die leichte Schulter zu nehmen, schien sie ein wenig enttäuscht, und als einige von uns später beschlossen, es noch einmal mit den Totenbeschwörern zu versuchen, begleitete sie uns selbst zu einem Etablissement namens Hokokudo in der Chome 3 , Ginza, wo Vater, Sohn und Enkel seit 120 Jahren nacheinander die Zukunft vorhergesagt haben. Hier zahlten wir jeder einen Yen für unsere Zukunft, aber obwohl sich der *Ekisha* mehr Zeit für seine Aufgabe nahm, unsere Hände und Gesichter untersuchte, mit seinen Wünschelruten klapperte und mit seinen chinesischen Holzklötzen Muster zeichnete, erzielte er nicht viel mehr als der Priester für zwei Cent. Yuki war beeindruckt, als er mir eine Seereise vorhersagte, aber mir schien die Prophezeiung kein bemerkenswertes Beispiel von Wahrsagerei darzustellen.

Der Besuch im Ekisha war jedoch ein Erlebnis. Das kleine Haus war malerisch, und es war interessant zu sehen, wie die Japaner einer nach dem anderen hereinströmten, um zu erfahren, was die Zukunft für sie bereithielt. Während Yuki die Zukunft vorhergesagt wurde, gelang mir außerdem ein gutes Foto vom Ekisha , wie er ihre Hand durch seine Lupe untersuchte.

Während Yukis Zukunft vorhergesagt wurde, fotografierte ich sie

Ein weiteres Beispiel für Aberglauben sind die *Ema* , Votivgaben in Form kleiner Holzmalereien, die von Bedürftigen in Shinto-Schreinen aufgestellt werden. Für fast jede Art von Leiden kann man eine Ema mit passendem Design finden, obwohl die Bedeutung des grotesken Designs für den Fremden selten offensichtlich ist.

Während meines Aufenthalts in Japan sammelte ich eine Reihe dieser merkwürdigen kleinen Gegenstände und untersuchte ihre Bedeutung. Unter ihnen befand sich einer, den Yuki als Appell zur Linderung von Augenbeschwerden erkannte.

„Das ist ein sehr gutes Ema ", sagte sie mir. „Ich benutze einmal so eins, wenn meine Augen wehtun."

„Hat es dich geheilt, Yuki?"

„Ja, in zwei Wochen. Ich stelle es in einem Schrein auf und verspreche Gott, dass ich zwei Wochen lang keinen Tee trinke. In zwei Wochen sind meine Augen wieder in Ordnung.“

„Und Sie sind sicher, dass die Ema es getan hat?“

„Ja, Sir, sicher.“

„Du hast sonst nichts für deine Augen getan?“

„Nein, es ist genau wie ich sage. Ich gebe Gott mein Bestes und trinke keinen Tee. Dann warte ich zwei Wochen.“

„Haben Ihnen in den zwei Wochen die Augen wehgetan?“

"Oh ja. Sie tun so weh, dass ich sie zwei- bis dreimal täglich mit Borsäure waschen muss, während ich darauf warte, dass das Ema heilt. Aber nach zwei Wochen tun sie nicht mehr weh. Das Ema wirkt sehr gut."

KAPITEL XXVII

Unsere Schwierigkeiten mit der Sprache – Der fragwürdige Humor der gebrochenen Sprache – „Schlagen Sie diesen Mann dafür?“ – „Unternehmen, Gelehrte und andere Haushalte“ – Merkwürdige Korrespondenz – Japanische Wortspiele – Seltsames Lachen – Das Groteske in der Kunst – Japanische Farbdrucke – Berühmte Drucksammlungen – Monets Entdeckung von Drucken in Zaandam – Japanische Drucke und französischer Impressionismus

Die völlige Verschiedenheit zwischen der japanischen Sprache und unserer eigenen, auf die wir bereits in einem früheren Kapitel hingewiesen haben, erschwert die Kommunikation in all ihren verschiedenen Formen natürlich erheblich.

In Tokio und anderen Städten nahm ich an vielen Mittag- und Abendessen teil, die mit dem Ziel organisiert wurden, die Beziehungen zwischen den Vereinigten Staaten und Japan zu besprechen und ein freundschaftliches Verständnis zwischen den beiden Nationen zu fördern. Obwohl japanische Staatsmänner und Geschäftsleute bei diesen Zusammenkünften fließendes und sogar geschliffenes Englisch sprachen, traf ich nie einen Amerikaner, der in der Lage war, das Kompliment in gleicher Weise zu erwidern. Die Amerikaner, selbst diejenigen, die jahrelang in Japan gelebt hatten, sprachen immer Englisch, woraufhin sich ein japanischer Dolmetscher, der sich Notizen zu der Rede gemacht hatte, erhob und eine Übersetzung lieferte.

Die sprachliche Kluft, die die beiden Völker trennt, ist jedoch nicht ganz und gar ein schwarzer Abgrund. Wenn eine Wand dunkel ist, fängt die andere die Sonne ein. Praktisch alle japanischen Schüler lernen heute Englisch in ihren Schulen, wobei unsere Sprache als die zweitwichtigste nach ihrer eigenen angesehen wird. Und obwohl, wie ich bereits sagte, viele von ihnen Englisch perfekt beherrschen, obwohl es ihnen enorme Schwierigkeiten bereitet, gibt es viele andere, deren Englisch unvollkommen ist und deren „japanisiertes Englisch“, wie es jemand genannt hat, Effekte erzielt, deren unbewusste Groteske Amerikaner und Engländer erschreckt und fasziniert.

Ehrlich gesagt war ich mir nicht sicher, ob ich dieses Thema ansprechen sollte oder nicht. Ich hatte immer den Eindruck, dass Humor , der auf den Bemühungen eines Einzelnen beruht, sich in einer fremden Sprache auszudrücken, ein schändlicher Humor ist , da er sich über den Versuch lustig macht, etwas Ehrenhaftes zu tun. Es ist eine Art von Humor , die in gewissem Maße den Franzosen und Briten gefällt, die uns aber unendlich viel mehr Spaß macht als jedem anderen Volk auf der Welt. Das zeigen die Unterhaltungen in unseren Theatern und die Geschichten in unseren Zeitschriften, die in Bezug auf Komik auf einen bestimmten Dialekt angewiesen sind: Deutsch, Französisch, Italienisch, Irisch, Jüdisch, Cockney,

Negro oder sogar die verschiedenen rein amerikanischen Dialekte, die für verschiedene Teile des Landes charakteristisch sind.

Dieser zweifelhafte Geschmack bei uns rührt zweifellos zumindest teilweise von der Vielsprachigkeit unserer Bevölkerung her; doch was auch immer sein Ursprung sein mag, er ist in einer wichtigen Hinsicht schlecht für uns. Wir finden den englischen Dialekt der Ausländer so komisch, dass wir selbst Angst haben, uns an fremde Sprachen zu wagen, aus Angst, uns lächerlich zu machen . Deshalb sind wir die schlechtesten Sprachwissenschaftler der Welt.

Selbst nach der vorangegangenen Entschuldigung – denn das ist es, offen gesagt – würde ich immer noch zögern, Beispiele für „japanisiertes Englisch" anzuführen, wenn ich nicht entdeckt hätte, dass Professor Basil Hall Chamberlain, vielleicht der größte moderne Experte für Japan, ein Mann, dessen Schriften einen tadellosen Geschmack offenbaren, dies bereits in seinem wertvollsten Buch „Things Japanese" getan hat.

Eines der von Professor Chamberlain angeführten Beispiele stammt aus einem Werk mit dem Titel: „Der praktische Nutzen der Konversation für Polizeibehörden", das dem japanischen Polizisten das Englischsprechen beibringen soll. Das Folgende ist ein fiktives Gespräch, das dem Beamten bei einem Gespräch mit einem britischen Polizisten als Leitfaden dienen soll:

Welcher Landsmann sind Sie?

Ich bin ein Seemann und gehörte der Golden Eagle, dem englischen Kriegsschiff.

Warum schlägst du diesen Jinricksha -Mann?

Er hat es mir unhöflich gesagt.

Was hat er dir unhöflich gesagt?

Er beschimpfte mich, indem er laut „der Seemann, der Seemann" sagte, als ich hier vorbeikam.

Schlagen Sie diesen Mann dafür?

Ja.

Aber schlagen Sie ihn nicht, denn es ist verboten.

Ich schlage ihn nicht mehr.

Ein merkwürdiger Aspekt der Sache ist, dass dieses seltsame Englisch häufig in gedruckter Form in Reiseführern, Anzeigen und auf den Etiketten verschiedenster in Japan hergestellter Waren auftaucht.

So fand ich im Friseursalon des Schiffes eine Flasche mit einem Toilettenpräparat namens „ Fulay ", auf dessen Etikett folgende Aufschrift stand:

„ Fulay " wird mit chemischen Verfahren und langjähriger Erfahrung aus reinen und raffinierten Materialien hergestellt. Es ist daher der einzige Artikel im Bereich der täglichen Toilettenartikel für Damen und Herren.

Und auf einem Glas mit Kleister fand ich diese Aufschrift, die man besser versteht, wenn man die Neigung der Japaner bedenkt, die Buchstaben *l* und *r zu verwechseln:*

Diese Paste ist rein und sauber und hat eine starke Kohäsion, so dass sie nicht verfault, selbst wenn das Pastengras offen liegen bleibt. Auch wenn man sie unmittelbar nach dem Aufkleben auf Papier oder Ähnliches schreibt, verwischt sich der Schriftzug nicht. Diese Paste hat einen besonderen Duft, daher sind alle aufgeklebten Gegenstände nach der Verwendung stets frei von Bakterien und allen möglichen Bakterien und beugt Infektionskrankheiten vor. Diese Paste ist unverzichtbar für Banken, Unternehmen, Schulen und andere Haushalte. Bitte beachten Sie „ Kuchis Yamato- Nori ", da es ähnliche Dinge gibt.

Das Rundschreiben einer Firma, die für „ein großes Sortiment an Rouge für Damen" warb, hätte als skandalöse Andeutung missverstanden werden können, wenn darin nicht die Elfenbeinrückseite und die hochwertigen Borsten erwähnt worden wären, mit denen die „Rouges" ausgestattet waren.

Ein weiteres Rundschreiben stammte von einem Metzger, der in Tokio Ausländer belieferte. Nachdem er erklärt hatte, dass sein Fleisch zu „festen Preisen " verkauft werde, erwähnte dieser ehrenwerte Kaufmann die verschiedenen Rindfleischsorten, die er liefern konnte. Es gab „ Rosu- Rindfleisch, Rampu -Rindfleisch, Schweinefleisch, Suppenfleisch und Bartrindfleisch" – was so interpretiert wurde, dass es Roastbeef, Rumpsteak, Schweinefleisch, Suppenfleisch und Geflügel bedeutete – wobei das Wort „Bart" für „Vogel" gedacht war.

In dem bewundernswerten Hotel in Nara sah ich in einem Korridor den folgenden Hinweis:

ANMERKUNG

Eltern werden gebeten, ihre Kinder bei schönem Wetter ins Hotel Garden zu schicken. Bei schlechtem Wetter biete ich den Kindern den kleinen Speisesaal, außerhalb der Essenszeiten, als Spielzimmer an, lasst sie also bitte nicht treppauf und treppab herumrennen. Bitte achtet darauf, dass die Kinder nach dem Essen zur Ruhe kommen.

MANAGER , Nara Hotel.

Von einem Freund, einem Angestellten eines großen Unternehmens, erhielt ich eine Reihe von Briefen, in denen die Besonderheiten des „Englisch, wie es geschrieben wird" – zumindest wie es manchmal geschrieben wird – in Japan offengelegt wurden. Alle diese Briefe sind authentisch und wurden ihm im Zusammenhang mit seinem Geschäft zugesandt.

Der erste Brief, den ein Angestellter an den Büroleiter schrieb, bezieht sich auf einen bewundernswerten japanischen Brauch, der an sich schon einer kurzen Erwähnung wert ist.

In ganz Japan wird zweimal im Jahr unter polizeilicher Aufsicht ein Hausputz durchgeführt. In bestimmten Bezirken gibt es bestimmte Tage, an denen die Reinigung durchgeführt werden muss. Die Shoji werden entfernt, die Möbel hinausgetragen und die Matten aufgehoben und ausgeklopft. Während dieser Zeit herrscht auf den Straßen reges Treiben und Staub, und vor jedem Haus türmt sich ein Müllhaufen auf. In der Zwischenzeit gehen Polizisten auf und ab, mit Mullmasken über Nase und Mund, um sich vor dem Staub zu schützen, und inspizieren am Ende jedes Haus, um sicherzustellen, dass die Arbeit ordnungsgemäß ausgeführt wurde. Anschließend bringen sie über der Tür einen offiziellen Stempel an.

Deshalb schrieb der Angestellte an den Büroleiter:

FRAU --:

Entschuldigen Sie meine Abwesenheit heute Morgen. In meiner ganzen Nachbarschaft wurde die Anweisung gegeben, Nester zu säubern.

SEITE .

Ein ernsteres Dilemma offenbart sich im Folgenden:

AN DEN GENERAL MANAGER.

LIEBER HERR ,

Meine Frau hat heute Mittag ihr Kind zur Welt gebracht und da es fast einen Monat früher geschah, als ich erwartet hatte, befinde ich mich in einer viel schmerzlicheren Situation, da ich auf dieses plötzliche Ereignis noch nicht vorbereitet war .

Da mir bis heute leider finanziell sehr ungünstige Verhältnisse zur Verfügung stehen und ich daher über keine Ersparnisse für weltliche Sorgen verfüge, bin ich gezwungen, Sie um ein Darlehen von 25,00 ¥ zu bitten, um die Belastung loszuwerden, die die Geburt für mich mit sich gebracht hat.

Ich weiß, dass es das Gemeineste von allem ist, jemanden in Geldangelegenheiten um Hilfe zu bitten, aber da ich keinen besseren Weg finde, als Sie darum zu bitten, bin ich schließlich zu dem Entschluss gekommen, Sie zu belästigen, allerdings gegen meinen Willen. Ich halte es für viel beschämender , meine schlechte Lage vor meinen Verwandten oder Bekannten bekannt zu machen, egal, ob es fruchtbar oder fruchtlos sein wird .

Hochachtungsvoll,
Y——.

Der Anhang wurde von einem Vertreter des Unternehmens in einer anderen Stadt erhalten:

LIEBER HERR ,

Wir haben die Ehre , Ihnen für die Schenkung einer Remington-Schreibmaschine zu danken, die gerade per Bahnexpress eingetroffen ist. Wir werden sie sehr freundlich behandeln und sie wird uns im Gegenzug ihre besten Dienste erweisen. So können wir zu unserer beiderseitigen Zufriedenheit und unserem Nutzen arbeiten.

Wir danken Ihnen für Ihre Freundlichkeit und verbleiben

Mit freundlichen Grüßen,
O—— I——.

Der Portier in einem japanischen Büro schläft nicht selten auf dem Gelände. Dafür muss er aber über die notwendige Ausrüstung verfügen, wie der folgende Brief eines Agenten an einen Auftraggeber zeigt:

LIEBER HERR ,

In Anbetracht Ihrer geschätzten Bemerkungen vom letzten Tag zur Unterbringung des Bediensteten in diesem Büro sind wir der Ansicht, dass wir ihm ein Bett oder Schlafutensilien zur Verfügung stellen müssen. Bitte teilen Sie uns mit, ob Sie die Kosten für den Kauf dieser Hilfsmittel übernehmen können.

In Erwartung Ihrer geschätzten Antwort sind wir, sehr geehrter Herr,

Mit freundlichen Grüßen,
T—— A——.

Der nächste Brief ist von einem Mann, der Geschäftsbeziehungen mit der Firma meines Freundes aufbauen wollte:

LIEBER HERR ,

Ich bin Händler in der Stadt Kokura in Kyushu und beschäftige mich ständig mit verschiedenen Maschinen oder Stählen sowie Baumaterialien.

Ich kenne Ihre großen Namen in Tokio. Deshalb möchte ich die Verbindung zu Ihnen so herzlich aufbauen. Dementsprechend möchte ich die Insider-

Szene Ihres Unternehmens so klar und deutlich sehen. Bitte senden Sie mir den Katalog und die Liste mit guten Beispielen Ihres Unternehmens. Ich bin ein Neuling in unserer Handelsgesellschaft, denn ich glaube, Sie werden mich in die Maschinenbaugesellschaft führen.

Ich vertraute,

In liebevoller Zuneigung

,

K—— M——.

Was diese Briefe manchmal verblüffend macht, ist die Tatsache, dass sie in Englisch verfasst sind, das bis auf ein oder zwei Einzelheiten vollkommen korrekt ist. So fallen einem die Fehler oder seltsamen Verwendungen unerwartet auf und sorgen für ein Überraschungselement, wie im Fall eines Mannes, der meinem Freund schrieb, als er sich um eine Stelle bewarb:

LIEBER HERR,

Ich erlaube mir, anzufragen, ob Sie meine Dienste als Verkäufer und Korrespondent in Ihrer Firma in Anspruch nehmen können. Ich verfüge über umfangreiche Erfahrungen als Apparat und kann Referenzen und eine Risikoversicherung vorweisen.

Ich erwarte Ihre Antwort und bin

Hochachtungsvoll,
K—— S——.

Ich werde oft gefragt, ob die Japaner über die Gabe des Humors verfügen .

Das tun sie – obwohl Humor in ihrem täglichen Leben keinen so wichtigen Platz einnimmt wie in unserem.

Eine lockere Art der Konversation ist bei ihnen ungewöhnlich, und diejenigen, die sie haben, zeigen sie normalerweise nur gegenüber ihren Vertrauten. Dennoch sind sie große Wortwitzler, und einige ihrer Wortspiele sind sehr clever. Ein typisches Beispiel dafür ist der umgangssprachliche Ausdruck „ *narikin* ", den sie kürzlich übernommen haben, um den protzigen Typ der Neureichen zu beschreiben, der seit dem Krieg entstanden ist.

Um die Herkunft dieses Wortes und seine witzige Konnotation zu verstehen, müssen Sie wissen, dass in ihrem Schachspiel, *Shogi genannt*, ein bescheidener Bauer, der in die dritte Reihe des Gegners vorgerückt wird, durch einen Vorgang, der dem Umkrempeln ähnelt, in eine mächtige, frei bewegliche Figur namens *Kin verwandelt wird* . Das Wort *Nari* bedeutet „werden"; daher bedeutet *Nari -Kin wörtlich* „ *Kind* werden " – was uns, auf einen extravaganten Geschäftemacher angewendet, das drollige Bild eines armen kleinen Bauern liefert, der plötzlich Macht und Pracht erlangt. Das Wortspiel, das den Wert dieses Begriffs erheblich steigert, kommt mit dem Wort *Kin*. *Kin* ist nicht nur eine Schachfigur; es bedeutet auch „Gold". Was der Anwendung auf einen *Neureichen natürlich noch mehr Pikanterie verleiht*.

Darüber hinaus hat sich durch ein Wortspiel mit dem Wort narikin ein zweiter umgangssprachlicher Ausdruck entwickelt: *narihin* – *hin* bedeutet „arm" – „arm werden". Und leider ist dieser Ausdruck wie auch der andere heute in Japan noch nützlich. Kriegsspekulationen haben einige Vermögen eingebracht, andere jedoch vernichtet.

Mein Freund O——, ein wirklich liebenswerter Kerl, verbrachte einmal den größten Teil eines Nachmittags damit, mir eine Menge japanische Wortspiele zu erklären, und ich war kaum mehr erfreut über die Witze selbst als über das ansteckende Kichern meines Freundes darüber. Beim Abschied verabredeten wir uns für den Abend, aber gegen Essenszeit kam O—— zurück und sagte, er könne den Abend nicht mit mir verbringen.

„Ich habe gerade erfahren, dass mein bester Freund letzte Nacht gestorben ist", sagte er. „Das ist sehr unerwartet. Ich muss zu ihm." Während er das sagte, stieß er etwas aus, das mir wie genau dasselbe Kichern vorkam, das er bei den Wortspielen von sich gegeben hatte.

Die Unterdrückung der eigenen Gefühle ist ein grundlegender Grundsatz der japanischen Etikette. Unglücklichsein zu zeigen bedeutet, andere unglücklich zu machen; daher ist es guter Stil, zu lachen oder zu lächeln, wenn man leidet. Der Ausländer, der diese Doktrin versteht, muss sie respektieren, wenn er ein Mensch mit einem gewissen Maß an Feingefühl ist. Aber wenn er das zugrunde liegende Prinzip nicht versteht, wird er die Japaner wahrscheinlich falsch einschätzen und ihr Lachen unter Umständen als hartherzig, entschuldigend oder albern betrachten.

<hr>

Der beste Beweis für den japanischen Humor sind die Grotesken und Launen der japanischen Kunst. Er kommt überall zum Ausdruck – in der Form einer knorrigen, verkrüppelten Kiefer, die sorgfältig zu einer angenehmen Missbildung erzogen wurde; in den Katzenbildern, die Hidari in verschiedenen Teilen Japans hinterlassen hat. Jingoro, der große linkshändige Holzschnitzer des 16. Jahrhunderts; in dem berühmten Affentrio, das den Stall des Ieyasu-Schreins in Nikko schmückt - jene, die weder Böses hören, sehen noch sprechen; in tausenden Tonfiguren des zerlumpten, dickbäuchigen Hotei, einem der Sieben Glücksgötter, der dürftig und zufrieden in einem kleinen Boot sitzt und darauf wartet, dass jemand seinen Bauchgurt bringt; in den zahllosen Darstellungen des buddhistischen Gottes Daruma, jenes entzückenden eiförmigen Komikers, der einem die Zunge und die Augen herausstreckt oder zumindest nicht liegen bleibt, wenn man ihn umdreht; in zahllosen Figurinen aus Elfenbein oder Holz; in mit phantastischen Ornamenten verzierten Schwertschützern; in jenen geschnitzten Elfenbeinknöpfen, die *Netsuke genannt werden* und von Sammlern hoch geschätzt werden; und vielleicht am häufigsten in japanischen Farbdrucken .

Die hundert Jahre zwischen 1730 und 1830 waren das goldene Zeitalter des Holzstichs in Japan.

Zu Lebzeiten dieser Kunst galt sie als ausgesprochen plebejisch. Viele der schönen Drucke wurden als Werbung oder Souvenirs hergestellt. Einige wurden zwar in limitierten Auflagen herausgegeben und diese kosteten mehr als die gewöhnlicheren, aber im Allgemeinen wurden sie für ein paar Cent verkauft.

hatten die besten Drucke Japan bereits verlassen und waren nach Paris, London, Boston, New York, Chicago und in andere Städte im Ausland gelangt, bevor die Kunstliebhaber Japans erkannten, dass es sich bei den schönsten dieser Drucke um Meisterwerke handelte, die Holzstiche in höchster Vollendung darstellten. Von dort kauften die Japaner sie in letzter Zeit zu enormen Preisen zurück.

Von einem Freund in Tokio, der selbst eine sehr wertvolle Sammlung besitzt, erfuhr ich, dass die Sammlung von 7.500 Drucken von M. Vever aus Paris unter Kennern seit langem als die beste der Welt gilt. Diese Sammlung wurde kürzlich vollständig von Herrn Kojiro gekauft. Matsukata aus Kobe, Präsident der Kawasaki-Schiffbaufirma. Es heißt, dass Herr Matsukata eine halbe Million Dollar dafür bezahlt hat. Mein Freund aus Tokio erzählt mir, dass die Sammlung der Herren William S. und John T. Spalding aus Boston wahrscheinlich die zweitwichtigste nach der Matsukata- Sammlung ist und dass es schwierig ist zu sagen, ob die Sammlung des Boston Museum oder die des British Museum den dritten Platz belegt. Für primitive Drucke ist auch die Clarence Buckingham-Sammlung im Chicago Art Institute sehr wichtig.

Wie kam es, dass japanische Drucke ausgerechnet in Europa als Kunstwerke hohe Wertschätzung erfuhren?

Octave Mirbeau erzählt die Geschichte in seinem wunderbaren Buch über Automobilabenteuer „La 628-E8" (das, glaube ich, nie auf Englisch erschienen ist).

Der große Impressionist Claude Monet ging zum Malen nach Holland. Ein kleiner Laden schickte ihm einige Lebensmittel nach Hause, die in einen japanischen Druck eingewickelt waren – den ersten, den Monet je gesehen hatte.

„Sie können sich vorstellen", schreibt Mirbeau , „seine Ergriffenheit angesichts dieser wunderbaren Kunst ... Sein Erstaunen und seine Freude waren so groß, dass er nicht sprechen konnte, sondern nur Freudenschreie ausstoßen konnte."

„Und in Zaandam geschah dieses Wunder – Zaandam mit seinen Kanälen, seinen Booten am Kai, die Ladungen norwegischen Holzes entluden, seinen zusammengedrängten Flottillen aus Rinden, seinen kleinen Wasserstraßen, seinen winzigen roten Hütten, seinen grünen Häusern – Zaandam, der japanischste Ort in der gesamten niederländischen Landschaft ...

„Monet rannte zu dem Laden, aus dem sein Paket kam – ein kleiner, unscheinbarer Lebensmittelladen, in dem die dicken Finger eines dicken Mannes (ohne durch die Tat gelähmt zu sein!) Pfeffer im Wert von zwei Cent und Kaffee im Wert von zehn Cent in Papier fesselten, auf dem diese herrlichen Bilder standen, die zusammen mit Lebensmitteln aus dem Fernen Osten auf dem Boden eines Schiffsladeraums hergebracht worden waren.

"Obwohl er damals nicht reich war, war Monet entschlossen, alle Meisterwerke zu kaufen, die der Lebensmittelladen enthielt. Er sah einen Stapel davon auf der Theke. Sein Herz hüpfte. Der Lebensmittelhändler bediente eine alte Dame. Er wollte gerade etwas einpacken. Monet sah, wie er nach einem der Drucke griff.

„Nein, nein!", rief er. „Das will ich kaufen! Ich will all die kaufen – all die!"

„Der Lebensmittelhändler war ein guter Mann. Er glaubte, dass er es mit jemandem zu tun hatte , der ein wenig gerührt war. Jedenfalls hatten ihn die farbigen Papiere nichts gekostet. Sie waren mit der Ware zusammen eingeworfen worden. Wie jemand, der einem weinenden Kind ein Spielzeug gibt, um es zu beruhigen, gab er Monet lächelnd und ein wenig spöttisch den Stapel Drucke.

„‚Nimm sie, nimm sie', sagte er. ‚Du kannst sie haben. Sie sind nichts wert. Sie sind nicht stabil genug. Ich bevorzuge normales Geschenkpapier.'"

Also wickelte der Lebensmittelhändler den Käse der alten Dame in ein Stück gelbes Papier, und Monet ging nach Hause und verbrachte den Rest des Tages damit, seine neu gefundenen Schätze zu bewundern. Die Namen der großen japanischen Holzsegler waren damals in Europa natürlich unbekannt, aber Monet erfuhr später, dass einige dieser Drucke von Hokusai, Utamaro und Korin stammten .

"Dies", fährt Mirbeau fort , "war der Beginn einer gefeierten Sammlung, aber was noch viel wichtiger ist, es war der Beginn einer solchen Entwicklung in der französischen Malerei, dass die Anekdote neben ihrem eigenen Reiz auch einen wahren historischen Wert hat. Denn es ist eine Geschichte, die von

denen, die sich ernsthaft mit der wichtigen Kunstbewegung beschäftigen, die
Impressionismus genannt wird, nicht übersehen werden kann."

KAPITEL XXVIII

Leben in einem japanischen Haus – Das unbezahlbare Yuki – Die Bediensteten im Haus – Der rote Teppich – Unsere Koffer fahren ab – Tokios nächtliche Geräusche – Trinkgeld und Noshi – Die Etikette des Abschieds – Sayonara

Meine letzten Tage in Japan waren meine schönsten Tage, denn ich verbrachte sie in einem japanischen Haus inmitten wunderschöner Gärten in Mita , einem Wohnviertel etwa zwanzig Autominuten vom Zentrum Tokios entfernt.

Durch das offene Shoji meines Schlafzimmers konnte ich morgens hinausschauen, wo man hinter den samtweichen Rasenflächen, Blumen und Baumwipfeln oft den umgekehrten Fächer des Fuji-Kegels sehen konnte, der siebzig Kilometer entfernt weiß und geisterhaft am Himmel schwebte.

Nach meinem Bad in einer majestätischen Familienwanne frühstückte ich in meinem Zimmer, trug einen neu erworbenen Kimono und fühlte mich sehr japanisch.

Während ich mich anzog, kam Yuki manchmal herein, aber ich hatte mich inzwischen an ihre morgendlichen Übergriffe gewöhnt und fand sie nicht länger peinlich. Sie war so durch und durch praktisch, so nützlich. Sie wusste, wo alles war. Sie ging zu einem merkwürdigen kleinen Schrank, der in die Wand eingebaut war und Schiebetüren aus Lack und Seide hatte, und holte mir ein Hemd oder holte aus ihrem Versteck eine verlorene Hose und brachte sie mir ordentlich gefaltet in einem jener flachen, flachen Körbe, die bei den Japanern die Schubladen der Kommode zu ersetzen scheinen.

So war sie nicht nur die Duenna meiner Tochter und das Dienstmädchen meiner Frau, sondern praktisch auch meine Dienerin. Doch damit war ihre Nützlichkeit noch lange nicht zu Ende. Sie war unsere Dolmetscherin, Dragoman, Einkäuferin, sie war unser Verwalter, Majordomo, Seneschall; ja, sie war unsere Premierministerin.

Das Haus hatte eine große Belegschaft, und alle Diener gaben uns das Gefühl, sie seien *unsere* Diener und freuten sich, uns dort zu haben. Mit Ausnahme eines Butlers, eines englischsprachigen Japaners, der vorübergehend unseretwegen zum Haushalt hinzugefügt worden war, trugen alle die einheimische Kleidung; und unter ihnen waren zwei Männer mit so schönen Gesichtszügen, so würdevollem Auftreten und so eleganter Seide, dass wir sie zunächst für Familienmitglieder hielten. Einer von ihnen war ein weißbärtiger alter Herr, der für jeden ein wünschenswerter Großvater gewesen wäre. Wenn er andere Pflichten hatte, als den Saal mit seiner Anwesenheit zu schmücken, habe ich nie herausgefunden, welche. Der andere, ein junger Mann, war Haushaltshilfe und genoss die Ehre, Sakis Ehemann zu sein.

Saki, die Haushälterin einiger japanischer Freunde, die wir besuchten, posierte bereitwillig für mich. Die Matratze ist mit Seidenflocken gefüllt, das Kissen ist hart und rund und die Decke ist eine Art gesteppter Kimono.

Saki war die Haushälterin, jung und hübsch. Sie und ihr Mann wohnten in einem Häuschen in der Nähe , und ihr Haus war mit vielen Musikinstrumenten ausgestattet. Saki beherrschte Samisen und Koto und auch ein amerikanisches Melodeon, das einer ihrer größten Schätze war. Sie war immer freundlich und nett – eine äußerst zuvorkommende Person. Tatsächlich war sie es, die vorgab, in einem japanischen Bett zu schlafen, damit ich das Foto machen konnte, das eine der Illustrationen in diesem Buch ist.

Vier oder fünf Kulis, treffliche Kerle, in blaue Baumwollmäntel gekleidet, auf deren Rücken die Insignien der Familie unseres Gastgebers hingen, arbeiteten im Haus und auf dem Grundstück; und mehrere kleine Dienstmädchen trabten unaufhörlich durch die Korridore, mit jenem nach innen gerichteten Schlurfen, bei dem man, wenn man sich daran gewöhnt hat, tatsächlich eine merkwürdige Schönheit zu sehen bekommt.

Manchmal hatten wir das Gefühl, dass die Dienerschaft uns gegenüber zu rücksichtsvoll war. Wir aßen viel auswärts und kamen oft spät nach Hause („Zuhause" war der Ausdruck, den wir dort benutzten), doch wie spät es auch war, der Chauffeur hupte, wenn wir durch das Tor kamen, woraufhin Lichter unter der Porte-cochère aufblinkten , der Shoji am Eingang des Hauses sich öffnete und drei oder vier Diener herauskamen und einen breiten Streifen roten Samtteppichs hinter sich herzogen, über den wir majestätisch die beiden Stufen hinaufschritten, die zur Halle führten. Aber obwohl ich sie drängte, dieses königliche Detail wegzulassen, weil zwei oder drei Männer aufrecht sitzen mussten, um den schweren Teppich zu handhaben, und weil ich mich bei der Herstellung wie ein falscher Prinz fühlte, konnte ich sie nie dazu bewegen. Immer, unabhängig von der Stunde, erschien eine kleine Gruppe von Dienern an der Tür, wenn wir nach Hause kamen.

Sogar in der Nacht, als unter der Obhut des allwissenden und allmächtigen Oberportiers des Imperial Hotels unsere Koffer weggeschafft wurden, um sie nach Yokohama zu bringen und an Bord der *Tenyo zu bringen, Maru* , selbst dann konnten wir kaum realisieren, dass unsere letzte Nacht in Japan gekommen war.

Mit voller Wucht traf mich diese Erkenntnis erst, als ich ins Bett ging.

Ich war nicht müde. Ich lag da und dachte nach. Und der Hintergrund meiner Gedanken war von Geräuschen geprägt, die der Sommerwind durch das offene Shoji trug: die nächtlichen Geräusche der Straßen Tokios.

Ich erinnerte mich daran, wie ich in meiner ersten Nacht in Tokio diesen Geräuschen gelauscht und mich gefragt hatte, was sie bedeuteten.

Nun erklärten sie es mir, wie es sich für einen Japaner gehörte.

Ein entferntes Klingeln wie von Schlittenglocken teilte mir mit, dass ein Zeitungsjunge mit verspäteten Zeitungen unterwegs war. Eine klagende musikalische Phrase, die an Debussy erinnerte, brach plötzlich aus und verstummte mit erschreckender Plötzlichkeit. Sie sagte mir, dass der chinesische Makkaronimann mit seinem laternengeschmückten Karren und seinem kleinen Messinghorn unterwegs war. Schließlich hörte ich einen xylophonartigen Ton, der ein wenig dem Klang eines New Yorker Polizeiknüppels ähnelte, der auf den Bürgersteig klopfte. Er wiederholte sich mehrere Male, dann trat Stille ein, dann wieder das Geräusch, ein wenig näher. Es war der Nachtwächter auf seiner Runde, der die Nachbarschaft nicht vor Dieben, sondern vor Feuer bewachte, „die Blume von Tokio". In meinem geistigen Auge konnte ich ihn eilends vorbeigehen sehen, ab und zu seine beiden Stöcke aneinanderschlagend, um die Nachricht zu verbreiten, dass alles in Ordnung sei.

Dann dachte ich: „Morgen Nacht werde ich diese Geräusche nicht mehr hören. Stattdessen werde ich das Knarren des Schiffes, das Tosen des Windes und das Zischen des Meeres hören. Möglicherweise werde ich die Musik der Straßen Tokios nie wieder hören."

Mein Herz war traurig, als ich schlafen ging.

Glücklicherweise hatten wir durch die Erfahrungen amerikanischer Freunde, die in einem anderen japanischen Haus zu Besuch waren, gelernt, wie man diesen wohlerzogenen Hausangestellten *kein* Trinkgeld gibt – oder vielmehr, wie man es nicht versucht. Als diese Freunde das Haus verließen, in dem sie zu Gast gewesen waren, hatten sie den Bediensteten Geld angeboten, das ihnen höflich, aber entschieden verweigert wurde.

Yuki hat die Sache für uns geklärt.

„Sie sollten *Noshi* mit Geld belegen", erklärte sie auf unsere Fragen. „Damit ist es in Ordnung, es mitzunehmen. Es bedeutet ein Geschenk."

Noshi vorher nicht mit Namen gekannt hatten , wussten wir sofort, was sie meinte, denn wir hatten während unseres Aufenthalts in Japan so viele Geschenke bekommen, dass man damit eine große Truhe hätte füllen können. Und jedem lag ein kleines Stück farbiges Papier bei, das auf eine bestimmte Art gefaltet war und ein Geschenk symbolisierte.

Früher enthielten diese farbigen Papiere immer kleine Stücke getrockneten *Awabi* (Abelone), doch im Laufe der Jahre ließ man das getrocknete Awabi weg und die kleinen gefalteten Papiere allein wurden als ausreichend erachtet.

Mit diesem Wissen gestärkt ging ich am Tag vor unserer Abreise nach Ginza, wo ich Umschläge kaufte, auf denen das Noshi- Design gedruckt war. Geld in diesen Umschlägen wurde von allen Bediensteten dankbar angenommen. Trinkgeld hätten sie sonst nicht bekommen. Aber das hier war kein Trinkgeld. Es waren Abschiedsgeschenke von Freund zu Freund.

Der japanische Höflichkeitskodex ist sehr genau und anspruchsvoll, wenn es um die Verabschiedung eines abreisenden Gastes geht. Besucher werden ausnahmslos vom Gastgeber, den anwesenden Familienmitgliedern und einem oder zwei Bediensteten zur Tür begleitet. Alle stehen im Portal und verbeugen sich, während der Besucher abfährt.

Ein Hausgast wird mit noch größerer Zeremonie verabschiedet. Das gesamte Personal des Hauses versammelt sich mit tiefen Verbeugungen und Rufen von „Sayonara!" an der Tür, um ihm die Weiterreise zu erleichtern. Familienmitglieder, oft die ganze Familie, begleiten ihn zum Bahnhof, wo andere Freunde erscheinen, die sich im Voraus sorgfältig nach der Abfahrtszeit erkundigt haben. Der Reisende wird zu seinem Wagen begleitet, und seine Freunde bleiben auf dem Bahnsteig, bis der Zug abfährt, dann werden die Verbeugungen und „ Sayonaras " wiederholt.

Die Leute aus Tokio fahren oft mit Freunden, die aus Japan anreisen, nach Yokohama, begleiten sie zum Schiff und bleiben am Dock, bis das Schiff in die Bucht einläuft. Wie es Geschäftsleute aus Tokio schaffen, an diesen zeitraubenden Abschiedspartys teilzunehmen, ist eines der großen Geheimnisse des geheimnisvollen Japans, denn ein solcher Ausflug nimmt den größten Teil eines Tages in Anspruch.

Für den Amerikaner, der es gewohnt ist, in seinen Freundschaften vieles als selbstverständlich zu betrachten, ist ein Abschied von einem Japaner ein neues Gefühl, das ihn unweigerlich zutiefst berührt.

Abreisende Passagiere erhalten Rollen aus Papierkonfetti, die sie ihren Freunden an Land zuwerfen können, sodass jeder ein Ende festhalten kann, bis sich die Stahlwand von der Steinwand löst und der Papierstrang spannt und reißt. Dieses Zerbrechen hat etwas Ergreifendes und Poetisches, symbolisiert es doch die Unermesslichkeit der Welt, die Kleinheit von Menschen und Schiffen, die Zerbrechlichkeit menschlicher Kontakte.

Das letzte Gesicht, das ich dort drüben in Japan erkannte, war das von Yuki. Sie stand auf dem Steg mit dem Ende eines zerrissenen Papierbandes in der Hand. Das andere Ende hing im Wasser. Sie weinte bitterlich.

Um sicherzugehen, dass meine Frau und meine Tochter sie in der Menge nicht übersehen hatten, drehte ich mich zu ihnen um. Aber ich musste sie nicht zeigen. Ihre Gesichter sagten mir, dass sie sie gesehen hatten. Auch sie weinten.

So ist es mit Frauen. Sie weinen. Und ein Mann schwenkt bloß seinen Hut. Ich schwenkte meinen.

"Sayonara!"

Ich wandte mich ab. Ich musste in meiner Kabine noch einige Dinge erledigen. Außerdem frischte der Wind an Deck auf. Das tat meinen Augen weh.

DAS ENDE